权威·前沿·原创

皮书系列为
"十二五""十三五"国家重点图书出版规划项目

湖北文化蓝皮书
BLUE BOOK OF
HUBEI CULTURE

湖北文化发展报告
（2016~2017）

REPORT ON CULTURAL DEVELOPMENT OF HUBEI
(2016-2017)

主　　编／李荣娟　吴成国
执行主编／刘伟伟
副 主 编／卿　菁　刘纯梓

社会科学文献出版社
SOCIAL SCIENCES ACADEMIC PRESS (CHINA)

图书在版编目（CIP）数据

湖北文化发展报告.2016-2017/李荣娟,吴成国主编.--北京：社会科学文献出版社,2017.11
（湖北文化蓝皮书）
ISBN 978-7-5201-1641-1

Ⅰ.①湖… Ⅱ.①李… ②吴… Ⅲ.①地方文化-文化发展-研究报告-湖北-2016-2017 Ⅳ.①G127.63

中国版本图书馆CIP数据核字（2017）第260896号

湖北文化蓝皮书
湖北文化发展报告（2016~2017）

主　　编／李荣娟　吴成国
执行主编／刘伟伟
副 主 编／卿　菁　刘纯梓

出 版 人／谢寿光
项目统筹／周　琼
责任编辑／周　琼　钱越洋

出　　版／社会科学文献出版社·社会政法分社（010）59367156
　　　　　地址：北京市北三环中路甲29号院华龙大厦　邮编：100029
　　　　　网址：www.ssap.com.cn

发　　行／市场营销中心（010）59367081　59367018
印　　装／北京季蜂印刷有限公司

规　　格／开　本：787mm×1092mm　1/16
　　　　　印　张：17.25　字　数：259千字
版　　次／2017年11月第1版　2017年11月第1次印刷
书　　号／ISBN 978-7-5201-1641-1
定　　价／85.00元

皮书序列号／PSN B-2016-566-1/1

本书如有印装质量问题，请与读者服务中心（010-59367028）联系

△ 版权所有 翻印必究

《湖北文化蓝皮书》编辑委员会

顾　　问　陶德麟　冯天瑜　李景源　万俊人　谢寿光
　　　　　　唐凯麟　郭齐勇　邓晓芒　熊召政　刘玉堂

主　　任　尚　钢　江　畅

副 主 任　杨鲜兰　戴茂堂　吴成国

主　　编　李荣娟　吴成国

执行主编　刘伟伟

副 主 编　卿　菁　刘纯梓

编　　委　（以姓氏笔画为序）
　　　　　　万明明　王忠欣　王泽应　邓晓红　冯　军
　　　　　　刘川鄂　刘文祥　刘　刚　刘　勇　江国志
　　　　　　江　畅　阮　航　孙伟平　李义天　李荣娟
　　　　　　李家莲　杨鲜兰　吴成国　余卫东　沈壮海
　　　　　　张庆宗　张建军　陈少峰　陈　俊　陈道德
　　　　　　陈焱光　周海春　胡文臻　姚才刚　秦　宣
　　　　　　徐方平　徐　弢　高乐田　郭康松　郭熙煌
　　　　　　舒红跃　强以华　靖国平　廖声武　戴木才
　　　　　　戴茂堂

编撰者简介

吴成国 湖北大学高等人文研究院副院长、中华文化发展湖北省协同创新中心常务副主任，湖北文化建设研究院执行院长，湖北大学历史文化学院教授

刘伟伟 湖北省文化厅公共文化处副处长、武汉大学文学院博士

刘文祥 湖北大学政法与公共管理学院教授、院长，湖北大学文明城市发展研究院常务副院长，湖北大学高等人文研究院研究员

孙友祥 湖北大学政法与公共管理学院教授、副院长，湖北文化建设研究院研究员

李荣娟 湖北大学政法与公共管理学院教授，湖北大学地方政府与公共政策研究中心主任、湖北文化建设研究院研究员

卿　菁 湖北大学政法与公共管理学院副教授、湖北文化建设研究院副研究员、湖北大学文明城市发展研究院调研中心主任

张　敏 湖北大学历史文化学院副教授、湖北大学湖北文化发展研究中心副主任

潘晓良 湖北大学政法与公共管理学院副教授、湖北大学文明城市发展研究院信息中心主任

方晓蓉 湖北大学政法与公共管理学院副教授，湖北大学地方政府与公共政策研究中心成员

陈金祥 湖北省文化厅财务处处长

余　萍 湖北省文物局博物馆处处长

杨志蓉 湖北省文化厅办公室调研员

任　俊 湖北省文化厅外联处调研员

郑海军　湖北省文化厅财务处副处长
罗亚波　湖北省新闻出版广电局办公室副主任
汤强松　湖北省文物局综合处副处长
彭　放　湖北省文物局博物馆处副处长

摘　　要

"行之苟有恒，久久自芬芳。"文化是在人的心灵里搞建设，是潜移默化、润物无声的从历史走向未来的建设过程，不是任何生产流水线能够打造出来的产品；文化建设短期内难以立竿见影，要久久为功方见成效。任何重大文化成果的产生，都来自时间和心灵的积淀。

2015年，是国民经济和社会发展第十二个五年规划的收官之年。"十二五"期间，湖北各级各类文化建设主体，在中央政策的指导下，在省委、省政府的领导下，以高度的文化自信和文化自觉，围绕中华民族伟大复兴"中国梦"的时代主题，埋头苦干、锐意创新，用持之以恒的决心和坚持不懈的努力，奋力书写中国梦湖北篇的文化章节，推动湖北文化在2015年这个时间节点上绽放出繁盛之花，为"十三五"收获丰硕之果奠定了坚实的基础。

2016年，是国民经济和社会发展第十三个五年规划的开局之年。在"十二五"的基础上，围绕创新、协调、绿色、开放、共享的发展理念和"四个全面"的战略布局，湖北省委、省政府提出"在中部地区率先全面建成小康社会"的发展目标，并以高度的文化自觉和文化自信提出了"迈入文化强省行列"的奋斗目标。湖北各级各类文化建设主体，以强烈的紧迫感、责任感和使命感，继续秉持竞进提质、升级增效、以质为帅、量质兼取的工作方针，全力以赴推动文化强省建设，实现了"十三五"的良好开局。

湖北大学高等人文研究院、中华文化发展湖北省协同创新中心编撰的《湖北文化蓝皮书》，秉承为湖北文化改革发展建言献策的宗旨，每年侧重一个主题进行重点研究。《湖北文化发展报告（2016~2017）》的主题，就

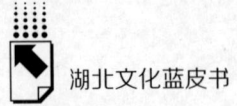

是站在"十二五"与"十三五"交接的时间节点,对"十二五"时期湖北文化的发展情况进行总结分析,并将之与"十三五"时期湖北文化的改革发展目标进行比较分析,为更好地推动"率先实现文化小康""迈入文化强省行列"这些目标的实现提供一些思考和借鉴。

目 录

Ⅰ 总报告

B.1 2015~2016年湖北文化发展报告 …………………… 刘伟伟 / 001
  一 "十二五"时期湖北文化发展情况 ………………… / 002
  二 "十三五"时期湖北文化发展的目标任务 ………… / 019
  三 "十三五"时期湖北文化工作的历史使命 ………… / 022
  四 小结 ………………………………………………… / 027

Ⅱ 分报告

B.2 2015~2016年湖北文化事业发展报告
  ………………………… 李荣娟 肖昌斌 郑海军 / 028
B.3 2015~2016年湖北文化艺术创作生产发展报告
  ………………………………………… 郑海军 方晓蓉 / 051
B.4 2015~2016年湖北公共文化服务体系建设发展报告
  ………………………………………… 孙友祥 杨志蓉 / 060
B.5 2015~2016年湖北文化遗产保护利用发展报告
  ………………………………………… 吴成国 汤强松 / 071

001

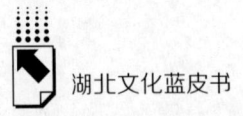

B.6　2015~2016年湖北对外及对港澳台文化交流发展报告
　　　　……………………………… 刘文祥　任　俊　董思涵 / 084
B.7　2015~2016年湖北新闻出版广电事业发展报告
　　　　……………………………………………… 张　敏　罗亚波 / 100

Ⅲ　专题报告

B.8　湖北"十三五"时期文化投入水平研究报告
　　　　……………………………………… 陈金祥　郑海军　李国东 / 118
B.9　湖北省县域公共文化建设报告 ……………… 卿　菁　李荣娟 / 146
B.10　湖北大众文艺繁荣发展研究报告 ………………………… 张儒芝 / 164
B.11　湖北博物馆事业发展情况调研报告 ……………… 余　萍　彭　放 / 186
B.12　湖北县级广播电视台生存与发展调研报告
　　　　……………………………………… 罗亚波　文元伦　刘纯梓 / 207
B.13　文化馆总分馆制建设的新洲模式
　　　　……………………………………… 肖正礼　陈清平　王建忠 / 218
B.14　基层综合性文化服务中心建设的钟祥模式
　　　　……………………………………………… 潘晓良　肖正礼 / 227
B.15　湖北地区公共图书馆全民阅读推广活动报告
　　　　……………………………………………… 夏梦思　汪　烁 / 238

Abstract ……………………………………………………………… / 248
Contents ……………………………………………………………… / 250

总 报 告
General Report

B.1
2015~2016年湖北文化发展报告

刘伟伟*

摘　要： 文化是衡量发展的最高指标。2016年，湖北文化发展实现了新的跨越，这体现在"十二五"规划任务的顺利完成和"十三五"目标任务的科学确定，体现在"在中部地区率先实现文化小康""迈入文化强省行列"发展目标的提出，体现在对"一带一路""长江经济带"发展战略的主动融入。站在两个五年规划的交接点上，报告对"十二五"规划任务的完成情况进行了认真梳理，对"十三五"规划目标进行了认真解读，对当前文化发展面临的形势进行了认真分析，提出了一些思考性问题。

---

* 刘伟伟，男，武汉大学文学院博士，湖北省文化厅公共文化处副处长，湖北文化建设研究院研究员；承担过多项国家级、省部级社会科学基金课题，曾获湖北省政府发展研究三等奖。

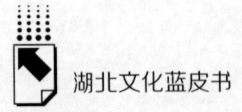

关键词： 湖北 文化发展 文化强省

2015年，是全面完成"十二五"规划的收官之年。"十二五"规划中制定的各项文化工作任务是否顺利完成，这五年取得了哪些成绩，积累了哪些经验教训，都是需要我们评判总结的。2016年，是全面实施"十三五"规划的开局之年。在"十三五"期间，湖北要率先实现"文化小康"，因此，从这一年开始，在"十二五"的基础上，有哪些经营和做法需要继续坚持和弘扬，哪些政策和项目需要修订和调整，怎样才能确保顺利实现"在中部地区率先实现文化小康""迈入文化强省行列"的奋斗目标，都是我们要思考的问题。挑战躲不开，机遇必须抢。要找到问题的答案，更好地完成历史赋予文化工作的使命，就有必要站在"十二五"和"十三五"对接的时间节点上，对2015年和2016年的文化工作进行分析研究。

一 "十二五"时期湖北文化发展情况

（一）"十二五"时期湖北文化发展的目标任务

"十二五"时期是湖北构建促进中部地区崛起的重要战略支点的关键时期，是文化建设大有可为的重要战略机遇期，湖北省委、省政府对文化建设提出了明确的发展目标。

1. 湖北省经济社会发展大局的目标

2011年2月27日，《湖北省经济和社会发展第十二个五年（2011—2015年）规划纲要》经省第十一届人民代表大会第四次会议审议通过，其中提出"十二五"时期湖北文化发展的总体目标是："坚持社会主义先进文化的前进方向，坚持文化事业和文化产业协调发展，以改革创新为动力，以满足人民群众不断增长的精神文化需求为出发点和落脚点，进一步解放和发展文化生产力，不断提升全省文化软实力，努力建设文化强省。"

具体目标主要有以下三个方面。

(1) 提升文化软实力

包括提高全省人民群众的文明素质；实现由社科大省向社科强省的跨越；推进文化创新，使精神文化产品和社会文化生活更加丰富多彩；形成统一开放、竞争有序的现代文化市场体系；推出50项重点文艺精品。

(2) 大力繁荣文化事业

要求加强公共文化基础设施建设及管理利用，开展公益文化服务，保护利用文化遗产，基本建成公共文化服务体系。

(3) 大力发展文化产业

要求积极发展重点文化产业和新型文化业态，做大做强文化企业，加快文化产业园区和基地建设，使文化产业增加值占到全省GDP的6%左右，推动文化产业成为支柱产业。

2. 文化改革发展的具体目标

2012年4月28日，根据《湖北省经济和社会发展第十二个五年（2011—2015年）规划纲要》，湖北省委办公厅、省政府办公厅印发了《湖北省"十二五"时期文化改革发展规划纲要》，围绕"十二五"湖北经济社会发展大局对文化发展的目标任务进行了进一步的细化。

总体目标是："十二五"时期湖北文化强省建设实现突破性进展，到2015年，湖北文化整体实力力争领先中部，进入全国第一方阵。

具体目标主要包括以下几点。

(1) 良好风尚进一步弘扬，文明程度进一步提高，团结奋斗思想基础进一步巩固，社会主义核心价值体系建设深入推进；

(2) 全面完成文化体制改革重点任务，文化体制机制富有效率、充满活力；

(3) 精品力作大量涌现，文化产品更加丰富；

(4) 覆盖全社会的公共文化服务体系基本建立，居民基本文化权益得到更好保障；

(5) 文化产业增加值增幅高于湖北省全省GDP和第三产业增加值的增

幅，到2015年文化产业增加值比2010年翻一番，占全省GDP比重明显提升，文化产业成为重要支柱产业；

（6）一流人才在全国有较大影响力，高素质人才队伍发展壮大，人才保障更加有力。

为了实现这些目标，《湖北省"十二五"时期文化改革发展规划纲要》还提出了10项具体工程。

一是理论武装工程。包括强化理论阵地、建设学习型党组织、推进马克思主义大众化等。组建湖北省中国特色社会主义理论体系研究中心，扶持一批研究基地和宣传阵地，推出一批研究成果，为省委、省政府重大决策的提出和湖北科学发展、跨越式发展的实现提供理论指导和智力支持。加强重点社科理论期刊建设，建设一批在国内外有一定影响的学术名刊。

二是"文明湖北"建设工程。包括爱国主义教育基地免费开放工程、公民文明素质提升工程、乡风文明建设工程、社会文化环境净化工程等。力争至"十二五"末，文明城市、文明村镇创建率达90%以上，建成2~3个全国文明城市、200个以上省级文明乡镇、5000个以上文明新村试点村和一批示范性强的文明企业、文明单位。

三是哲学社会科学建设工程。包括推进经济社会发展研究、推进文化建设研究、理论骨干与重点人才培养等。出版《中华人民共和国经济史》《财经大辞典（新编）》《湖北社科学术成果文库》《荆楚全书》《中国图书文化史》《中国美学史》《湖北文物典藏精华》等；每年重点培养20名青年社科骨干，培训300名宣讲骨干，培训1000名哲学社会科学教学科研骨干。

四是新闻媒体建设工程。包括扶持一批重点项目、打造一批名牌栏目、建设一批传媒阵地、形成一批知名出版品牌等。

五是重点文化惠民工程。包括数字图书馆建设工程、文化信息资源共享工程、农家书屋建设工程、农村电影放映工程、广播电视"村村通"工程等。建成覆盖湖北省全省的数字图书馆；文化信息资源共享工程年服务1亿人次以上；基本完成农家书屋建设；农村电影放映年32万场以上；实现自然村广播电视"村村通"，广播电视人口综合覆盖率达到99%，基本建成公共文化服务体系。

六是文化遗产保护工程。包括抢救性文物保护、重点工程文物保护、大遗址保护、非遗保护、古籍保护等。

七是网络文化建设工程。包括文明网站建设工程、网络文化惠民工程、文化精品数字化网络化工程、网络优秀文化作品生产传播工程等。扶持网络文化企业、社会团体和个人生产创作具有湖北特色的网络文化精品，力争五年内网络小说年出版量达到100部。支持数字城市、数字图书馆、数字博物馆、数字景区建设，抓好武汉"网络文化五城""宜昌城市对外表达系统""虚拟武当"等数字化项目建设。推动"湖北民生微博服务厅""湖北政务微博发布厅"项目建设等。

八是对外宣传工程。包括对外传播阵地建设、重大文化节庆活动、重大文化博览交易等。做大做强中国武汉期刊交易博览会、世界华人炎帝故里寻根节等重大活动，打造一批有广泛影响的活动平台和窗口栏目，推动湖北优秀艺术品、出版物、戏剧节目、影视节目、非遗项目等"走出去"，提升湖北文化的对外影响力。

九是文化市场主体培育工程。包括国有文化单位、民营文化企业和市州重点文化产业园区建设。力争至"十二五"末，文化企业达2.5万家。其中，规模以上企业1000家，销售额过5亿元的50家，资产和销售额过百亿元的5家。

十是文化人才队伍建设工程。包括湖北文化名家工程、"五个一批"人才培养工程、文化人才复合能力提升工程、高端文化人才培养和引进工程等。

（二）"十二五"目标任务的完成情况

"十二五"期间，湖北各级各类文化建设主体紧紧围绕以上目标任务，切实履行各自工作职责，全力以赴开展各项工作。截至2015年12月31日，主要工作完成情况如下。

1. 社会主义核心价值观更加深入人心

各级党委、政府紧紧抓住增强社会主义核心价值观的认知理解、增强社会主义核心价值观的认同内化、激发社会主义核心价值观的实践外化三个关键环节，利用党委（党组）中心组学习引领、面向全社会宣传宣讲、加强理论研究阐释、压实意识形态工作主体责任等方式，既抓住重点，又全面覆盖，充分发挥理论武装统一思想、凝聚力量的作用，大力培育和践行社会主义核心价值观，推动社会主义核心价值观在全省干部群众中不断深入人心。2015年，湖北省主要开展了五个方面的工作。一是开展"双宣讲""双阅读"活动。组织理论宣讲团和百姓宣讲团开展了2000多场"我们的价值观·我们的中国梦"主题宣讲活动，在8000所中小学、6500多所幼儿园开展"朝读经典"和"起点阅读"活动。二是开展"十星"创建。总结推广十堰市广竹山县"十星"创建经验，把"十星"创建从农村拓展到景区、机关、学校、企业、医院等27大行业，把创建标准融入行业规则、学生守则、村规民约、家风家训。三是开展各类主题实践活动。如：开展"孝行荆楚"活动，全省建立11个"孝德示范试点村"；开展"学雷锋""邻里守望""热血暖荆楚"等志愿服务活动，倡导扶危济困、助人为乐的公益精神；开展"文明旅游从我做起""文明伴我行"等活动，倡导文明旅游、文明出行、文明乘车；开展"文明诚信示范企业"创建活动，倡导诚信经营。四是开展先进表彰工作。层层评选表彰"荆楚楷模"、道德模范、"身边好人"，选树各级各类典型近万人；监利县"小城大爱"善行义举感动中国，李克强总理做出批示；秦开美、王林华、江玉珍、江远斌、官东5人被评为"第五届全国道德模范"。五是通过制度传导社会主义核心价值观。出台《湖北省志愿者服务条例》《湖北省劳动模范管理暂行办法》，制定文明城市、文明单位、文明村镇管理办法和县域文明指数测评体系。

2. 文化体制改革全面深入推进

"十二五"期间，湖北完成了三项重要文化体制改革任务。一是文艺院团改革。按照"转制一批""整合一批""撤销一批""划转一批""保留一批"的改革方式，在省歌剧舞剧院、省地方戏曲艺术剧院、省话剧院、省演出中心、湖北剧院、省文化艺术器材公司、湖北音像艺术出版社7家单位的基础上组建湖北省演艺集团有限责任公司，全省承担改革任务的96家国有文艺院团转企改制 59 家，撤销 9 家，划转为公益性保护传承机构或转入当地文化馆、群众艺术馆等机构 28 家，全面完成阶段性改革任务。二是文化市场综合执法改革。全省 17 个市（州）和需要改革的 74 个县（市、区）的文化市场综合执法机构组建完成，理顺了管理体制和监管机制。2015 年，中共湖北省委宣传部将该年确定为"文化体制改革年"，组织实施了 20 多项改革项目，在公共文化服务体系建设等方面取得了新的改革成果。2015 年在湖北省深化改革领导小组办公室的年度考核中，湖北省文化厅推动改革的成绩在省直机关中排名前列。三是管理体制改革。在全国率先完成新闻出版（版权）和广播影视两局合并，全省市（州）基本完成新闻出版与广电行政管理部门的整合。新闻出版广电从业单位信用信息公示系统建设得到扎实推进，在新闻出版广电机构监管、"扫黄打非"、版权行政执法、软件正版化等各个方面建立了新闻出版广电从业单位"黑名录"。全省有线广播电视网络成功整合上市，实现全省一网。非时政类节目制播分离成效显著，影视节目和动漫制作市场主体实现多元化。非时政类报刊出版单位体制改革、国有电影制片厂及电影公司等转企改制工作基本完成。

3. 文艺事业更加繁荣

"十二五"期间，湖北创作生产了 100 多台题材多样、品种丰富、特色浓郁、富有时代精神、人民群众喜爱的优秀剧目，其中 1 台剧目获中宣部第十二届"五个一工程"奖，连续三届有作品获中宣部"五个一工程"奖；1 台剧目获第十届中国艺术节文华大奖，2 台剧目获文华优秀剧目奖，连续两届中国艺术节获奖数位居全国第二；《飞轮炫技》荣获第九届全国杂技比赛金奖，武汉杂技团连续三届荣获全国杂技比赛金奖；2 台剧目获第六届中国京剧艺术节一等奖，取得湖北省历届京剧节最好成绩。湖北省京剧院取得中央电视台第七届全国青年京剧演员电视大赛 3 金 2 银的历史最佳成绩，2 人荣获 2013 年我国舞台表演艺术政府最高奖文华表演奖，4 人荣获中国戏剧梅花奖、中国艺术节表演奖等国家级奖项；省戏曲艺术剧院楚剧团和武汉汉剧院入选文化部全国地方戏创作演出重点院团。湖北美术馆入选首批国家重点美术馆；8 位艺术家的作品荣获第四届全国青年美术作品展最高奖，创

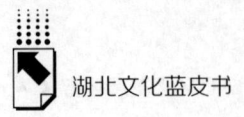

历史最好成绩；22件作品入选第十届中国艺术节全国优秀美术作品展，入选作品数居全国前列。

2015年，湖北文艺工作深入贯彻落实习近平总书记文艺工作座谈会重要讲话的精神，主要做了五个方面的工作。一是加强精品创作。设立2000万元文艺创作专项扶持资金，推出大型话剧《台北新娘》、电影《爱在青山绿水间》、电视剧《东方主战场》、话剧《刘伦堂》等主旋律作品。二是振兴戏曲艺术。制订戏曲振兴发展五年计划、京剧振兴发展五年计划，推进武汉"戏码头"复兴，分层分批实施地方戏曲人才培养计划。三是繁荣大众文艺。推进乡村文艺、社区文艺、机关文艺、校园文艺、企业文艺繁荣发展。举办全国剧本创作交易会，全国各地投稿286部，59部现场签约，初步搭建了全国剧本资源交易平台。四是加强文艺人才队伍建设。实施宣传文化人才"七个一百"培养工程，用项目制的办法跟踪培养各门类文艺人才。实施文化人才培养计划和青年作家、农民作家、网络作家扶持计划。五是优化文艺发展环境。制定繁荣发展湖北文艺的实施意见，开展"深入生活、扎根人民"主题实践活动，在文艺界大力倡导高尚、纯洁、公正的良好风气。

4. 广播出版事业产业发展收获新成果

湖北省有图书出版社14家，音像、电子、网络出版机构31家，报纸129种，期刊412种，印刷复制企业2753家，出版物发行企业4135家。图书出版种类数居全国第四，期刊种类数居全国第三。全省共有电台电视台95座，开设公共广播87套、公共电视113套、付费电视1套，广播电视节目制作经营社会机构167家。全省广播电视台采编播设备全部实现数字化、网络化，基本实现高、标清播出。有线电视网络基本实现数字化，双向改造快速推进。投资1.42亿元完成60座高山无线发射台基础设施建设。以湖北日报传媒集团、十堰日报传媒集团为代表的省级大型传媒集团和市级媒体集团健康发展。

有效发挥各类专项资金的引导作用，有力带动了一大批新闻出版、广播影视精品项目，营造了良好的精品创作与生产氛围。《兴国之魂——社会主义核心价值观释讲》《八项规定改变中国》《美丽中国》等出版物发行超过10万册。3种原创网络游戏入选"中国民族网络游戏出版工程",突破了该工程自2004年启动以来湖北省没有项目入选的历史。湖北重大文化基础工程《荆楚文库》编纂出版工作全面展开。《人在囧途》《国门英雄》《木灵宝贝》等电影电视剧(动画片)取得社会效益和经济效益双丰收。多部新闻出版广电作品在全国获奖,图书《兴国之魂——社会主义核心价值观释讲》、电视纪录片《楚国八百年》、广播剧《格桑花开》、电影《青春派》获中宣部"五个一工程"奖,实现"大满贯"。"走出去"战略取得重大突破,《狼图腾》发行达500万册,版权输出覆盖美、英、德、法、日、韩等40个语种110多个国家和地区。《楚天都市报》"美国版""台湾版"相继创刊,《特别关注》落地澳大利亚、湖北科技出版社非洲出版中心成立。

5. 公共文化服务体系初步建立

经过各级党委、政府的积极努力,"十二五"期间湖北初步建立了公共文化服务体系,主要表现在以下几个方面。

(1) 政府责任进一步落实

中共湖北省委将公共文化服务体系建设纳入党政领导班子考核,将构建现代公共文化服务体系写入《中共湖北省委关于深入贯彻党的十八届三中全会精神全面深化改革的意见》;省人大对基层文化建设情况进行专题审议;省政府坚持每年召开全省公共文化建设现场会;省委办公厅、省政府办公厅联合印发了《关于加快构建现代公共文化服务体系的实施意见》;省政协连续两年将基层公共文化建设提案确定为主席督办件;建立了省委常委挂帅、31个部门参与的省公共文化服务体系建设领导小组,建立协调机制,实行定期例会和重大事项会商制度,推动部门资源共建共享。公共文化建设成为党委、政府和相关职能部门的基本共识和自觉行动。

(2) 设施建设日趋完备

全省新建或改建县以上各类文化场馆近200个,总投资超过100亿元(不含土地费),超过历届"五年"计划投资之和,基本实现省、市、县(市、区)、乡(镇)、村(社区)五级公共文化服务设施全覆盖。同时,还围绕提

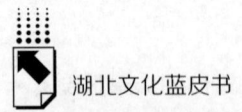

升基层文化单位的设备条件、服务能力和服务水平，投入近2亿元，实施了以社区文化中心（文化活动室）设备配置、流动图书车配送、公共电子阅览室建设等为代表的一系列惠民工程，极大地改善了城乡基层文化单位的设备条件。

（3）服务能力有效提升

全省公共图书馆、博物馆（纪念馆）、美术馆等均向社会免费开放，其中全省公共图书馆平均每年接待读者2000万人次，博物馆（纪念馆）平均每年接待观众1800多万人次。省图书馆举办的"长江讲坛"每年举办公益性讲座80多场，在省内外产生广泛影响。举办第一届湖北艺术节楚天群星奖比赛、群星奖优秀作品巡演、全省群众广场舞展演等全省性群众文化活动30多项，连续22年坚持每年开展一届全省专业院团送戏下乡暨新春金秋巡回演出季活动，每年开展惠民演出18000多场。文化信息资源共享工程建成各级基层中心（服务点）42000多个，年服务群众6000余万人次，数字文化服务网络基本覆盖。全省基本形成卫星与地面、无线与有线、移动与固定、电子与纸质等多种形式混合覆盖、优势互补、多元服务、功能齐全的新闻出版广电公共服务体系。全民阅读活动广泛深入开展，"书香荆楚·文化湖北"成为全国全民阅读知名品牌，全省成年居民综合阅读率达到86.3%，居民阅读指数达到65.05点，公共阅读服务指数达到60.4点。全省建设农家书屋29148家，实现行政村全覆盖，"书香门第 耕读人家"等主题活动广受欢迎。全省广播覆盖率达98.08%，电视覆盖率达98.98%，有线电视用户数1067.8万户，有线数字电视用户数984.18万户，均居中部前列。广播电视直播卫星"村村通"28.2万户任务全部完成，广播电视直播卫星"户户通"工程突破200万户（整省推进60万户、零售市场140万户）。"村村响"（农村智能广播网）工程已覆盖1.3万个行政村、安装广播终端13万个。在全国率先建成覆盖全省的农村电影放映（GPS/GPRS技术）卫星监管网络系统，农村公益电影放映超额完成一村一月放一场电影的任务，有条件的地方正在积极探索由室外放映向室内放映升级转型。

（4）示范带动作用不断增强

黄石、武汉、荆州顺利完成文化部开展的第一批国家级公共文化服务体系示范区（项目）创建任务，其中，黄石市获制度设计中部组第一，武汉市的"武汉之夏"群众文化项目获优秀示范项目表彰；2013年，襄阳、孝感、黄冈又取得文化部开展的第二批国家级公共文化服务体系示范区（项目）创建资格，在2016年的创建验收中，襄阳市的创建工作总分成绩居中部组第二、制度设计居中部组第一。经省政府同意，省文化厅联合省财政厅在中西部地区率先开展了省级公共文化服务体系示范区创建工作，截至2016年底已经开展了两批共21个县（市、区）的创建工作，9个县（市、区）验收合格。国家、省两级公共文化服务体系示范区（项目）的创建，在基础设施建设、文化活动开展、工作机制创新等方面积累了一系列行之有效的工作经验，为全省公共文化服务体系建设发挥了很好的示范带动作用。

（5）队伍建设不断加强

省、市、县各级文化部门年均举办面向公共文化管理干部、群文系统业务骨干、文化站长等的各类公共文化培训500多期，培训人员13000多人次；开展全省社会文艺团队普查，以县（市、区）为单位，对业余文艺团队建库立档，基层文化内生力量得到进一步激活；大力推动建立文化志愿者组织，印发《关于开展文化志愿服务活动的意见》，表彰全省优秀文化志愿者100名。2012年，武汉市青菱文化艺术中心、荆门市艺术剧院双双荣获文化部农民工文化服务示范项目表彰。全省新闻出版广电"两个一百"人才培养工程等各类人才建设、重点人才培养工程实施有力。搭建全省系统远程培训平台，通过面授及网络培训等方式实现了点与面、质与量、供与求的"三结合"，面授培训3.2万余人次、网络培训6万余人次。

6. 文化遗产保护传承体系初步建立

（1）文物保护工作成绩斐然

圆满完成湖北省第三次全国文物普查工作，经国家确认共调查登记不可移动文物36473处，全国重点文物保护单位总数达148处，172处不可移动文物（另含8处合并项目）被省政府公布为第六批湖北省文物保护单位；投入经费近7亿元，完成玉虚宫二期等近50项重点文物保护工程，启动国家级和省级20余项重点文物保护工程。恩施咸丰县唐崖土司城遗址成功列入"世界文化遗产名录",湖北世界文化遗产增为武当山古建筑群、明显陵、唐崖土司城遗址3处;襄阳荆州明清古城墙、黄石矿冶工业遗产两个项目被列入《中国世界文化遗产预备名单》;9处大遗址被纳入国家"十二五"重要大遗址名单,荆州熊家冢国家考古遗址公园正式挂牌,铜绿山、龙湾、盘龙城3处考古遗址公园通过国家立项;"叶家山西周早期曾侯墓地""文峰塔东周墓地""枣阳郭家庙墓地""大冶铜绿山古铜矿遗址"分获2011、2013、2014、2015年度"全国十大考古新发现"。开展三峡库区文物保护后续工作,完成《湖北省三峡库区后续工作实施规划(2011~2014)》,完成南水北调中线一期工程文物保护工作任务,累计完成发掘面积40.7万平方米,出土文物10万余件(套)。国家水下文化遗产保护武汉基地成立,发起均州城水下考古调查,成功实现中国内陆遗址类水下科学考古调查零的突破;成立湖北省海达文化遗产保护科技研究院,启动"机载三维激光雷达遥感考古勘测方法及大遗址考古调查应用"和随州叶家山数字考古等科技项目,研发了全省文物管理信息系统。

(2)博物馆建设进一步加强

全省博物馆数量增至205家,基本形成以省直博物馆为龙头、市级博物馆为骨干、县级博物馆为基础、行业和民办博物馆为补充的分布广泛、门类齐全、特色鲜明的博物馆体系。基础建设得到强力推进,省博物馆三期扩建工程全面开工,黄冈、咸宁、恩施州、鄂州等地市级博物馆,武当山、钟祥、云梦、宜城等县级博物馆相继竣工开放;宜昌、襄阳、天门、仙桃等地市级博物馆,黄梅、来凤等县级博物馆建设工程陆续动工。博物馆免费开放取得重大突破,公共文化服务水平日益提高,年接待观众近1800万人次;全省博物馆更新服务理念,拓展服务内容,创新展示方法,陈列展览的科技含量和艺术感染力显著提升;扎实推进展览提升工程,博物馆进校园、学生走进博物馆、博物馆志愿服务等特色活动持续开展,彰显了博物馆的文化影响力。承办国际博物馆协会亚太地区联盟2012年大会等重要工作,赴俄罗斯、日本、澳大利亚、意大利等地举办楚文化专题陈列展览,向世界展示荆楚文化的独特魅力，扩大湖北在世界的影响。

(3) 文物安全工作取得新成效

文物安全规章制度体系基本形成，《湖北省文物保护单位及博物馆纪念馆安全技术防范工程建设管理办法》等制度先后出台，推动了田野文物富集地区建立四级文物安全防控网络；文物安全基础工作得到加强，建立了全省文物保护机构和保护人员登录备案公告制度，湖北省综治办将"文物安全保护"纳入各地市州目标责任考核内容；创新文物安全监管方式，开展文物、博物馆单位安全综合管理系统的建设工作，安全技术防范设施建设力度加大，启动了明显陵文物安全保护等一批工程。坚持内宣与外宣、传统媒体与新兴媒体并重，加强重大文物保护工程和考古新发现的宣传力度，开展文化遗产日、国际博物馆日等系列宣传活动，宣传普及文化遗产知识，提高全社会的文物保护意识。大力发展文博行业继续教育，依托高等学校、科研院所和文物保护机构，开展针对文博工作人员的多层次、多渠道培训，提高文博人才队伍整体素质。加强法制建设，省政府颁布实施了《唐崖土司城址保护管理办法》，并将《湖北省文物安全管理办法》列为全省2013～2017年立法规划项目。打击文物犯罪，建立长效机制，"十二五"期间共破获文物犯罪案件78起，摧毁文物犯罪团伙44个，抓获犯罪嫌疑人239名，追缴文物780件，有效遏制了文物犯罪高发势头。2015年，全省共审核文物艺术品拍卖会12场，审核拍卖标的4460件；办理了274件进出境展览文物的审核登记，审核私人携带出境艺术品17件。组织专家认真做好司法鉴定工作，全年共为随州、十堰、长阳、大悟、大冶、阳新等公安部门鉴定涉案文物108件，其中，一级文物17件，二级文物2件，三级文物31件，一般文物56件，现代工艺品2件。

(4) 非物质文化遗产保护成绩喜人

地方立法工作成果显著，颁布实施了《湖北省非物质文化遗产条例》。名录项目和传承人得到有效保护，已建立国家、省、市、县四级名录和传承人保护体系；整体性保护和生产性保护取得新成效，文化部批准设立武陵山区（鄂西南）土家族苗族文化生态保护实验区，有国家级生产性保护示范基地 5 个。社会影响不断扩大，屈原故里端午文化节、"荆楚风·中俄情"湖北非物质文化遗产展、湘赣鄂皖非物质文化遗产联展、长江非遗大展及武当武术节、随州炎帝神农祭典等重大文化活动，都取到了良好的社会效益。理论研究取得一定成效，在武汉大学等高校和科研单位设立了湖北省非物质文化遗产研究中心，非遗研究、非遗教学、活态传承规范制定等项目在各研究中心陆续展开，为非遗保护注入了新的活力。

7. 文化市场进一步繁荣

各级文化行政部门不断加大文化市场培育力度，努力盘活市场存量、创造市场增量、优化市场结构，文化市场发展空间不断拓展，形成了覆盖电影、音像、演出、娱乐、艺术品、网络文化（含网吧）、艺术培训、图书报刊等的门类齐全的市场体系。

在促进文化市场发展的同时，全省各级文化行政部门积极探索和创新文化市场治理方式，不断加强文化市场综合执法队伍建设。一方面，长期保持对文化市场各类违法违规行为的高压态势，积极探索专项整治和日常检查相结合、综合治理联动、文化站协管等文化市场监管长效机制，有效遏制了文化市场的违法违规行为，营造了良好的社会文化氛围。另一方面，高度重视文化市场综合执法队伍建设。一是全面完成了全省的文化市场综合执法改革任务。全省成立文化市场综合执法机构 91 个，核定财政全额供养编制 1148 名；除武汉市外，同一座城市只设一支综合执法队伍，从体制上解决了职能交叉、多头执法和管理缺位等问题。二是完善了文化市场管理体制。全省各市、州、县均相应成立了党委宣传部长任组长、同级人民政府分管领导任副组长、相关职能部门负责人为成员的文化市场管理工作领导小组。三是健全了文化市场综合执法业务制度。会同省法制办、省广电局、省新闻出版局出台了《关于认真落实文化市场委托执法工作的通知》、《湖北省文化市场综合执法行为规范》和《文化市场行政执法文书》，明确了文化市场综合执法主体资格，规范了文化市场综合执法行为；编撰了文化市场综合执法中的 4 大门类 18 项制度和 9 大门类 170 项执法范围，多次修订并印发了《湖北省文化市场综合执法范围及处罚项目（试行）》和《湖北省文化市场综合执法制度》。四是全面推行文化市场监管信息化。构建了"湖北文化市场网"、"湖北文化市场微信和微博"、网吧监管平台、文化市场技术监管与服务平台"四位一体"的全省文化市场监管信息化体系，全面提升了文化市场行政服务水平和监管效率。

8. 文化产业进一步壮大

一是政策资金扶持力度加大。出台《关于深入推进湖北省文化金融合作的实施意见》，进一步加大了金融对文化产业的支持力度；与多家金融机构签订了支持文化产业发展的战略合作协议，为文化企业和文化项目优先提供金融支持，为中央文化区、欢乐谷、武汉创意天地等一批规模大、带动性强的文化产业项目提供信贷支持近百亿元，有效促进了大型文化产业项目的顺利实施。累计下放动漫扶持资金共计4688万元，在动漫专项资金的扶持下，全省动漫产业发展迅速，步入"全国第一方阵"，成为全省文化产业新的增长点。二是招商引资力度加大。面向珠三角、长三角、环渤海及海外举办了5轮文化产业招商活动，全省96个重大项目实现签约，签约金额达867亿元，一批重大项目在湖北落地。三是市场主体培育力度加大。命名159家省级文化产业示范基地、29家省级文化产业示范园区，充分发挥示范基地的示范带动作用，市场主体竞争力和影响力不断加强，其中多家企业已在新三板上市。组建湖北文化产业发展投资公司和文化产业投资基金，推进华中文化产权交易所、华中国家版权交易中心发展。成功举办中国（武汉）期刊交易博览会、华中图书交易会、中国湖北文化艺术品博览会等大型文化活动。四是各产业门类发展加快。截至2015年底，全省有文化经营单位（不含图书报刊、广播电影电视、音像）10651家，从业人员51881人，资产总计80.25亿元，年营业收入46.63亿元，利润总额为15.02亿元。全省新闻出版广电行业总产值达到750亿元，较"十一五"期末翻了一番，成为全省文化产业主力军，全行业上市企业达到11家。全省建成影院249家，县级城市数字影院基本实现全覆盖。电影票房突破21亿元，年均增长率超35%，较"十一五"期末增长5倍，位居全国第七、中部第一。版权登记与版权交易数大幅提升，2015年突破1万件。

9. 对外及对港澳台文化交流成果丰硕

借力高端平台，积极参与国家级文化交流，增强荆楚文化海外影响力。2011年6月，湖北省政府、武汉市政府、韩国驻华大使馆共同举办了"2011中国湖北·韩国友好周"；2012年3~10月开展了与马耳他中国文化中心部省对口合作项目；2014年与莫斯科中国文化中心开展了为期1年的对口合作活动，整体活动以"荆楚风·中俄情——湖北文化走进俄罗斯"为主题，分"文明与发现——《礼乐中国》湖北出土青铜器精品展""问道与养生——武当山道教文化系列活动""最美母亲河——长江与伏尔加河的对话""根与魂——中国传统文化交流"4个专题活动展开，收到较好效果。2015年，与开罗中国文化中心对口合作活动以"荆楚风·中埃情——湖北文化走埃及"为主题，开展了楚文化专题、中国特色文化专题、长江·尼罗河两河流域文化交流专题3个专题活动，并举办了湖北漆器漆画精品展、中国漆艺讲座、国粹京剧演出和讲座、中国民族民间舞蹈培训班、文艺演出等交流活动。

大力开展对港澳台交流活动。多次在台举办"湖北武汉周"，其中2010年台湾"湖北武汉周"期间举办了"荆风楚韵——专场文艺演出""荆楚记忆——湖北民间美术展""辛亥百年颂中山——中山先生与湖北特展"等活动；2012年台湾"湖北武汉周"期间举办了大型地域风情舞蹈诗《家住长江边》巡演。2012年赴港举办了"庆祝香港回归十五周年湖北舞台艺术精品演出周"，演出歌剧《洪湖赤卫队》、京剧《建安轶事》、黄梅戏《妹娃要过河》等精品剧目。2015年，组织原创大型古装黄梅戏《苏东坡》、大型禅宗黄梅戏《传灯》剧组赴台，在台北市、苗栗县、新北市、高雄市巡演；湖北省京剧院一行57人，赴澳门粤华中学和澳门永乐戏院举办2场京剧折子戏专场演出；湖北省博物馆赴香港举办"楚腔汉调——汉剧文物展"及汉剧演出。

坚持"引进来"与"走出去"相结合，大力吸收外来优秀文化。平均每年办理入境文化交流活动70多批次、800多人次。其中2011年，承办"第六届中国京剧艺术节"期间，特邀请美国齐淑芳京剧团来华参加祝贺演出，成为"第六届中国京剧艺术节"亮点之一。

（三）"十二五"目标任务完成情况分析

1."十二五"完成较好的任务

（1）文艺精品创作生产任务完成。"十二五"期间，湖北省的舞台艺术创作全国领先，第十届中国艺术节比赛"文华奖"获奖数居全国第二、"群星奖"获奖数居全国第三，第二届中国歌剧节获奖数量、等次居全国第一，第十二届全国美术作品展获奖总数居全国第六，2015年度国家艺术基金资助项目立项数居全国第四、国家社科基金艺术学项目立项数居全国第三。提出的"推出50项具备国家水准、反映时代精神、体现湖北特色、深受群众欢迎的重点文艺精品"任务圆满完成。

（2）公共文化服务体系建设任务完成。截至2015年底，湖北基本建成覆盖城乡的公共文化基础设施，基本建成完善的文化遗产保护传承体系，拥有一批服务群众的公益性文化品牌，公共文化服务水平明显提升，公共文化服务体系示范区创建、群文创作等部分工作走在全国前列，完成了提出的要"基本建成公共文化服务体系"的目标任务。

2."十二五"尚未完成的任务

到2015年底，"十二五"规划提出的目标任务中尚有两大任务没有完成。

（1）"实现由社科大省向社科强省的跨越"的任务没有完成

从总体上看，"十二五"时期，湖北哲学社会科学研究呈现出繁荣发展的良好局面。如：基础理论和应用对策研究取得新成效，每年所获国家社科基金项目立项数以及资金额度稳居全国前三。马克思主义理论研究和建设工程取得新进展，成为湖北社科的重要学术品牌，整体科研成果、重点学科排名在全国同类学科中位居前列。学科体系建设取得新成绩，全省社科类学科近300个，包括哲学社会科学所有一级学科。其中，国家重点学科一级学科15个，一级学科博士点20个，二级学科博士点260多个，教育部人文社科重点研究基地14个，省人文社科重点研究基地20个。哲学社会科学布局合理，形成很多特色学科。如：武汉大学的马克思主义基本原理、马克思主义哲学、国际法学、理论经济学、图书情报学等，华中师范大学的科学社会主义与共产主义运动研究、中国农村问题研究、中国近现代史，华中科技大学的西方经济学，中南财经政法大学的会计学、财政学等。此外，湖北的社会保障学、经济伦理学、空间经济学、城市学、地缘政治学、生态文艺学等也有重要影响。人才队伍建设取得新突破，全省哲学社会科学工作者队伍进一步壮大，多层次人才队伍培养格局初步形成。2010年评出首批"荆楚社科名家"13名；"十二五"时期引进"国家海外高层次人才"50余人，入选"长江学者奖励计划"的15人、入选国家"千人计划"的5人、入选"国家教学名师"的25人、入选湖北"楚天学者计划"的20人、入选"湖北名师"的50人，各高校遴选人文社科资深教授共60名。省社科联创办"辛亥革命研究青年学者论坛"和"湖北青年学者论坛"，开展"青年社科英才"推介项目；武汉大学开展"70后学者学术发展计划"、中南财经政法大学评选"文澜青年学者"、省社科院设立"李达青年学术奖"等，对优秀青年社科工作者给予奖励，加大对中青年学者的培养力度。

但是，面对世界范围内不同价值观较量的新态势，面对改革开放条件下思想意识多元、多样、多变的新特点，面对现代数字技术环境下文化产品优劣并存的新格局，面对经济社会发展对哲学社会科学工作者必须兼具人文情怀和求实精神的新期待，湖北省哲学社会科学研究总体上仍存在"大而不强"的问题，目前仍然是"社科大省"，而不能说是"社科强省"。具体体现为力量整合引导不够、理论原创贡献不够、学术影响不够、人才队伍建设力度不够、科研管理科学化规范化水平不够、保障投入不够等。

（2）"推动文化产业成为全省支柱产业，文化产业增加值占GDP的比重达到6%左右"的任务没有完成

2014年，湖北省文化产业增加值为742亿元，居全国第12位、中部第3位；占湖北GDP比重为2.71%，低于全国3.76%的平均水平，在中部居第5位。2015年，湖北省文化产业增加值为811.8亿元，同比增长9.4%，占湖北GDP比重为2.75%，同比提高0.04个百分点。截至2015年，湖北文化产业的发展水平，离"文化产业增加值占GDP的比重达到6%左右"的目标，还有很大差距。

二 "十三五"时期湖北文化发展的目标任务

"十三五"时期,湖北省委、省政府以及相关文化部门围绕"在中部地区率先全面建成小康社会"的总目标,对文化发展做出了一系列科学要求,形成了规划体系,分层次明确了各项发展目标。

(一)《中共湖北省委关于制定全省国民经济和社会发展第十三个五年规划的建议》提出的文化发展目标任务

2015年12月28日,中共湖北省委十届七次全体(扩大)会议审议通过《中共湖北省委关于制定全省国民经济和社会发展第十三个五年规划的建议》(以下简称《建议》),将"率先、进位、升级、奠基"作为湖北"十三五"时期的四大历史任务,对文化发展提出的要求是:社会文明程度显著提高,社会主义核心价值观深入人心,公民思想道德素质和科学文化素质明显提高,国家意识、法治意识、社会意识显著增强。精神文化产品更加丰富,荆楚文化品牌更加响亮,现代公共文化服务体系基本建成,文化产业成为支柱产业,迈入文化强省行列。《建议》事实上定下了湖北省国民经济和社会发展第十三个五年规划的基调和总体目标。

根据中共湖北省委提出的到2019年率先在中部地区全面建成小康社会的总目标,结合对文化发展提出的专项要求,"十三五"期间湖北文化发展的总体目标是:到2019年率先在中部地区实现"文化小康",迈入文化强省行列。

(二)《湖北省国民经济和社会发展第十三个五年规划纲要》提出的文化发展目标任务

2016年2月1日,湖北省第十二届人民代表大会第四次会议通过《湖北省国民经济和社会发展第十三个五年规划纲要》(以下简称《纲要》),《纲要》围绕《建议》定下的基调对"十三五"时期的各方面工作进行了详细规划。其中,在第一章"发展目标"中对文化工作提出的要求是:社

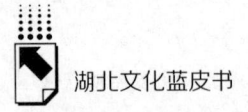

会文明程度显著提高,社会主义核心价值观深入人心,公民思想道德素质和科学文化素质明显提高,国家意识、法治意识、社会意识显著增强。精神文化产品更加丰富,荆楚文化品牌更加响亮,现代公共文化服务体系基本建成,文化产业成为支柱产业,迈入文化强省行列。

同时,在第十章"推进文明湖北建设"中提出"坚持社会主义先进文化前进方向,以社会主义核心价值观为引领,推动物质文明精神文明协调发展,深化文化体制改革,构建现代公共文化服务体系,加快发展文化产业,提升湖北文化软实力,文化产业增加值占生产总值比重超过全国平均水平"的具体目标,并且分"全面提高社会文明程度""构建现代公共文化服务体系""增强文化产业竞争力"三个方面提出了具体要求。

其中,"全面提高社会文明程度"的具体要求是——加强思想道德和社会诚信建设,以德育人、以文化人,显著提高公民文明素质和社会文明程度。

"构建现代公共文化服务体系"的具体要求是——加强公共文化投入,整合公共文化资源,加快公共文化数字化建设,构建覆盖城乡、便捷高效、促进公平的现代公共文化服务体系。

"增强文化产业竞争力"的具体要求是——大力发展文化创意产业和新兴文化业态,促进文化与相关产业融合,形成一批具有市场竞争力的骨干企业和文化品牌,推动文化产业成为支柱产业,构建现代文化市场体系。

(三)"1+2+6"的规划体系

以《建议》《纲要》为统领,中共湖北省委宣传部牵头制订了"1+2+6"的系列规划,分别是《湖北省"十三五"时期文化发展规划》《湖北省"十三五"时期文化事业发展规划》《湖北省"十三五"时期新闻出版广电业发展规划》《湖北省"十三五"时期文化产业发展计划》《湖北省戏曲振兴发展计划(2016~2020)》《湖北省京剧振兴发展计划(2016~2020)》《湖北省哲学社会科学发展计划(2016~2020)》《湖北省文学艺术繁荣发展计划(2016~2020)》《湖北省传统媒体和新兴媒体融合发展计划(2016~2020)》,对文化发展的几个重点方面进行了详细规划和计划。

(四)"十二五"目标与"十三五"目标比较

通过以下内容(见表1-1)可以看出,两个五年规划中关于文化建设的目标任务有以下几个特点。

(1)总体上是一脉相承的,两个五年规划均以"文化强省"为目标,体现了政策的连续性,更体现了湖北省委、省政府高度的文化自觉。

表1-1 "十二五"和"十三五"时期湖北文化发展目标对比

规划时期	总体目标	具体目标	
"十二五"	努力建设文化强省	提升文化软实力	提高全省人民群众文明素质
			实现由社科大省向社科强省跨越
			精神文化产品和社会文化生活更加丰富
			形成统一开放竞争有序的现代文化市场体系
			推出50项重点文艺精品
		繁荣文化事业	基本建成公共文化服务体系
		发展文化产业	文化产业增加值占GDP比重为6%左右
			推动文化产业成为全省支柱产业
"十三五"	迈入文化强省行列	全面提高社会文明程度	社会主义核心价值观深入人心
			公民思想道德素质和科学文化素质明显提高
			国家意识、法治意识、社会意识显著增强
			精神文化产品更加丰富
			荆楚文化品牌更加响亮
		构建现代公共文化服务体系	基本建成覆盖城乡、便捷高效、促进公平的现代公共文化服务体系
		增强文化产业竞争力	文化产业增加值占GDP比重超过全国平均水平
			推动文化产业成为支柱产业
			构建现代文化市场体系

(2)"十三五"规划是"十二五"规划的升级版,总体目标从"努力建设文化强省"变更为"迈入文化强省行列",体现了提档升级。

(3)"十三五"规划吸收了"十二五"时期的经验教训,对具体目标进行了适当调整。

如:将"全面提高社会文明程度"作为目标之一,并且赋予其新的具体内容；针对"公共文化服务体系建设"目标补充了"现代"的概念，在"覆盖城乡"的基础上增加了"便捷高效、促进公平"的新要求；对"文化产业"的发展，有了更加客观和理性的认识，将发展目标从"十二五"规划中提出的"文化产业增加值占GDP的比重达到6%左右"调整为"文化产业增加值占GDP比重超过全国平均水平"，并且更加注重"现代文化市场体系"建设。

以上"十三五"时期文化发展目标的调整，更加符合湖北的发展实际，体现了湖北省委、省政府对文化发展规律的深刻把握。

三 "十三五"时期湖北文化工作的历史使命

国家实施的每个五年计划就像中华民族伟大复兴"中国梦"历史进程中的一个个赛程，历史的接力棒一棒一棒地往前传递，引领着我们走向辉煌。"十二五"的赛程已经跑完，那么，传递给"十三五"的任务是什么呢？

（一）"十三五"时期湖北文化发展面临的机遇和挑战

"十三五"时期是湖北在中部地区率先全面建成小康社会的决胜阶段，也是加快推进"建成支点、走在前列"的关键时期。在新的历史起点上，推动文化发展，必须把握经济社会发展的新阶段、新形势、新特点。

1. 机遇前所未有

一是国家战略重大机遇。中央提出重点实施"长江经济带"、"一带一路"、京津冀协同发展三大国家战略，这有利于突破文化建设的行政壁垒和地区分割，促进区域文化要素的相互流通和文化资源的优化整合，特别是"一带一路"作为中国大外交战略的新支点，为文化"走出去"提供了新的通道和载体。新型城镇化建设把"文化传承、彰显特色"作为建设的基本原则，将"注重人文建设"作为建设的重要内容，提出健全现代公共文化服务体系和现代文化市场体系等具体举措，为统筹推进文化建设提供了良好平台。中央提出推进供给侧结构性改革、实施"互联网+"行动计划以及打造大众创业、万众创新和增加公共产品、公共服务"双引擎"等重大战略措施,为文化建设带来新契机。

相比"一带一路"等国家重大战略而言,我们认为"长江经济带"建设与湖北关系更为紧密,因为"长江经济带"从空间上涵盖整个湖北省,而且单就"长江经济带"中的文化建设而言,荆楚文化是长江文化的表率。荆楚文化所包含的屈原与中国风骨、楚辞汉赋与中国文学、辛亥首义与中国革命、黄梅禅宗武当道教与中国宗教文化、炎帝神农与中国始祖文化、甘德毕昇与中国科技文化、李时珍与中国医药文化、"东方芝加哥"与中国商业文化等在全国占有绝对优势,这些资源为湖北文化建设在"长江经济带"战略中抢抓机遇、谋取地位奠定了基础。

二是重大文化政策机遇。2015年以来,以中共中央及中办、国办名义密集出台了《关于繁荣发展社会主义文艺的意见》《关于支持戏曲传承发展若干政策的通知》等10余项含金量高、操作性强的政策法规和规范性文件,为文化建设提供了强有力的政策支撑。

三是文化消费需求加速释放的机遇。根据国际经验,当人均GDP超过5000美元时,社会即进入文化消费需求旺盛期。2015年我国人均GDP突破8000美元,人民对精神文化的需求日趋旺盛,这为文化产业发展提供了难得机遇。

2. 问题不容忽视

最突出的问题是文化小康滞后于全面小康建设总体进程。党的十八届五中全会提出了"十三五"时期全面建成小康社会的目标任务,实现"文化小康"是全面建成小康社会不可缺少的重要组成部分。2013年国家统计局公布了《全面建成小康社会统计监测指标体系》,从各项指标数据上看,我国文化建设实现程度滞后于全面小康建设总体进程,成为全面建成小康社会的短板。其中,2014年湖北省的情况是:经济发展指数为89.32%、资源环境指数为86.28%、民主法制指数为85.58%、人民生活指数为93.15%、文化建设指数为78.35%。

3. 挑战无可回避

最突出的挑战是互联网等高新技术迅猛发展带来的挑战。当今时代,互联网对经济社会发展产生着战略性和全局性的影响,互联网与经济社会各领

域的深度融合发展已成为不可阻挡的时代潮流。互联网与文化的融合不仅是技术支撑上的更新,也将引发文化管理与发展方式的重大变革,为文化生产传播提出了新课题。如何牢固树立互联网思维,不断创新文化治理模式,大力推进文化与互联网的深度融合,还需要进行深入研究谋划,特别是维护网络文化安全,其已成为文化建设的迫切任务之一。

(二)"十三五"时期文化工作的主要任务

综合来看,归根结底,"十三五"时期湖北文化工作主要有两大任务:一是"文化小康";二是"文化强省"。

1. 文化小康

(1)"文化小康"是全面建成小康社会的重要组成部分

2012年党的十八大提出"确保到2020年实现全面建成小康社会的宏伟目标",并且明确提出全面建成小康社会涵盖经济持续健康发展、文化软实力显著增强、人民民主不断扩大、人民生活水平全面提高、两型社会建设取得重大进展等。也就是说,全面建成小康社会是一个涵盖经济、政治、文化、社会、生态文明的"五位一体"的总目标,这五个方面的目标要求,是一个系统、一个整体,全面建成小康社会关键在"全面",离开任何一个方面,都不是全面小康。所以说,"文化小康"是全面建成小康社会的重要组成部分。

(2)"文化小康"是全面建成小康社会的重要支撑

习近平总书记曾经指出:"中国梦的宣传和阐释,要与当代中国价值观念紧密结合起来。中国梦意味着中国人民和中华民族的价值体认和价值追求,意味着全面建成小康社会、实现中华民族伟大复兴,意味着每一个人都能在为中国梦的奋斗中实现自己的梦想,意味着中华民族团结奋斗的最大公约数,意味着中华民族为人类和平与发展作出更大贡献的真诚意愿。"[①] 可以说,没有文化的发展繁荣,就没有中国梦的实现。文化具有的引导社会、教育人民、推动发展的功能,能够为全面建成小康社会提供重要支撑。

---

① 《习近平谈治国理政》,外文出版社,2014,第161页。

(3)"文化小康"包括五个方面的指标

2013年国家统计局公布《全面建成小康社会统计监测指标体系》,其中,文化建设指数包括"文化及相关产业增加值占GDP比重、人均公共文化财政支出、有线广播电视入户率、'三馆一站'覆盖率、城乡居民文化娱乐服务支出占家庭消费支出比重"5项指标,这5项指标是衡量文化小康实现程度的主要标准(见表1-2)。

表1-2 全面建成小康社会统计监测指标体系(文化建设方面)

	权重	具体指标	计量单位	目标值	权重	定义	计算公式
文化建设	14.0	文化及相关产业增加值占GDP比重	%	≥5	3.0	指文化及相关产业增加值占地区生产总值的比重	文化及相关产业增加值占GDP比重=文化及相关产业增加值÷国内生产总值(GDP)×100%
		人均公共文化财政支出	元	≥150	2.5	指一定时期内按常住人口平均计算的公共文化财政支出	人均公共文化财政支出=公共文化财政支出÷年平均常住人口
		有线广播电视入户率	%	≥60	3.0	指年末有线广播电视入户数占总户数的比例	有线广播电视入户率=年末有线广播电视入户数÷年末总户数×100%
		"三馆一站"覆盖情况	个	≥1.3	2.5	指年末平均每县级(乡镇级)行政区划"三馆一站"的覆盖情况	"三馆一站"覆盖情况=(图书馆机构数/县级区划数+博物馆机构数/县级区划数+文化馆机构数/县级区划数+文化站机构数/乡镇级区划数)×0.25
		城乡居民文化娱乐服务支出占家庭消费支出比重	%	≥4.2	3.0	指一定时期内城乡居民家庭文化消费支出占全部消费支出的比重	城乡居民文化娱乐服务支出占家庭消费支出比重=城镇居民文化娱乐服务支出占家庭消费支出的比重×城镇人口比重+农村居民文化娱乐服务支出占家庭消费支出的比重×(1-城镇人口比重)

2. 文化强省

（1）"强"是一个相对概念

强中自有强中手，一山更比一山高，是强；矮子里面挑将军，也是强。有比较才有强弱，跟谁比、比什么、在哪里比、在什么时候比，都会有不同的结果。湖北提出的"迈入文化强省行列"目标，是限定在"十三五"这个时间格局和在全国范围内这个空间格局内的。

（2）"强"的标准

中共湖北省委在"十三五"规划建议里面提出的"社会文明程度显著提高，社会主义核心价值观深入人心，公民思想道德素质和科学文化素质明显提高，国家意识、法治意识、社会意识显著增强。精神文化产品更加丰富，荆楚文化品牌更加响亮，现代公共文化服务体系基本建成，文化产业成为支柱产业"，是文化强省"强"的标准。但这些都是定性的，还需要科学、系统的定量指标体系来衡量文化强省目标完成的情况。

3. "文化小康"与"文化强省"不是同一个概念

（1）在"十三五"这个时间段里，"文化小康"与"文化强省"是一致的。按照全面建成小康社会的要求，在"十三五"期间，全面实现了"文化小康"，就可以说是"迈入了文化强省行列"。

（2）在更长的时间段里，"文化强省"的要求更高。"文化小康"是一个阶段性任务，是到2020年就可以完成的任务。而"文化强省"建设是一个历史过程，是个相对的、动态的概念，在不同的时空环境中有着不同的目标内涵和要求，在全国范围进而在全世界范围内，只要人民群众的文化需求在不断增长，社会在不断地发展进步，"文化强省"建设就要一直持续下去，我们的文化建设就要一直"强"下去。

因此，实际上可以将湖北在"十三五"时期的目标任务归集为一点，即"全面实现文化小康，迈入文化强省行列"。

4. 2016年全省文化工作取得的成绩

从宏观上看，2016年湖北文化工作主要取得了两大成绩。

一是确定了整个"十三五"时期的发展基调，明确了"十三五"期间文化工作的路线图、时间表和任务书。

二是实现了整个"十三五"时期的良好开局，中央对文化工作的高度重视，特别是习近平总书记关于文化发展战略的系列论述，使各级党委、政府以及相关部门，对文化工作的目标和任务更加明确，各级各类文化建设主体统一思想、步调一致，按照既定的目标努力工作，实现了"十三五"的良好开局。

四　小结

2015~2016年，是湖北实现由文化大省向文化强省跨越的转折时期。在这两年里，全省各级各类文化建设主体在党和政府的领导下，以高度的文化自觉，充分发挥各自的职能优势，积极开展文化建设，在文化法治、文化管理、文化生产、文化服务、文化队伍、文化交流等方面取得了显著成绩，较好地完成了"十二五"时期的目标任务，顺利地实现了"十三五"时期的良好开局，为"全面实现文化小康，迈入文化强省行列"打下了坚实基础，为"四个全面"战略布局湖北实施和"建成支点、走在前列"提供了坚强的思想保证、强大的精神力量、丰润的道德滋养、良好的文化条件。

分　报　告

Segment Reports

B.2
2015~2016年湖北文化事业发展报告

李荣娟　肖昌斌　郑海军*

摘　要： 随着文化体制改革的深入推进，2015年湖北省文化事业取得了长足的发展：文化服务中心工作能力稳步提高，公共文化服务机构规模不断扩大，文化事业投入持续增长，公共文化设施日趋完善，文化事业发展成果显著，涌现出一大批以"中国梦"为主题的文艺创作和文化精品。2015年在省委、省政府的指导下，湖北省公共文化服务体系建设能力不断增强，公共文化服务体系示范区创建进展顺利，文化产业蓬勃发展，文化市场规范有序，对外文化交流日趋活跃，群众的

---

* 李荣娟，女，武汉大学法学博士，北京大学政府管理学院博士后，现任湖北大学政法与公共管理学院教授、湖北大学地方政府与公共政策研究中心主任、湖北文化建设研究院研究员；肖昌斌，男，长江出版传媒股份有限公司人力资源部部长，原《湖北教育》杂志主编，做过教师、校长、记者、编辑，多次被评为湖北省优秀宣传工作者，多件作品获全国、全省大奖；郑海军，男，湖北省文化厅财务处副处长。

文化获得感不断提高，非遗保护与传承工作也取得了显著成效。然而，湖北省文化产业仍然存在文化投入与经济发展水平不协调、公共文化服务体系建设不完善等问题，因此，要有针对性地补齐短板，统筹协调推进，加快建成文化强省。

关键词： 湖北　文化事业　文化产业　文化服务

2015年以来，湖北省文化发展紧紧围绕"建成支点、走在前列"的奋斗目标不断迈进，精心编制了"十三五"文化发展规划，确定了建成文化强省、率先实现文化小康的发展目标。全省文化体制改革进一步深入推进，文化事业和文化产业不断发展，文艺创作生产成果丰硕，优秀传统文化得到传承和弘扬，人才队伍建设切实加强，文化"走出去"力度不断加大，取得了一系列新进展、新突破、新成效，实现了"十三五"良好开局。

一　文化服务中心工作能力进一步凸显

湖北省文化工作紧扣中央和湖北省委、省政府工作大局谋划文化建设，圆满完成了《省委常委会工作要点》和《政府工作报告》确定的重点工作任务；充分发挥文化在贯彻五大发展理念和实施"四个全面"战略布局中的服务功能和教化作用，积极推动文艺院团改革，创作生产一大批文艺精品，全力推进戏曲振兴发展，策划举办一系列展览展演活动。按照中央和省委、省政府关于构建现代公共文化服务体系的总要求，以均等化和标准化为着力点，推动现代公共文化服务体系建设迈上新台阶。围绕"一带一路"、"长江经济带"及长江中游城市群重大战略，积极推进"万里茶道"联合申报世界文化遗产项目，组织举办长江文化论坛、中国长江非物质文化遗产大展，发起并成立了长江流域矿冶考古联盟。实施文化精准扶贫战略，制定文化扶贫工作方案，深入推进文化援疆、援藏和全省文化扶贫工作。加强文化对外交流与合作，推进湖北文化"走出去"，荆楚文化影响充分彰显。

二 公共文化服务机构规模稳中有增

2015～2016年，湖北省纳入统计的文化文物机构数相对稳定，2015年2264个，2016年2274个，数量略有增长。其中，2015年、2016年的艺术业机构分别为137个、135个，公共图书馆均为112个，群众艺术馆（文化馆）等文化服务机构分别为1399个、1402个，艺术教育业机构分别为7个、6个，文化科研机构均为11个，博物馆、文物保护管理机构、文物科研机构、文物商店及其他文物机构合计分别为302个、310个。全省文化文物从业人员，2015年为26387人，2016年为26513人，人数略有增长。2015年、2016年公共图书馆、群艺（文化）馆、博物馆、综合文化站、美术馆等公共文化服务机构总数分别为1662个、1708个，从业人员分别为10275人、10876人（2015年文化文物机构人员组成情况见图2-1），公共文化服务机构和从业人员规模稳中有升，与全省文化事业发展保持协调一致，呈现出稳中向好、协调发展的良好局面。

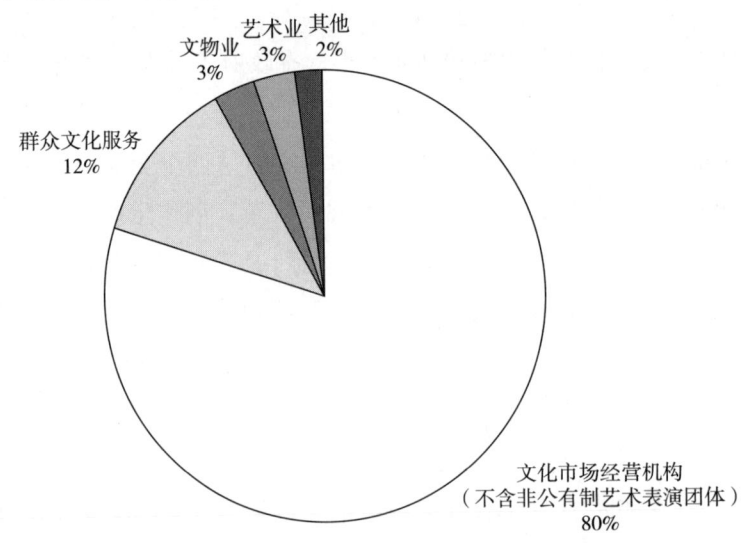

图2-1 2015年湖北省文化文物机构人员组成情况

三 文化事业投入持续增长

(一)总收入和财政补贴收入持续增长

2016年湖北省文化单位实现总收入58.92亿元,继2015年(46.56亿元)突破40亿元后再创新高,突破50亿元,较上年净增12.36亿元,同比增长26.55%,连续两年保持25%以上的增速。其中,财政拨款41.79亿元,首次突破40亿元,较上年净增7.98亿元,同比增长23.6%(见表2-1)。

表2-1 湖北省文化单位财政补助收入情况

年份	总收入(亿元)	财政补贴收入(亿元)	财政补贴收入占总收入比重(%)
2012	28.81	19.63	68.14
2013	33.83	22.85	67.54
2014	36.46	24.18	66.31
2015	46.56	33.81	72.61
2016	58.92	41.79	70.92

(二)文化事业费稳步增长

2015年,湖北省文化文物事业费为32.29亿元,比上年增加9.12亿元,增长39.36%。其中,文化事业费23.56亿元,比上年增加6.76亿元,增长38.1%,全国排名第8,比上年提升4位,在中部6省中排名第1(见图2-2)。文物事业费8.73亿元,比上年增加2.62亿元,增长42.88%。全省人均文化事业费40.32元,全国排名第21位,比上年提升4位,在中部6省中排名第2(见图2-3)。2016年,湖北省文化文物事业费为38.77亿元,比上年增加6.48亿元,增长20.07%。其中,文化事业费29.04亿元,比上年增加5.48亿元,增长23.26%。文物事业费9.73亿元,比上年增加1亿元,增长11.45%。全省人均文化事业费49.35元。

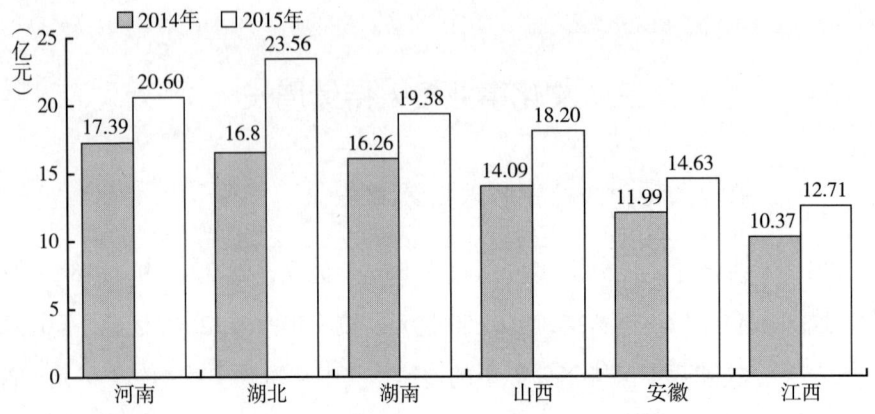

图 2-2 2015 年中部 6 省文化事业费情况

注：2016 年全国和中部六省数据尚未公布。

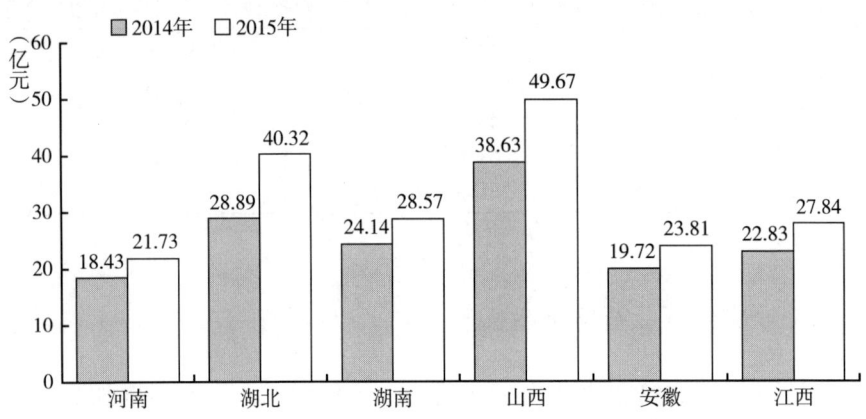

图 2-3 2015 年中部 6 省人均文化事业费情况

湖北省各市、州按文化文物事业费总额排名，武汉市 2015 年、2016 年连续两年排名第 1，分别为 9.75 亿元、9.95 亿元。2015 年恩施州 2 亿元，排名第 2；宜昌市 1.78 亿元，排名第 3。2016 年宜昌市 3.2 亿元，排名第 2；襄阳市 2.95 亿元，排名第 3（省本级不参加排名）。

湖北省各市、州按文化事业费排名，武汉市 2015 年、2016 年连续两年排名第 1，分别为 7.74 亿元、7.72 亿元。2015 年宜昌市 1.38 亿元，排名第

2；襄阳市1.33亿元，排名第3。2016年宜昌市2.70亿元，排名第2；宜昌市2.36亿元，排名第3（省本级不参加排名）。

2015年全省县（市、区）按文化事业费排名，名列前10的地区是：潜江市4754万元、洪山区4082万元、黄陂区3646万元、天门市2800万元、蔡甸区2361万元、江夏区2345万元、东西湖区2030万元、利川市2020万元、仙桃市1965万元、南漳县1824万元。2016年全省县（市、区）按文化事业费排名，名列前10的地区是：洪山区6401万元、潜江市4656万元、夷陵区4443万元、天门市4436万元、江夏区4281万元、大冶市3991万元、黄陂区3964万元、利川市2727万元、南漳县2657万元、秭归县2532万元。

（三）公共文化设施建设有序推进

按照文化小康建设的目标要求，近年来，湖北各级文化部门采取政府主导、社会参与、市场运作的方式积极推进公共文化场馆设施建设，掀起了新一轮建设高潮，省、市、县、乡（镇、街道）、村（社区）五级文化阵地逐步完善。一是省直文化场馆建设有序推进。总投资8.2亿元、建筑面积10万平方米，中西部一流、省级馆中单体建筑面积最大的省图书馆建成投入使用，受到广大群众的热烈欢迎；投资近10亿元、扩建面积6.5万平方米的省博物馆三期扩建工程，正在抓紧施工；湖北艺术职业学院新校区、省京剧院谭鑫培大剧院、省群艺馆新馆等重点项目正在积极筹建。二是市、县文化场馆建设加快推进。截至2016年底，地市"三馆"项目总建筑面积近40万平方米，总投资45亿元，已开工或完工项目20个，累计完成投资15亿元；基层"四馆三场"有序推进，总建筑面积约50万平方米，总投资约25亿元，已开工或完工项目91个，累计完成投资近11亿元。

2016年湖北省平均每万人拥有公共图书馆面积达到118.95平方米，较上一年（91.92平方米）增加27.03平方米，增长29.41%。平均每万人拥有群众文化设施面积为251.12平方米，较上一年（206.16平方米）增加44.96平方米，增长21.8%（省三馆建设总面积增长情况见图2-4）。经过新一轮公共文化场馆设施建设后,全省县以上各类公共文化场馆设施新增规模将超过100万平方米,总投资超过100亿元。

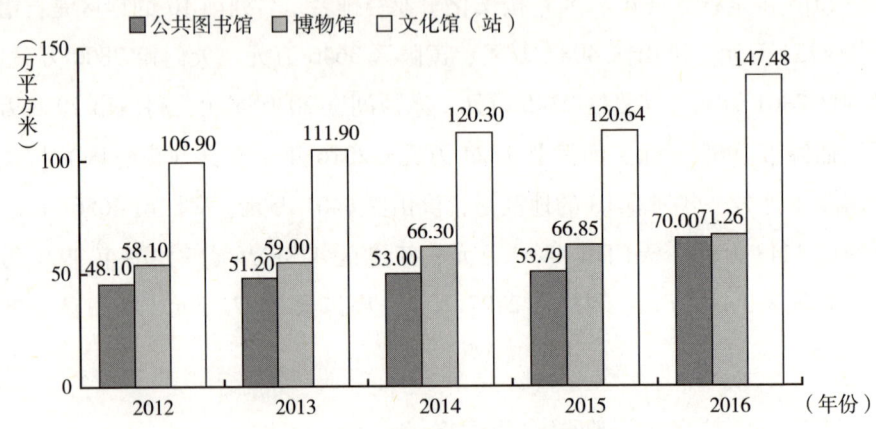

图2-4 湖北全省公共文化设施面积情况

四 文化事业发展成果显著

(一)文艺创作和演出精品频现

2016年,湖北省文化系统在习近平总书记文艺工作座谈会重要讲话精神的鼓舞下,坚持以人民为中心的工作导向,抓好以"中国梦"为主题的艺术创作。在重点抓好援疆题材话剧、反腐题材现代京剧、长江环保题材黄梅戏和"东方之星"沉船救援题材剧目创作的同时,高质量承办第十一届全国优秀舞蹈节目展演,对湖北省舞蹈作品创作产生了很好的推动作用;湖北省有6件作品入选展演,居全国首位。话剧《台北新娘》《董必武》参评参演第十一届中国艺术节;26件美术作品入选第十一届中国艺术节全国美术作品展,位居全国第四;东路花鼓戏《麻乡约》参加文化部全国基层院团戏曲会演,全方位、多视角展示全省艺术创作成果。深入各地对艺术院团改革发展和地方戏曲剧种现状进行普查式调研,积极争取加大戏曲振兴发展经费的投入力度,推动戏曲艺术传承发展。成功举办第二届湖北艺术节、第六届湖北省楚剧艺术节、第九届湖北省黄梅戏艺术节、第二届湖北省荆州花鼓戏艺术节、湖北省优秀戏曲剧目上海展演周、优秀剧目北京行、"深入生活、扎根人民"主题展演、"我们的中国梦"湖北地方戏曲获奖剧目展演、纪念中国人民抗日战争暨世界反法西斯战争胜利70周年优秀剧目展演、"秋之韵·东湖音乐会"、戏曲进校园等系列展演活动,有效丰富了广大人民群众的精神文化生活(具体演出情况见表2-2、表2-3)。

表2-2 湖北省艺术表演团体(含非国有)基本情况

年份	机构数(个)	演出场次(万场)	总收入(万元)	演出收入(万元)	观众人数(万人)
2014	273	3.90	73355	17259	3344
2015	282	3.85	73325	16136	2902
2016	308	3.85	87906	16405	3052

表2-3 全省专业艺术表演团体全年演出场次情况

序号	单位名称	演出场次(场)	演出收入(万元)	观众人数(万人)
1	湖北省民族歌舞团(恩施州)	855	177	87
2	秭归建东花鼓剧团(屈原艺术团)	593	147	9
3	武汉人民艺术剧院	528	353	39
4	长江人民艺术剧院	460	240	25
5	武汉杂技团	455	403	37
6	襄阳市艺术剧院	345	178	23
7	湖北省歌剧舞剧院	342	727	31
8	武汉楚剧院	327	225	40
9	通城县花鼓戏剧院	328	70	28
10	湖北省戏曲艺术剧院	309	242	52

(二)艺术表演团体演出情况及收入总体平稳

2015年、2016年,湖北省专业艺术表演团体共为社会提供各类演出均达到2万场以上,平均每团演出场次230场以上。其中,农村演出近1.2万场，农村观众近1300万人次。全省专业艺术表演团体共计收入超过6亿元。其中，2015年、2016年全省专业艺术团体演出收入分别为6219.2万元、8075.7万元，分别较上一年增长8.37%、29.85%（见图2-5）。

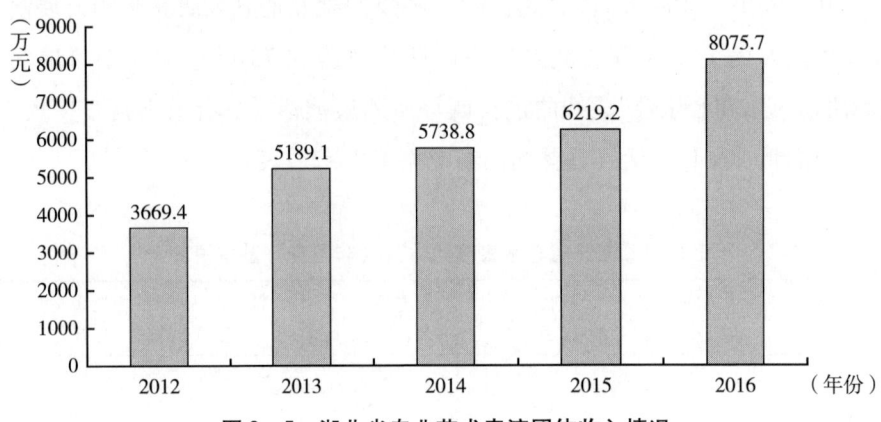

图2-5　湖北省专业艺术表演团体收入情况

（三）公共文化服务体系建设不断强化

1. 公共文化服务体系建设推进措施有力

2015年，湖北省委办公厅、省政府办公厅出台《关于加快推进现代公共文化服务体系的实施意见》及《湖北省基本公共文化服务实施标准（2015~2020）》。文化部印发《关于中办、国办〈关于加快构建现代公共文化服务体系的意见〉贯彻落实情况的通报》，对湖北的推进工作给予肯定。同时，湖北省全面深化改革领导小组将"促进基本公共文化服务标准化和均等化"确定为全省14个重大改革项目之一，由省改革办挂牌督办。通过近两年的积极推进，随着现代公共文化服务体系建设能力的不断增强，群众的文化获得感不断提高。以图书馆为例，在投入不断加大的情况下，图书总流通人次和流通册次、图书馆举办各类活动的次数、人均拥有公共图书馆资源水平都呈逐年上涨趋势。其中，2016年全省人均购书经费1.66元，较上一年增长10.96%；图书流通册次1882.1万册、总流通人次2081.9万人次，分别较上一年增长3.62%、6.52%；平均每万人拥有公共图书馆建筑面积为118.95平方米,较上一年增长29.43%;举办培训班1589个、展览856场、参观展览人次178万人次,分别较上一年增长90.75%、16.62%、51.62%(见图2-6、表2-4、图2-7)。

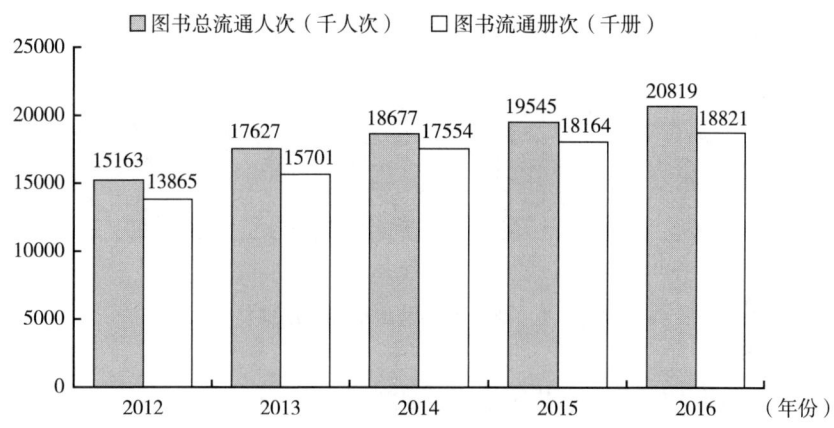

图2-6 湖北省图书流通服务情况

表2-4 湖北省人均拥有公共图书馆资源情况

		平均每万人拥有公共图书馆建筑面积(平方米)		人均购书经费(元)	
		全国	湖北	全国	湖北
2011年	数值	74	61	1.05	0.37
	位次	—	23	—	21
2012年	数值	78	83	1.09	0.73
	位次	—	15	—	13
2013年	数值	85	88	1.22	1.10
	位次	—	15	—	12
2014年	数值	90	91	1.24	1.27
	位次	—	14	—	11
2015年	数值	94.7	91.9	1.434	1.50
	位次	—	17	—	11
2016年	数值		118.95		1.66
	位次	—	—	—	—

注:2016年全国有关数据尚未公布。

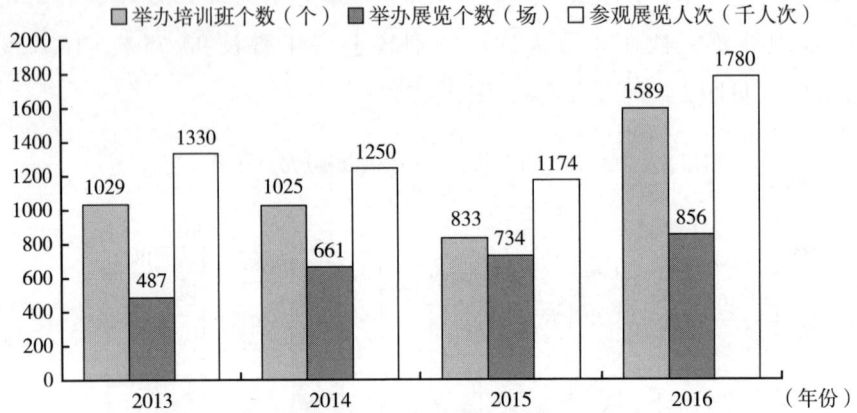

图2-7 湖北省图书馆举办活动情况

2. 公共文化服务体系示范区创建进展顺利

近年来，湖北省积极推进公共文化服务体系示范区创建工作。黄石、武汉、荆州完成第一批国家公共文化服务体系示范区（项目）创建任务，黄石市取得制度设计研究中部组第一的优异成绩，"武汉之夏"群文活动获优秀示范项目表彰；襄阳、孝感、黄冈于2013年获第二批国家示范区（项目）创建资格，进一步探索推进公共文化建设的科学路径；宜昌市申报创建第三批国家公共文化服务体系示范区，申报成绩列中部组10省市第一名；荆门市农村文化广场建设、十堰市图书馆总分馆建设申报创建第三批国家公共文化服务体系示范项目，获全票通过。湖北省率先开展省级公共文化服务体系示范区创建工作，第一批创建工作已经结束，9个县（市、区）验收合格，第二批创建工作正在开展之中。

3. 创新性推进公共文化服务工作取得明显成效

针对群众新需求，湖北省将"百姓舞台"文体广场示范点建设纳入市州党委政府目标考核指标，研究文体广场建设标准和规范，推进文体广场示范点建设，推广文体广场建设经验，全省文体广场建设呈现良好发展态势。随着文艺活动演出阵地建设不断增强，全省群众文艺活动场次数稳中有进，特别是开展的"文化力量·民间精彩"全省性广场舞展演活动极大地提高了基层群众参与文艺活动的积极性。其中，2016年全省组织群众文艺活动次数达到37893场次，较上一年增长35.43%；全省群众文化机构提供各类服务61313次，较上一年增长49.94%（见图2-8、图2-9）。

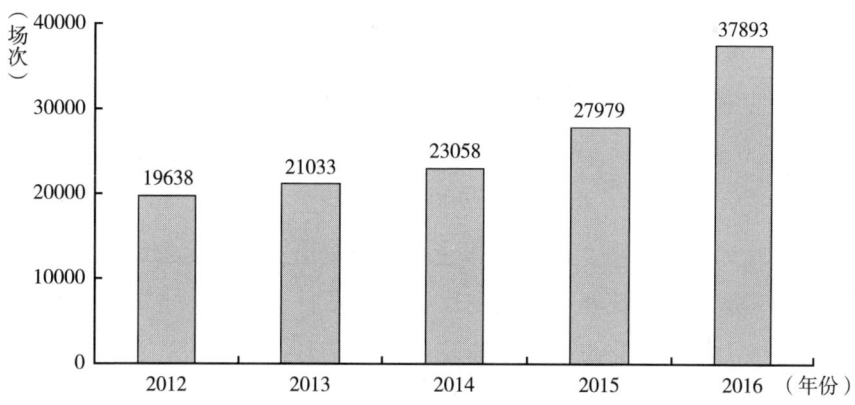

图2-8　湖北省组织群众文艺活动次数情况

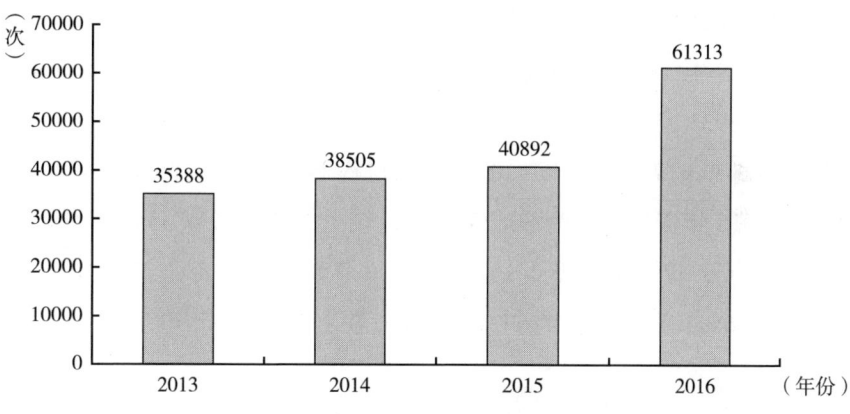

图2-9　湖北省群众文化机构提供服务次数情况

（四）文化市场规范有序

湖北省在全国率先以省委、省政府名义下发《关于进一步深化文化市场综合执法改革的实施意见》。全面推进互联网上网服务行业转型升级，出台了《关于加快推进互联网上网服务行业转型升级工作的指导意见》，评选了一批转型升级示范场所。深入开展全省文化市场"雷霆行动"暨"暑期集中行动",加大对基层文化市场管理的暗访抽查和考核督办力度,2015年成功办理了一批在全国有影响的重大案件,5个案件被评为全国文化市场重大案件,居全国前列;1个案卷被评为全国优秀案卷,2个案卷被评为全国规范案卷,获评数量占全国5%。评选出14家艺术品诚信经营单位,审批、备案营业性演出活动170批次、近500场次,全省营业性演出近2.7万场,观众达2000余万人次。开办湖北省互联网上网服务行业转型升级成果展暨电子竞技大赛。2016年全省近7000家上网服务场所、500家游艺娱乐场所参与此次比赛活动,2000余家上网服务场所和100余家游艺娱乐场所组队参赛,组织线下比赛500余场次,促进了行业间、企业间的合作与融合发展。大力推进文化市场技术监管与服务平台应用建设,积极推动湖北省文化市场诚信体系建设,实现文化市场管理与执法业务的互联互通、数据共享。

近年来湖北省文化市场经营机构总量稳中趋减,结构得到进一步优化。据统计,2015年,全省共有文化经营单位(不含图书报刊、广播电影电视、音像单位)8933家,较2014年减少234家,下降2%;2016年为8907家,较2015年略有下降(见图2-10)。经营机构资产总额稳中有增,利润呈下滑趋势。2015年资产总计为80.25亿元,较上一年增长4.53%,利润总额为15.02亿元,较上年下降44.47%;2016年资产总计102.53亿元,较上年增长27.76%,利润总额为11.01亿元,较上年下降26.70%。

(五)文化产业加快发展

近年来湖北省不断完善产业支撑平台,文化产业呈现蓬勃发展的良好态势。制定出台《湖北省扶持文化产业示范园区及基地专项资金管理办法》,支持建设了一批优秀文化产业示范园区(基地),并评选了省级文化产业示范园区、省级文化产业示范基地。组织召开全省特色文化产业现场会,推动各地大力发展特色文化产业。2016年组团参加第十二届深圳文博会活动,在文化产业招商现场签约项目20个、总资金达209亿元。成功举办湖北省

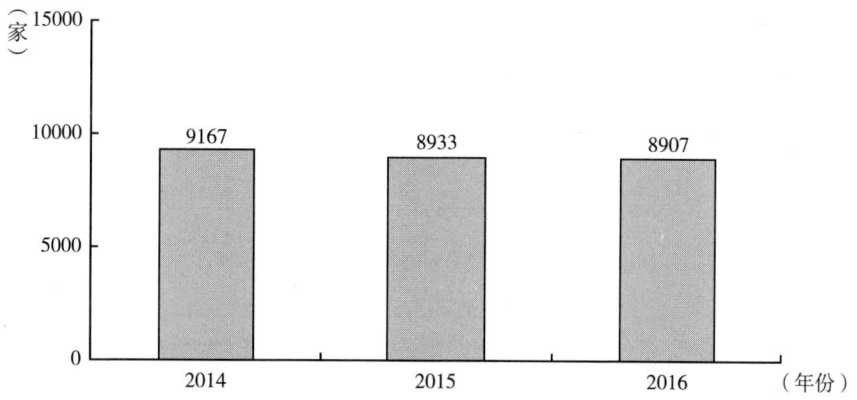

图 2-10 湖北省文化市场经营机构数量变化

第三届大学生文化创意设计大赛。武汉市入选第一批国家文化消费试点城市，5个文化产业项目获得中央财政文化产业发展专项资金资助，对70余个优秀省级文化产业示范园区（基地）给予了资金奖励和补助。文化部门归口管理的文化产业发展迅猛，全省文化创意产业营业收入年均增长31%，利税总额年均增长34.5%，领跑文化产业各大行业；文化专用设备生产、文化信息传输服务业、文化休闲娱乐服务业营业收入增速均超过12%，分别位居行业第2、3、4位。

据统计，截至2016年底，湖北省的文化产业总产出值为108.18亿元，较上一年增加21.64亿元，增长了25.01%（见表2-5）。文化产业增加值为64.28亿元，较上一年增加9.11亿元，增长了16.51%。从产业构成看，增长主要体现在：艺术业产业增加值比去年增加了5452万元，同比增长8.43%；图书馆业产业增加值比去年增加了3751.1万元，同比增长15.17%；群众文化产业增加值比去年增加了6049万元，同比增长了18.9%；文化市场经营机构产业增加值比去年增加23241万元，同比增长了7.65%；动漫企业产业增加值比去年增加8528.7万元，同比增长了26.87%；文物业产业增加值比去年增加23932.1万元，同比增长了55.79%；其他产业增加值比去年增加18897.3万元，同比增长了47.52%。

表2-5 湖北省文化产业总产出值增长情况

年份	文化产业总产出值(亿元)	同比增长率(%)
2012	73.22	14.63
2013	79.94	9.17
2014	93.51	16.97
2015	86.54	-7.45
2016	108.18	25.01

(六)对外文化交流日趋活跃

湖北省对外文化交流深入贯彻习近平总书记外交思想理论,按照总书记"六个一"的文化思路和省委、省政府外事工作统一部署,紧扣"一带一路"建设战略,以实施湖北文化"走出去"发展战略、加快推进湖北文化强省建设为目标,全面开展对外文化交流工作。在讲好荆楚故事、传播湖北文化的过程中,进一步打造对外文化交流品牌,硕果累累,亮点纷呈。湖北对外文化交流项目涵盖京剧巡演、非遗体验、文博展览、文化产业、文化培训、文艺演出、图书馆交流等多个方面。2015年组织京剧演展讲座、"中国大漆走世界"等项目,开展"荆楚风·中埃情——湖北文化走埃及"对口合作活动;组织"长江之韵"艺术使团赴俄罗斯参加"第二届国际布兰诺沃艺术节";组织京剧《真假美猴王》赴日本巡演,选派京剧演出团赴智利参加"2015智利中国文化年"暨"华艺新颜"活动。积极开展对台及对外交流展览,先后赴台湾举办"铸鼎熔金——湖北省博物馆馆藏青铜器展"、赴美国举办"皇家品味展",引进"奥地利百年绘画展"等10多个特色展览。2016年重点推荐了编钟礼乐《金石和鸣》参加"中埃文化交流年"启动仪式文艺演出活动,隆重举办了新西兰"楚汉神韵"中国湖北非物质文化遗产展,精心谋划了与首尔中国文化中心的全年对口合作项目,主动接洽并参加了世界顶级艺术节——爱丁堡艺术节演出等重大对外交流活动。

（七）文化遗产保护利用扎实推进

近年来，湖北省文化遗产保护利用工作亮点纷呈。恩施唐崖土司城遗址成功列入《世界遗产名录》，成为湖北省第3处世界文化遗产；国家文物局正式确定湖北省为"万里茶道"申遗联络省份、武汉为牵头城市。编制完成武当山古建筑群保护总体规划，实施明显陵外罗城、外明塘及明楼修缮工程。实施武汉中共中央机关旧址等革命文物，恩施地委县委旧址等抗战文物，五里村、羊楼洞村等传统村落和古民居文物的保护工程；实施36项考古发掘项目，继枣阳郭家庙曾国墓地考古发掘项目荣获2014年度"全国十大考古新发现"、大冶铜绿山四方塘遗址墓葬区项目荣获2015年度"全国十大考古新发现"后，天门石家河遗址考古项目又荣获2016年度"全国十大考古新发现"第一名；完成了2000余件文物的修复工作并及时将修复文物充实到展览中。

1. 文物业机构与从业人数数量总体稳定，藏品数量位居全国前列

湖北省积极推进可移动文物普查工作。强力推进文物信息采集登录，全省登录上报文物数据691507件（套），采集完成藏品722132件（套），登录珍贵文物45884件（套），508家收藏单位完成平台信息注册，总体进度位居全国第4位。2016年全省文物机构共计310个，比去年增加8个。其中博物馆183个，文物科研机构3个，文物保护管理机构48个，其他文物机构76个（见图2-11）。截至2016年底，全省文物机构从业人员共5162人，中级以上职称占26.95%，较上一年略有增长。文物藏品总量为1980655件（套），其中：一级品8079件（套）、二级品13406件（套）、三级品135653件（套）。新增藏品39126件（套），较上一年增长35.73%。

2. 博物馆事业蓬勃发展

据统计，2016年湖北省博物馆机构共183家，从业人数为3556人。其中，中级以上职称专业技术人员1096人，占博物馆从业人员总人数的30.82%。有序推进省博物馆三期扩建工程，积极推动重点市县博物馆建设，宜昌、孝感、天门等市级博物馆完成主体建设，红安、黄梅、通山、南漳、

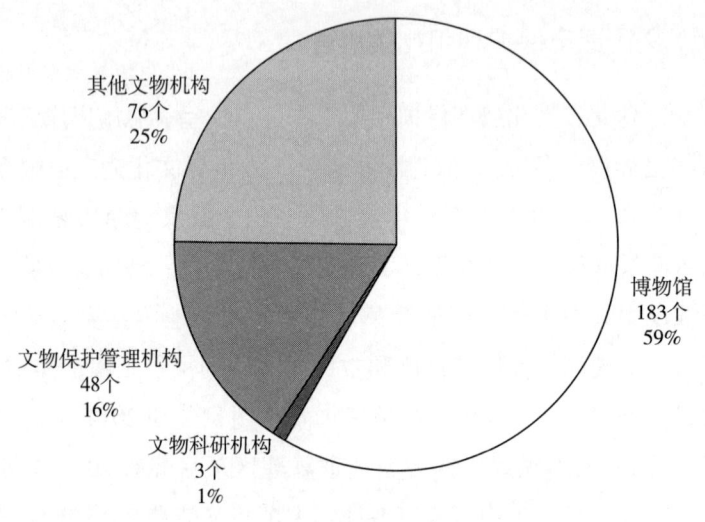

图 2-11 2016年湖北省文物机构分布情况

枣阳等县级博物馆协调推进。举办抗战文物主题展览。围绕纪念抗战胜利70周年，全省举办抗战主题展览18个，接待观众100多万人次。组织展览进校园、进社区、进军营和网上虚拟展示。全省举办各类展览600多个，接待观众近1900万人次。深入挖掘馆藏文物资源，组织举办社会主义核心价值观等16个主题展览。加强馆藏文物科技保护，组织开展可移动文物保护修复项目申报工作，23个项目方案获国家文物局批复。

（八）非遗保护展示、传承队伍建设及非遗研究工作取得显著成绩

近年来，湖北省非遗保护工作得到扎实有效推进。名录体系日益完善，截至2016年底，全省已建立国家、省、市、县四级名录保护体系，有人类非遗代表作名录4项、国家级名录100项（127个项目保护单位）、省级名录项目316项（466个保护单位），国家级代表性传承人57人、省级代表性传承人571人，国家级文化生态保护实验区1个、省级文化生态保护实验区13个，国家级生产性保护示范基地5个、省级生产性保护示范基地19个，省级传承示范基地23个、研究中心22个。

五 存在的主要问题及发展瓶颈

（一）文化投入与经济发展水平不协调

2015年、2016年湖北省文化事业费投入总量较往年大大增加，同比增长均超过25%。全省人均文化事业费也由2014年的28.89元增长到2016年的49.35元（见表2-6）。但与3万亿元的全省地区生产总值和3000亿元的省级一般公共预算总支出相比，湖北省的文化事业投入仍有较大提升空间。同时，地区间文化事业投入也存在较大差距。2015年、2016年，省本级和武汉市的文化事业投入之和几乎占了全省的半壁江山，2015年占比达52.96%，2016年占比为47.89%。2015年，全省人均文化事业费为40.27元，17个地市州中，仅有武汉、神农架林区和潜江市的人均文化事业费超过了平均水平；各县（市、区）中，仅有五峰县和潜江市两地高于全省平均水平。2016年全省人均文化事业费为49.35元，17个地市州中，仅有神农架林区、武汉市和宜昌市超过平均水平；各县（市、区）中，仅有五峰县、保康县、夷陵区、秭归县、来凤县、兴山县、汉南区、咸丰县超过平均水平。

表2-6 湖北省人均文化事业费排名情况

单位：元

	2012年		2013年		2014年		2015年		2016年	
	人均经费	位次	人均经费	位次	人均经费	位次	人均经费	位次	人均经费	位次
全国	29.14	—	35.46	—	38.99	—	42.65	—		
湖北	24.00	25	26.58	24	28.89	25	40.27	21	49.35	—

注：2016年全国人均文化事业费尚未公布。

（二）现代公共文化服务体系建设仍有短板

近年来湖北省以全面深化改革精神为指导、以构建现代公共文化服务体系为目标，公共文化服务体系建设工作取得了显著成绩。但也要看到，与"十三五"全国、全省经济社会发展的目标和纲领相比，与加快构建现代公共文化服务体系的要求相比，当前公共文化服务体系建设还存在一些问题和差距：如一些地方重视不够、投入不足，乡镇、村级文化建设仍存在薄弱环节，基本公共文化服务标准化、均等化程度不高，基层文化资源缺乏整合，社会力量参与不够，服务效能有待提高等，这些问题制约了湖北省公共文化服务的发展，亟须采取措施加以解决。

（三）文化产业发展仍有提升空间

当前文化产业对经济增长的拉动作用日益显现，我国的整体文化实力与竞争力明显增强，但湖北省仍面临文化产业整体规模偏小、集约化程度偏低等情况。同时，地区发展不均衡、文化资源开发力度不足、缺乏复合型文化人才等因素也严重制约着湖北省文化产业的发展。

六 2017年文化发展目标

步入"十三五"的关键之年，湖北省文化系统应科学、系统、全面地实施"十三五"时期的文化事业发展规划，统筹协调推进，加快文化强省建设。

（一）推动精品生产工作争先进位

贯彻落实《中共中央关于繁荣发展社会主义文艺的意见》，通过深化改革、完善政策、健全机制，按照"中部领头、全国一流、湖北特色、世界影响"的标准，提高精品生产组织化程度，加大精品艺术创作力度，并围绕重要事件节点和大型文艺活动抓好剧目创作。一是加强艺术精品创作规划引导。组织召开"十三五"湖北省文艺创作规划会，对全省重大历史、现实题材创作进行规划研究。坚持把现实题材创作放在更加突出的位置，紧紧围绕党的十九大、建军90周年、改革开放40周年、新中国成立70周年、建党100周年等重要时间节点，对接全国、全省性重大艺术活动和"五个一工程"奖等重要评选活动，加强对湖北省艺术精品创作项目的前瞻谋划和统筹设计，建立梯次推进机制，力争推出更多精品力作。二是抓好艺术精品创作"四大工程"。以组织实施湖北省舞台艺术精品创作扶持工程、原创音乐作品"131"工程、舞蹈节目创作"120"工程和美术创作重点项目扶持工程为载体，评选一批优秀艺术作品进行重点扶持，推动各门类艺术精品创作全面繁荣。三是建设全国戏曲演出交流中心。以推进全国戏曲演出交流中心为支点，支持武汉振兴戏曲"大码头"，积极打造全国京剧邀请展演交流、全国地方戏曲会演交流、全省戏曲演出交流、戏曲票友展示交流"四大平台"，努力把湖北建成戏曲文化高地。四是深入推进戏曲进校园工作。要加大组织协调力度，确保2017年上半年全省大中小学校戏曲进校园演出实现全覆盖。

（二）进一步促进公共文化服务体系建设

抓好《中华人民共和国公共文化服务保障法》的学习贯彻，加快构建现代公共文化服务体系，不断丰富公共文化产品和服务供给，努力增强人民群众的文化获得感。一是推动湖北省各地贯彻落实《省委办公厅 省政府办公厅印发〈关于加快构建现代公共文化服务体系建设实施意见〉的通知》（鄂办发〔2015〕62号）的配套政策，确保政策落地全覆盖、无盲区。二是大力推进基本公共文化服务标准化建设。坚持以标准化推动公共服务均等化，加大《湖北省基本公共文化服务实施标准（2015-2020年）》和各地具体实施标准的执行力度，推动以县为单位全面落实。三是扎实推进文化精准扶贫。按照全省文化精准扶贫工作视频会议的要求，认真制定并实施推进文化精准扶贫的具体落实措施，加大对口帮扶力度，推动文化工程项目优先向贫困地区倾斜，确保到2019年贫困地区基本公共文化服务主要指标达到或超过全国平均水平。四是积极推进基层综合性文化服务中心建设。贯彻《省政府办公厅关于推进基层综合性文化服务中心建设的实施意见》（鄂政办发〔2016〕98号）精神，落实中宣部、文化部等部门提出的"贫困地区百县万村综合文化服务中心示范工程和民族自治县、边境县村综合文化服务中心覆盖工程"要求,整合各类面向农村的公共文化资源和服务,加快推进基层综合性文化服务中心建设,打通公共文化服务"最后一公里"。五是加大政府购买公共文化服务力度。认真贯彻落实鄂办发〔2016〕47号文件精神,推动各级财政设立政府购买公共文化服务专项资金,建立健全政府购买公共文化服务长效机制。六是大力加强公共文化服务效能建设。从建立健全公共文化服务效能监督和评价机制入手,引导各地全面加强各级公共文化服务单位、重大文化工程、重大群众文化活动效能建设,不断提高公共文化服务水平和设施使用效益。七是组织举办文化惠民品牌活动。围绕喜迎党的十九大、庆祝建军90周年和香港回归祖国20周年等重要时间节点,组织开展优秀剧目、优秀美术作品展演和系列群众性文化活动,举办"送戏下乡"、全省群众广场舞展演等活动,进一步扩大"长江讲坛""长江读书节"品牌活动的影响力,不断丰富人民群众的精神文化生活。

(三)提升文化产业发展水平

紧紧围绕推动文化产业成为国民经济支柱性产业的目标要求,抓住深化供给侧结构性改革重要窗口期的机遇,以超常规的思路和举措推动文化产业超常规发展。一是发挥重大项目带动作用。建立完善湖北省文化产业重点项目库,加大项目支持服务力度,谋划和实施一批投资规模大、辐射带动强、科技含量高、市场前景好的大项目、好项目,不断增强文化产业发展后劲。把招商引资作为发展的重要举措,组织举办湖北省文化产业招商引资推介会,在"招大引强"上持续发力,推动一批优质项目签约落地。二是加强载体平台建设。以创建湖北省级文化产业示范园区(基地)为抓手,培育壮大文化市场主体,发挥园区、基地示范引领和辐射作用,带动文化产业转型升级。不断提升湖北省大学生文化创意设计大赛举办水平和社会影响力,促进文化创意与市场、资本、产业等要素对接。三是培育引导文化消费。抓好武汉"国家文化消费试点城市"试点工作,发挥示范带动作用。推动各地积极探索促进文化消费的有效手段,组织开展各种形式的文化消费主题活动，引导文化消费行为。大力推动数字创意等新兴文化产业发展，着力创新和丰富文化消费业态，以新供给释放新需求。四是促进文化与金融、外贸等领域协同创新、融合发展。进一步深化与相关部门的合作机制，推动落实金融支持文化产业发展的各项举措，积极参与中国（湖北）自由贸易试验区和国家级、省级特色小镇建设，进一步拓展文化产业发展新空间。

（四）大力加强文化遗产保护

贯彻中办、国办《关于实施中华优秀传统文化传承发展工程的意见》，大力提高文化遗产保护利用水平，推动荆楚优秀传统文化传承和发展。加快构建中华优秀传统文化传承体系，加快文物强省建设，大力加强文化遗产保护，力争文物保护与管理上有突破、文物展示与利用上有突破、文物研究与宣传上有突破。一是实施重大文物保护利用项目。牵头推进"万里茶道"申遗工作，力争将其列入《中国世界文化遗产预备名单》。积极推进大别山区革命文物保护利用工作，促进红色文化传承与发展。加强考古遗址公园建设。二是加强非物质文化遗产保护传承。制定出台湖北省非遗十大类分类保护规范，加强省级以上非遗项目分层分类保护，提高非遗保护规范化水平。深入推进国家级、省级非遗项目代表性传承人抢救性记录和数字化保护工程，编制实施《武陵山区（鄂西南）土家族苗族文化生态保护实验区总体规划》，办好2017年中国长江非物质文化遗产大展等重大活动。三是努力让文化遗产"活"起来。实施"互联网＋中华文明"行动计划，建设湖北省级文物大数据平台，推动省博物馆建设数字博物馆，开展精品文物"微课堂"活动，促进文物价值挖掘与活态展示。实施荆楚传统工艺振兴计划，加大公众文化遗产知识宣传普及力度，促进文化遗产走进现代生活。

（五）加强文化保障体系建设

着力做好各项保障工作，全面提高基础保障水平，为文化改革发展营造良好环境、提供坚强保证。一是加大文化建设经费争取力度。当前，经费投入不足是文化建设最大的难题，特别是文化事业费投入层层递减的问题比较

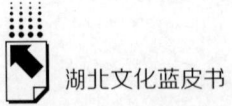

突出。各级文化部门应对照"实现文化小康人均公共文化财政支出≥150元"的指标要求,推动当地政府把文化建设投入作为法定职责必须为的硬约束,建立健全财政投入保障机制,努力提高文化建设公共财政投入水平。二是加强文化基础设施建设。加快推进省博物馆三期等省级重大文化设施建设,加大市县文化设施建设力度,打好各级各类文化场馆达标建设攻坚战,推动消除设施空白点,努力提升"三馆一站"覆盖率。三是加强文化人才队伍建设。积极推进"两个一百"人才培养工程、"三区"人才计划文化工作者专项工程等重点项目,继续支持戏曲院团与艺术院校合作办班,启动湖北省戏曲表演骨干人才轮训计划,办好各类文化业务专题培训班,不断提高文化市场执法队伍素质,努力为文化人才脱颖而出、施展才干创造有利条件。推动各地采取县聘乡用、派出制等方式解决乡镇综合文化站人员编制问题,大力加强基层文化队伍建设。四是完善文化政策法规体系。积极推动湖北省公共文化服务、文化产业立法工作,制定出台一批政策性文件,不断优化文化改革发展环境。

B.3
2015~2016年湖北文化艺术创作生产发展报告

郑海军　方晓蓉*

摘　要： 2015年湖北省文艺创作生产活跃，形式多样。先后举办了第二届湖北艺术节和第六届湖北省楚剧艺术节，成功创作了以"中国梦"为主题的文艺作品，从制度建设、人才培养等方面夯实湖北戏曲发展，以人民为中心开展了多场惠民展演，重大艺术项目申报成绩喜人。但是当前湖北省文化艺术创作生产过程中还存在艺术创作质量不高、人才短缺、规划性不足等问题，因此亟待在作品立意、政策落实、团队建设、人才培养等方面做出努力，进一步推动全省艺术创作发展。

关键词： 湖北　文艺创作　文艺生产

湖北省认真贯彻落实习近平总书记在文艺工作座谈会上的重要讲话精神，牢记文艺工作者的历史使命和责任担当，坚持以人民为中心的创作导向，通过深化改革、完善政策、健全机制，提高精品生产组织化程度，全力做好戏曲振兴发展这篇大文章，加大精品艺术创作力度，围绕重要事件节点和大型文艺活动抓好剧目创作，成效显著。

---

* 郑海军，男，湖北省文化厅财务处副处长；方晓蓉，女，湖北大学政法与公共管理学院副教授、硕士生导师，湖北大学地方政府与公共政策研究中心成员。

湖北文化蓝皮书

一 艺术创作生产展现新气象、取得新成绩

文艺是民族精神的火炬，是时代前进的号角，最能代表一个民族的风貌，最能引领一个时代的风气。当前，湖北省文艺创作生产活跃，内容形式丰富，风格手法多样，涌现了一批群众喜爱的优秀作品，呈现出百花竞放、蓬勃发展的生动景象，文艺创作和演出精品频现。

（一）贯彻文艺工作座谈会精神，推动艺术创作繁荣发展

1. 举办重大文化活动，搭建艺术创作平台

第二届湖北艺术节精彩纷呈。湖北艺术节是全省规格最高、水平最高、规模最大的综合性艺术盛会，作为主办方的省政府坚持以人民为中心的工作导向，每三年举办一届，2012年举办第一届。第二届湖北艺术节由省政府主办，文化部支持，为期28天，共有49台大戏和15出小戏大放异彩，4场展览光彩夺目，11场群众文艺展演精彩纷呈，各类展演200多场次，观众近20万人次，关注的网民达300多万人次。入选作品主题鲜明，题材广泛，形式多样，集中展示了近年来特别是中央文艺工作座谈会以来全省专业艺术和群众文化发展的最新成果，涌现出了《建安铁事》《楚汉春秋》《八月桂花遍地开》《妹娃要过河》《宇宙锋》《台北新娘》等近年创作的一大批优秀艺术作品，受到了全省广大人民群众的热烈欢迎。第六届湖北省楚剧艺术节惊艳亮相。湖北省于1990年设立并举办首届楚剧艺术节，已成功举办六届，推出了一批精品剧目。第六届楚剧艺术节历时8天，全省16个楚剧艺术院团共推出5台参评剧目大戏和38出小戏、折子戏参加演出，数万观众欣赏了演出。艺术节期间，新创剧目和传统剧目、现代戏和传统戏竞相争艳，涌现出了《弯树直木匠》《探阴山》《风雨彩虹》《秦琼观阵》《小镇良民》等一批优秀楚剧，充分展示了楚剧艺术的独特魅力和整体风貌，进一步推动了楚剧艺术的繁荣与发展。

2. "深入生活、扎根人民""中国梦"主题创作成果显著

湖北省文艺工作者深入学习贯彻习近平总书记的文艺工作座谈会重要讲话精神,广泛开展"深入生活、扎根人民"主题实践活动,鼓励"中国梦"主题作品和现实题材创作,成效明显。在第二节湖北艺术节武汉集中惠民展演剧目中,现实题材剧目占40%以上,话剧《台北新娘》《刘轮堂》《牵挂》,楚剧《犟妈》、郧剧《风雨塔灯岩》、南剧《拼命书记》等一批反映时代精神、弘扬主旋律、传递正能量的现实题材剧目,深受观众和专家好评。围绕"中国梦"主题创作及加工修改现实题材优秀剧目20余部(台)。

(二)贯彻落实国办文件精神,推动湖北戏曲传承发展

2015年7月,国务院办公厅印发了《关于支持戏曲传承发展若干政策的通知》(国办发〔2015〕52号),为贯彻落实通知和全国戏曲工作会议精神,湖北省积极行动,切实采取有效措施推动戏曲传承发展。

1. 深入调研,摸清家底

组织工作专班深入全省70多个县(市、区)对专业艺术院团和戏曲剧种进行了普查式调研,深入了解全省文艺院团和戏曲剧种发展现状,形成专题调研报告,为全省制定和出台支持戏曲传承发展的政策提供了翔实依据。

2. 制订规划,着眼长远

根据国务院办公厅印发的《关于支持戏曲传承发展若干政策的通知》精神,湖北省以省政府办公厅的名义出台了《关于支持湖北戏曲传承发展的实施意见》(鄂政办公厅发〔2016〕29号),以省委宣传部的名义出台了《湖北省戏曲振兴发展计划(2016-2020年)》、《湖北省京剧振兴发展计划(2016-2020年)》和《关于开展戏曲进校园活动的指导意见》。上述文件是今后一个时期推动湖北省戏曲传承发展的指导性文件,围绕全省戏曲剧目创作演出、戏曲人才队伍建设、戏曲院团建设、戏曲群众组织发展、戏曲进校园等重点任务,进一步落实责任,健全机制,强化措施,有利于形成戏曲活起来、传下去、出精品、出名家的良好环境,有利于形成全省全社会重视

戏曲、关心支持戏曲发展的生动局面，推动湖北戏曲的振兴和发展，推动文化强省建设。

3. 强化保障，培育后劲

其一，狠抓戏曲人才队伍建设。组织举办了全省地方戏曲表演人才、音乐创作人才能力提升班和"三区"（老、少、边）人才支持计划文化工作者专项编创人员高级研修班，150余名学员参加了培训，这一举措有效夯实了戏曲振兴发展的人才基础。其二，为振兴发展湖北戏曲提供坚实的经费保障。湖北省财政进一步加大对戏曲振兴发展的经费投入力度，设立了湖北京剧振兴发展专项资金，逐年增加湖北地方戏曲保护发展专项资金额度，安排资金支持省戏曲艺术剧院与湖北艺术职业学院开办楚剧、汉剧、黄梅戏3个定向班，招收近160名学员入校学习；安排经费支持13个戏曲院团、11个地方戏曲剧种与艺术院校联合办班，支持戏曲名家收徒传艺，首次举办戏曲行当培训班，举办全省戏曲演员旦行和生行两个行当能力提升班，推动戏曲院团逐步形成合理的人才梯队，夯实戏曲振兴发展的人才基础。

4. 强化合作，提升影响

为进一步巩固和提升湖北京剧的综合实力及其在全国的地位，湖北省京剧院与国家京剧院签订了结对共建合作协议，国家京剧院将从剧目创作生产、人才培养、展示演出等方面对湖北省京剧院的建设和发展给予大力支持。同时，湖北省京剧院与天津京剧院、大连京剧院等国内知名京剧院团开展"走马换将"演出活动，强化湖北省京剧院与其他兄弟京剧团的交流与合作，有效提升了湖北省京剧院和湖北京剧事业在全国的影响力。

（三）坚持以人民为中心的工作导向，组织开展系列惠民展演

1. 组织开展"深入生活、扎根人民"主题展演活动

近年来，每年春节期间，湖北省都组织艺术院团开展以"深入生活、扎根人民"为主题的惠民展演活动。全省近100个文艺院团和有关美术单位组织优秀剧（节）目和美术展览，深入剧院礼堂、乡镇村落、街头巷尾、田间地头为民展演，送喜报春，礼赞盛世，播撒欢乐，惠及百姓300余万人

次，极大地丰富了全省人民群众在节日期间的精神文化生活。

2. 举办湖北省优秀戏曲剧目等展演活动

2015年，湖北省组织10个专业艺术院团、京汉楚花黄等7个剧种的11台获奖优秀地方戏曲剧目，演出68场，其中省外演出17场，惠及群众约10万人次，展示了湖北省保护传承发展地方戏曲的工作成果，丰富了人民群众的精神文化生活，扩大了湖北地域特色文化的影响力，社会反响良好。组织京剧《红灯记》、方言喜剧《鬼子进了城》、襄阳花鼓戏《长山壮歌》、随州花鼓戏《不下马的将军》等一批剧目开展纪念中国人民抗日战争暨世界反法西斯战争胜利70周年优秀剧目展演，演出200多场，深受群众欢迎。2016年，在上海举办湖北省优秀戏曲剧目展演周，在北京举办湖北省优秀剧目北京行演出和湖北省国画作品展，还举办了三项"走出去"展演活动，集中展示了湖北省优秀作品，形成了规模效应，成效显著。

3. 举办"秋之韵·东湖音乐会"

举办"秋之韵·东湖音乐会"是湖北省践行党的群众路线、丰富人民群众精神文化生活的一次生动实践，也是展示湖北省文化发展成果、打造文化品牌的重要举措。该项惠民演出活动自2013年以来，已连续举办了三届。该音乐会在东湖风景区举办，一般历时8~10天，共有8~10场演出活动，包括全省基层群众文艺专场、交响乐经典名曲展演、职工综艺专场、高校师生综艺专场、省舞台艺术百人培养计划演奏人才专场、京剧名票名段演唱会等，得到群众的普遍好评。

4. 积极开展戏曲进校园活动

湖北省委、省政府高位推进戏曲进校园，省领导担任"戏曲进校园"工作领导小组组长，建立由省委宣传部牵头、文化教育等部门协作推进的工作机制，各市、州、县结合实际制订了具体落实方案，高质量完成"规定动作"，高标准做好"自选动作"。省京剧院、省戏曲艺术剧院等国家重点院团和戏曲名家带头示范，全省戏曲院团发挥主力军作用，把舞台搭进校园，把学生请进剧场，把戏曲送进课堂。2016年，湖北省开展戏曲进校园演出活动8600余场。中宣部、教育部、文化部在湖北省召开全国戏曲进校

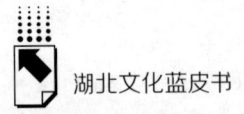

园现场会期间,省京剧院举办了"湖北省文艺院团送戏进校园图片展",播放了专题片,宣传推广了湖北省戏曲进校园活动。

(四)重大艺术项目申报成绩喜人

国家艺术基金资助项目申报和立项取得突破。2015年湖北省共有28项入选,立项率22%,立项项目总数和立项率均有大幅提升,位居全国前列。国家社科基金艺术学项目立项数创历史之最。湖北省艺术研究院"汉剧'十大行'的演变历程与文化价值研究"等16个项目立项,入选项目总数居全国前列。美术展览项目评选成绩优异:2个展览项目入选2014年全国美术馆馆藏精品展出季活动优秀展览名单;1个展览项目在全国美术馆优秀展览项目评选中获国家重点美术馆优秀展览项目,2个公共教育项目获全国美术馆优秀公共教育项目。全国60多家美术馆申报评选全国重点美术馆,湖北省有武汉美术馆等4家美术馆入选,武汉成为全国为数不多的同时拥有2家全国重点美术馆的城市。

(五)艺术表演团体演出及收入情况

2015年,湖北省共有艺术表演团体282个,数量居全国第13位,从业人员8999人,共为社会提供各类演出3.85万场,平均每团演出场次137场,演出观众达2902万人次,观众数量居全国第8位,总收入7.33亿元(其中演出收入1.61亿元)(见表3-1)。其中,86个专业艺术表演团体共为社会提供各类演出2.02万场,平均每团演出场次235场,总收入6.22亿元(部分专业艺术表演团体2015年演出情况见表3-2)。专业艺术表演团体赴农村演出1.197万场,农村观众1341万人次。2016年,湖北省共有艺术表演团体308个,较上一年增长9.22%;从业人员8699人,较上一年下降3.33%;共为社会提供各类演出3.85万场,与上一年持平;平均每团演出场次125场,较上一年下降8.76%;演出观众3052万人次,较上一年增长5.17%;总收入8.79亿元(其中演出收入1.64亿元),较上一年增长19.92%。其中,86个专业艺术表演团体共为社会提供各类演出2.17万场,较上一年增长7.43%；平均每团演出场次251场，较上一年增长6.8%；总收入7.45亿元，较上一年增长19.77%。专业艺术表演团体赴农村演出1.22万场，较上一年略有增长；农村观众1241万人次，较上一年下降7.46%（注：2016年全国各地有关统计数据尚未公布）。

表3-1　湖北省艺术表演团体（含非国有）基本情况

年份	机构数（个）	演出场次（万场）	总收入（万元）	演出收入（万元）	观众人数（万人）
2014	273	3.90	73355	17259	3344
2015	282	3.85	73325	16136	2902
2016	308	3.85	87906	16405	3052

表3-2　湖北省专业艺术表演团体2015年演出情况

序号	单位名称	演出场次（场）	演出收入（万元）	观众人数（万人）
1	湖北省民族歌舞团（恩施州）	855	177	87
2	秭归建东花鼓剧团（屈原艺术团）	593	147	9
3	武汉人民艺术剧院	528	353.2	38.8
4	长江人民艺术剧院	460	240	25.3
5	武汉杂技团	455	403	36.5
6	襄阳市艺术剧院	345	178	23
7	湖北省歌剧舞剧院	342	727	31
8	武汉楚剧院	327	225	39.5
9	通城县花鼓戏剧院	328	70	27.5
10	湖北省戏曲艺术剧院	309	241.8	51.6

二　当前艺术创作中存在的主要问题

一是对艺术创作重视不够。存在"说起来重要、干起来次要、忙起来不要"的现象。艺术创作生产缺乏政策、资金、场地支持。院团转企改制后，配套政策措施不完善、落实不到位，给院团生存发展造成了困难。

二是有数量缺质量、有"高原"缺"高峰"。改革开放特别是党的十八大以来，湖北省艺术生产的规模和艺术作品的数量都呈快速发展态势，其丰富性和多样性前所未有，摆脱了文化艺术生产匮乏局面。但思想精深、艺术精湛、制作精良的精品之作还不够多，人民群众喜爱的名家大师还不够多，这与当前艺术创作中的浮躁心态不无关系。一些艺术工作者急于求成、急功近利，不肯花时间深入生活，不下功夫精益求精，不用心思打磨作品，导致作品思想浅薄、质量平庸。

三是人才不足成为艺术生产的短板。一些艺术院团吸引力下降，加之多元文化冲击，舞台艺术的待遇差、成才周期长等因素，导致艺术人才大量流失，戏曲院校招生困难，青黄不接。有的院团急功近利，把创作部门当作包袱甩掉，大量舞台艺术编剧人才跳槽转行，直接导致优秀剧本匮乏，原创能力下降。

四是缺乏长远规划，艺术创作生产具有一定的随意性。很多艺术院团没有遵循艺术创作生产和发展的规律制订长远发展规划，而是很随意、随性地去创作生产，导致创作出的作品或仓促而成，毫无生命力；或半途夭折，造成人、财、物的损失和浪费。

三　推动全省艺术创作生产的举措

一是深入学习贯彻习近平总书记文艺工作座谈会重要讲话精神，落实关于繁荣发展社会主义文艺的意见的各项要求。要把学习贯彻习近平总书记文艺工作座谈会重要讲话精神不断引向深入，深刻领会讲话精神的核心要义，把创作生产更多优秀作品作为中心环节，把"深入生活、扎根人民"作为根本方法，始终坚持以人民为中心的创作导向，把人民作为书写、讴歌的对象，把人民作为表现的主体，让人民群众作为艺术作品的主角，写人民的生活，反映人民的心声，接受人民群众的检验。

二是继续推进"深入生活、扎根人民"主题实践活动，坚持以人民为中心的创作导向，努力创作更多无愧于时代的优秀作品。要凝神聚力打造更多精品力作，编制好艺术创作规划，建立健全"深入生活、扎根人民"长效机制、艺术评价机制、艺术传播机制等制度机制，以精品树形象、以精品作导向、以精品促繁荣。推出一批反映时代精神、传递正能量、人民群众喜闻乐见，有筋骨、有道德、有温度的优秀作品。

三是要推动国务院和湖北省戏曲振兴发展各项政策全面落实。抓好国务院办公厅印发的《关于支持戏曲传承发展若干政策的通知》、省政府办公厅《关于支持湖北戏曲传承发展的实施意见》（鄂政办发〔2016〕29号）和《湖北省戏曲振兴发展计划（2016－2020年）》、《湖北省京剧振兴发展计划（2016－2020年）》的落实，努力在戏曲保护传承、院团改革发展、精品剧目创作、人才队伍建设和财政资金投入等方面争取更多的具体政策的支持；加强与教育等部门的衔接协调，精心组织策划，制订具体实施方案，注重实际效果，突出抓好戏曲进校园活动，努力培养一大批爱好戏曲、关注优秀传统文化的年轻观众群体。

四是要推进文艺院团完善改革加快发展。加强重点戏曲院团建设，促进基层和民营艺术院团的发展，改善艺术院团创作演出条件，为艺术院团演出提供支持。

五是加大艺术人才培养力度。把培养造就在全国处于一流水平的领军人物和名家大师作为艺术工作的重中之重，以实施湖北省舞台艺术和美术"两个一百"人才培养工程为载体，实施戏曲名家收徒传艺计划，办好各级艺术专业学校，支持戏曲院团采取多种形式培养艺术后备人才，着力培育一批名家名角和杰出专业人才。

B.4
2015~2016年湖北公共文化服务体系建设发展报告

孙友祥 杨志蓉*

摘　要： 2016年，湖北公共文化服务建设在主导责任落实、协调机制推进、公共文化建设投入、试点示范、惠民项目实施、人才队伍建设和法律法规完善等方面都取得了巨大进展。但也存在文化自觉缺乏、文化事业发展保障机制不健全、服务设施和项目短板突出、绩效管理模式不健全和公共文化资源整合不够等问题，需要从标准、基础设施、生产供给、数字服务、财政资金保障、人才队伍、非遗传承和政策法规八大体系入手加强建设，以更好地促进湖北公共文化服务体系的建设和长足发展。

关键词： 湖北　公共文化　服务体系

《中华人民共和国公共文化服务保障法》规定，公共文化服务是指"由政府部门主导、社会力量参与，以满足公民基本文化需求为主要目的而提供的公共文化设施、文化产品、文化活动以及其他相关服务"。近年来，在全省各级党委、政府的高度重视和相关部门的大力支持下，湖北公共文化服务体系建设取得明显成效。

---

* 孙友祥，男，湖北大学政法与公共管理学院教授、副院长、博士生导师，湖北大学高等人文研究院研究员；杨志蓉，女，湖北省文化厅办公室调研员。

一 公共文化服务体系的内容和属性

公共文化服务体系包括五个方面的基本内容,即设施网络覆盖体系、产品生产供给体系、组织支撑体系、资金人才和技术保障体系、运行评估体系,这五个方面相互联系,共同支撑起公共文化服务体系的运作和功能发挥。

公共文化服务体系有四项基本属性,即公益性、基本性、均等性、便利性。其中,公益性,强调政府责任,坚持以社会效益为主。基本性,强调服务尺度,要求提供一定经济社会发展条件下人们生存和发展必需的基本文化福利水准。这个内容和标准是随着一个时期内的经济社会发展水平变化而动态变化的。均等性,强调文化公平正义,要求全体人民都能够获得大致相同的服务。便利性,强调便利化,要求公共文化服务场所和活动方便大众就近参与。

二 公共文化服务体系的发展脉络

2015年是我国公共文化服务体系理论研究和实践探索的第十个年头。

2005年,党的十六届五中全会第一次正式提出要"加大政府对文化事业的投入,逐步形成覆盖全社会的比较完备的公共文化服务体系"。这标志着"公共文化服务体系"这一命题的提出,也是改革开放以来文化建设理论和实践的重要创新。2006年,党的十六届六中全会通过《中共中央关于构建社会主义和谐社会若干重大问题的决定》,要求"加快建立覆盖全社会的公共文化服务体系";同年,中央出台新中国第一个文化发展专项规划《国家"十一五"时期文化发展规划纲要》,提出建成实用、便捷、高效的公共文化服务体系。2007年,十七大提出要"基本建立覆盖全社会的公共文化服务体系",标志着公共文化服务体系建设已经成为国家发展的重要战略。随后,中共中央办公厅和国务院办公厅联合印发《关于加强公共文化服务体系建设的若干意见》;2011年,党的十七届六中全会通过《关于深化文化体制改革、推动社会主义文化大发展大繁荣若干重大问题的决定》，提出到2020年基本建立"覆盖全社会的公共文化服务体系"；2012年，十八大提出"完善公共文化服务体系、提高服务效能"；2013年，党的十八届三中全会将"构建现代公共文化服务体系"作为全面深化改革的重要内容之一；2015年，中央两办联合印发《关于加快构建现代公共文化服务体系的意见》，从全面建成小康社会的角度对公共文化服务体系建设进行部署。这一系列举措，充分体现了中央对公共文化服务体系认识的进一步深化、对政府文化职能的清晰定位和对文化民生的主动担当。为贯彻中央精神，2015年湖北省委办公厅、省政府办公厅联合印发《关于加快构建现代公共文化服务体系的实施意见》，对湖北的公共文化服务体系建设做出了具体的部署安排。

三 建设现代公共文化服务体系的意义

（一）更好地保障和改善民生的重要举措

发展公共文化服务是实现人民群众基本文化权益的主要途径。当前我国公共文化服务仍然存在发展水平较低、发展不均衡等现象，因此，需要通过构建起覆盖城乡、便捷高效、保基本、促公平的现代公共文化服务体系，切实保障人民群众的基本文化权益，提高我国的文化民生水平。

（二）全面深化文化体制改革、促进文化事业繁荣发展的必然要求

公益文化事业单位改革是我国文化体制改革的重要组成。以构建现代公共文化服务体系为契机，加快推进政府职能转变和完善事业单位法人治理结构，将有力推动文化治理体系和治理能力的现代化，为文化事业繁荣发展提供强大动力。

（三）弘扬社会主义核心价值观、建设社会主义文化强国的重大任务

通过构建现代公共文化服务体系，充分发挥公共文化服务在传递价值理

念、"文以化人"中的功能和作用，不断扩大先进文化的传播阵地，凝聚发展合力，将为实现中华民族伟大复兴的"中国梦"提供强大的精神动力和文化支撑。

四 湖北省公共文化服务体系建设成效

（一）党委、政府主导责任有效发挥

湖北省委将公共文化服务体系建设纳入党政领导班子考核内容，写入《关于深入贯彻党的十八届三中全会精神全面深化改革的意见》；省人大对文化建设情况进行审议；省政府连续四年召开公共文化建设现场会；省政协连续两年将公共文化建设提案确定为主席督办件。2014年初，省全面深化改革领导小组第一次会议，专题审议通过湖北省文化厅《以前所未有的力度推进文化体制改革——贯彻落实中央〈决定〉和省委〈意见〉实施方案》，将现代公共文化服务体系建设列入重点改革任务。2015年，省全面深化改革领导小组将推进基本公共文化服务标准化、均等化作为全省14个重大改革项目之一。2015年底，湖北省委办公厅、省政府办公厅印发《关于加快构建现代公共文化服务体系的实施意见》（鄂办发〔2015〕62号），这是湖北省今后一个时期推进现代公共文化服务体系建设的指导性文件。2016年，省改革办再次将继续完善公共文化服务体系建设纳入全省深化改革的目标任务，为公共文化建设注入新的动力。

（二）以深化改革为突破，抓好顶层设计

一是推进协调机制。成立省委常委、宣传部部长任组长，30多个部门参与的省级公共文化服务体系建设协调领导小组。加强厅局合作。湖北省文化、教育、科技、住建、旅游等部门建立"协同改革融合发展机制"，确定18项公共文化合作事项。探索区域协作。深化武汉城市圈图书馆联盟、宜荆荆图书馆联盟、湘鄂赣皖公共图书馆联盟、湘鄂赣区域公共文化联盟，推

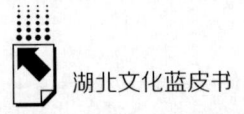

进跨地区、跨行业整合资源。

二是与第三方机构合作,健全评价机制,建立公共文化服务体系绩效评价和群众需求反馈机制。

三是加强制度设计。省文化厅每年印发通知,确定重点调研课题,指导全省文化系统探索公共文化服务体系建设机制、规范。建立并完善法人治理结构。省级公益性文化事业单位已全部组建理事会,探索分权制衡的管理架构和多元规范的监管体系。

(三)以设施建设为重点,切实加大投入

公共文化建设投入大幅提升。2016年湖北省文化单位实现总收入58.92亿元,继2015年(46.56亿元)突破40亿元后再创新高,突破50亿元,较上年净增12.36亿元,同比增长26.55%,连续两年保持25%以上的增速。其中,财政拨款41.79亿元,首次突破40亿元,较上年净增7.98亿元,同比增长23.6%。投资8.2亿元的省图书馆新馆投入使用;投资10.4亿元的省博物馆三期扩建正在进行;投资6.85亿元的湖北艺术职业学院新校区已启动建设,湖北省京剧院谭鑫培大剧院、湖北省群艺馆新馆正在规划立项。新建或改建县以上各类文化场馆近200个,总投资超过100亿元(不含土地费用),超过以往所有"五年计划"之和。实施社区文化中心设备配置、流动图书车配送、公共电子阅览室建设等工程,极大地改善了公共文化服务设施条件。

(四)以试点示范为引领,破解发展难题

积极开展国家、省级公共文化服务示范区创建,发挥带动作用。黄石市成功获批第一批国家公共文化服务体系示范区。襄阳市在第二批创建国家示范区制度设计评审中成绩优异,在国家验收中居中部六省第一,成功承办国家示范区创建城市华中片区经验交流活动。宜昌市成功申报创建第三批国家示范区,申报成绩列中部组第一,荆门市农村文化广场建设、十堰市图书馆总分馆建设成功申报创建第三批国家示范项目,获全票通过。湖北省是全国

第三个启动省级示范区创建工作的,面向县(市、区),分三批、每批10个开展创建工作,形成覆盖全省三分之一的先导区、先行区。第一批省级示范区创建基本收官,成果丰硕,创建县(市、区)公共文化服务体系建设取得跨越式发展。第二批省级示范区创建开局良好,有序推进。开展公共文化服务标准化试点工作,在全省确定27个省级综合试点单位、70个省级单项试点单位,探索、运行、完善相关标准。湖北省委宣传部等印发《关于进一步推进全省农村文化广场建设的意见》《关于深入推进全省乡村社区广场文化建设的通知》,改善基层文化设施条件。

(五)以惠民项目为载体,扩大服务供给

深入推进公共文化机构免费开放。在全国率先实现公共文化设施无障碍、零门槛进入,免费提供基本服务项目,服务活动数、服务人次明显增长。部分图书馆每周开放80小时以上,居全国前列。打造惠民活动品牌。形成"秋之韵·东湖音乐会"、长江讲坛、百团送戏进万家演出、群星奖优秀作品巡演、群众广场舞展演、在校学生走进博物馆行动等全省性文化惠民活动品牌。广泛开展群文活动。2015年以来,年均开展各类群众文化活动40000多次,年均参与人次1700多万人次,平均每月各乡镇(街道)开展活动2场,其中95%为县及县以下组织。创新文化服务形式。启动"湖北公共文化数字服务平台"建设,提供信息发布、供需对接、数字资源等服务,提高服务的针对性和便捷性。

(六)以人才培训为抓手,加强队伍建设

实施湖北文化名家资助计划、青年英才培养计划、公共文化服务人才提升计划等人才工程。在湖北艺术职业学院成立湖北省文化艺术人才培训基地,开展"三区"文化人才培训。联合中央文化管理干部学院,在京举办湖北省公共文化管理干部培训班等高层次培训。累计举办公共文化省级示范性培训42期,培训人员3570人次,邀请29位国家级专家来鄂授课,取得良好效果。2015~2016年,组织省、市、县、乡、村五级广场舞联动培训,

共举办培训班8000多个，培训群众近30万人次。印发《关于开展文化志愿服务活动的意见》。

（七）以法律法规为保障，推动非遗保护

一是湖北省非遗保护工作基础更加牢固。法规建设提供保障。颁布实施《湖北省非物质文化遗产条例》，名录体系日益完善。现全省有人类非遗代表作名录4项、国家代表性项目127项、省代表性项目312项（466个项目保护单位），国家代表性传承人57人、省代表性传承人571人。二是生产性、整体性保护迅速推进。获批国家级文化生态保护实验区1个、生产性保护示范基地5个，设立省级文化生态保护实验区13个、生产性保护示范基地19个，命名省级传承示范基地23个、研究中心16个。三是创新保护取得可喜成绩。文化部在湖北省举办全国漆艺传承创新发展展示交流活动，完成国家非遗数字化保护首批试点工作。社会影响不断扩大，成功举办四届"屈原故里端午文化节"，组织开展"荆楚文化走澳洲"、"湖北民间美术展"赴马耳他展出、"荆楚风·中俄情"湖北非遗展、湘赣鄂皖非物质文化遗产联展等重大活动。

五 存在的问题和面临的挑战

近几年，湖北省公共文化建设呈现出良好的发展态势，但也必须看到，相比全面深化改革的新形势，相比加快构建现代公共文化服务体系的新要求，相比广大人民群众的新期待，湖北省公共文化服务体系发展还面临着许多问题和挑战，主要表现在以下几方面。

一是部分地方党委、政府和文化部门缺乏建设现代公共文化服务体系的自觉意识。重经济轻文化，存在"陪衬论""娱乐论""包袱论"等认识误区，政府主导责任得不到落实、事业发展缺少长远规划。

二是保障机制不健全、保障水平不高。法律法规不健全，配套政策不完善，政策得不到有效落实，经费不足、人才匮乏、社会力量参与渠道不畅等状况不同程度地存在。

三是服务设施和项目存在短板。设施有效覆盖率不高,"最后一公里"问题依然突出。服务总量不足,针对性和实效性不强。

四是绩效管理模式还不健全。重硬件轻软件、重投入轻产出、重建设轻管理、重管制轻服务的现象较为普遍。

五是资源整合力度不够。各相关部门都有相应的公共文化服务资源,但落实到基层时,整合力度不够,基本上是各搞各的项目。

这些问题的存在,制约着公共文化服务体系的科学发展,如何迎接挑战,破解难题,实现跨越,是当前和今后一个时期应着力研究解决的问题。

六 加快构建现代公共文化服务体系的举措

根据公共文化服务的内涵和广大群众的需求,结合目前存在的问题,可以从以下八个方面采取措施。

(一)大力加强标准体系建设

一是制定基本公共文化服务实施标准。结合群众需求,制定实施标准,确定人员配备、服务项目、硬件设施、财政保障。二是制定评价标准。依照实施标准,制定具体的评价指标,由上级组织人事部门、文化行政部门等,对地方政府的公共文化建设成效、公共文化机构的服务质量、重大文化惠民项目的实施情况进行评估,纳入政府绩效考核、领导班子考核或目标责任考核内容。三是制定公共文化机构运行管理标准。根据实施标准,结合本地区、本单位实际,完善运行管理标准,对服务行为、服务语言、职业道德和操作流程等进行明确。

(二)大力加强基础设施体系建设

一是推进省级大型骨干文化设施建设,全力推进湖北省博物馆三期扩建工程、湖北艺术职业学院新校区、湖北省京剧院谭鑫培大剧院、湖北省群艺馆新馆等重点项目。二是推动地市级"三馆一站"建设,即公共图书馆、文化馆、博物馆和文化站,鼓励具备条件的市州建设美术馆、非遗展示馆。三是实施县级"四馆三场"建设,即开展公共图书馆、文化馆、博物馆、非遗展示馆、剧场、剧团排练场和基层文体广场建设。四是加强乡镇(街道)文化设施建设,按照服务人口规模,推进包括图书阅览室、教育培训室、管理和辅助用室、多功能活动厅、室外活动场的乡镇(街道)综合性文化服务中心建设,进一步改善服务条件。五是结合村级综合公共服务中心建设,加强村(社区)公共文化设施建设,实现效益最大化。六是强化流动文化设施建设,争取公共财政和社会力量的支持,为县级公共文化机构配备流动舞台车、流动图书车、流动文化车,推动流动服务整合,提高流动服务效能。

(三)大力加强生产供给体系建设

一是加强公共文化机构免费开放。严格按照免费开放要求,加强指导和监管,完善保障机制,加大服务创新力度,不断提升服务水平。同时,也要科学界定免费开放的内容与范围,合理划分政府与市场的作用边界。"基本文化服务"无偿提供,不等于所有服务免费。二是丰富公共文化产品供给。加大文艺精品生产力度,坚持思想性、艺术性、观赏性的有机统一,多生产人民群众买得起、看得懂、愿意看的文艺作品。支持和鼓励群众进行业余文艺创作,加强优秀群众文艺产品的交流、推广和普及,推广政府购买、集中配送等做法。三是大力开展群众文化活动。实施基层特色文化品牌打造,依托各地文化资源和民间传统节日,扶持各地打造一批优秀群众文化活动品牌。

(四)大力加强数字服务体系建设

一是在公共文化传播中搭建数字载体,以数字图书馆、电子阅览室、公共文化数字平台等为依托,构建公共数字文化网络,实现共建共享。二是将数字技术应用到公共文化设施中,推动数字化功能建设。三是将数字要素融入服务内容和产品中，增强观赏性和接受性，推进数字化保存和传播。四是在文化服务中运用数字手段，借助移动互联网和移动终端的发展，形成全媒体服务网络。

（五）大力加强财政资金保障体系建设

为公共文化服务建设提供坚实的财政资金保障。要争取各级政府进一步加大对公共文化服务体系建设的经费投入。一是落实政府投入责任。按照"保基本"的要求，将基本服务必需资金，公共文化机构的人员经费、运行经费纳入预算，建立稳定增长的投入机制。二是完善经费投入机制。重点向边远贫困地区、民族地区和革命老区倾斜，着力支持农村和城市社区的基层公共文化服务设施建设。三是拓展资金渠道。落实从城市住房开发投资中征收1%用于社区公共文化设施建设的规定；充分利用好现行鼓励社会组织、机构和个人捐赠公益性文化事业所得税税前扣除的政策规定。四是创新经费投入方式。采取政府购买、项目补贴、定向资助、贷款贴息等政策措施，支持包括文化企业在内的社会各类文化机构参与提供公共文化服务。

（六）大力加强人才队伍体系建设

一是培养公共文化领军人物。在公共文化领域，培养一批政治素质过硬、责任感强、业务水平高的人才。二是充实基层工作力量。在现有编制总量内调剂解决、合理增加基层公共文化机构编制；采取"派出制"等形式，配齐乡镇（街道）综合文化站人员；在村（社区）设立财政补贴的服务岗位。三是扶持壮大业余队伍，加强民间文艺人才扶持，发展文化协会、文化互助社、文化中心户等文化组织，体系化推动社会文艺团队建设。四是加大文化队伍培训力度。安排专项资金，建立形式多、覆盖广的培训网络，加快提升基层队伍素质。五是大力发展志愿者。建立文化志愿者培训辅导、服务记录、注册招募、管理评价等机制，引导各界人士志愿参与公益文化服务。

（七）大力加强非遗传承体系建设

实现活态传承，让优秀的荆楚非遗项目活起来，更好地惠及当代、服务群众。一是实现工作重心转变。非遗保护从2002年开始试点，迄今已有十多年，名录体系逐步完善，下一步，要扩大代表性传承人数量，推动保护工作重心从申报向保护转变。二是着力推进"五化"建设。由争取领导重视向法治化保护转变，保护工作由阶段性向常态化转变、由探索性向规范化转变、由部门行为向社会化转变、由简单效仿向专业化转变。三是落实"十个一"行动计划。着力改善基础条件，使保护传承取得更大成效。文化行政部门落实保障条件的"三个一"：一支专职队伍，一套保护制度，一笔专项资金；项目保护单位落实保护工作的"七个一"，一个保护规划，一套档案资料，一批研究成果，一套固定的传播平台，一批传承基地，一批传承队伍，一批活态品牌。

（八）大力加强政策法规体系建设

党的十八届四中全会前所未有地提出"文化法律制度建设"，体现了中央的高度重视。就现代公共文化服务体系建设来说，一方面，要加快出台相关法律法规。21世纪以来，在各方面共同努力下，省级层面出台了《湖北省公共图书馆条例》（2001年）、《湖北省非物质文化遗产条例》（2012年），但还缺乏一部统领公共文化全局的法规。2016年12月，国家出台了《中华人民共和国公共文化服务保障法》，湖北将据此抓紧制订《湖北省公共文化服务保障条例》，争取早日出台，并加快《湖北省图书馆条例》修订颁布工作。另一方面，要抓好已有法规的贯彻落实。各地要有高度的政治敏锐性，以贯彻党的十八届四中全会精神为契机，加大国家、省级文化相关法律规章的贯彻落实力度，解决公共文化领域里的重大问题、长期问题和普遍问题，依法保障人民群众的文化权利得到有效落实。

B.5 2015~2016年湖北文化遗产保护利用发展报告

吴成国 汤强松*

摘　要： 2016年，湖北文化遗产保护事业取得了长足进步，主要表现在基础进一步夯实、文化遗产保护项目成效明显、文物安全状况进一步改善、文化遗产服务社会能力不断提高、荆楚优秀传统文化对外影响力不断增强。但也存在地方政府投入偏少、多部门协同不够、安全形势不容乐观、合理利用有待加强等短板或薄弱环节。下一步，湖北需要在完善法规制度、落实各方责任、激发创新活力、落实重大项目等方面付出不懈努力。

关键词： 湖北　文化遗产　保护　利用　传承

近年来，湖北省文化遗产保护事业坚持依法科学保护、合理利用，正确处理经济社会发展与文化遗产保护的关系，坚持在保护中发展，在发展中保护，取得了积极成效，保护体系不断完善，保存环境不断改善，遗产价值不断得到展示和彰显，文化遗产逐步成为现代生活的一部分，保护文化遗产逐渐成为全社会的自觉行动。

---

* 吴成国，男，湖北大学历史文化学院教授、博士生导师，湖北大学高等人文研究院副院长，中华文化发展湖北省协同创新中心常务副主任，湖北大学湖北文化发展研究中心主任，湖北省荆楚文化研究会常务理事、湖北省三国文化研究会常务理事、湖北省楚国历史研究会常务理事；汤强松，湖北省文物局综合处副处长，从事文化遗产保护实践与研究。

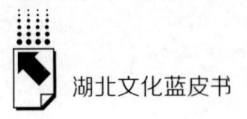

一 文化遗产保护的基本内容

文化遗产包括物质文化遗产和非物质文化遗产。物质文化遗产是具有历史、艺术和科学价值的文物，包括古遗址、古墓葬、古建筑、石窟寺、石刻、壁画、近代现代重要史迹及代表性建筑等不可移动文物，历史上各时代的重要实物、艺术品、文献、手稿、图书资料等可移动文物，以及在建筑式样、分布均匀或与环境景色结合方面具有突出普遍价值的历史文化名城（街区、村镇）。非物质文化遗产是指各族人民世代相传并视为其文化遗产组成部分的各种传统文化表现形式，以及与传统文化表现形式相关的实物和场所，包括传统口头文学以及作为其载体的语言；传统美术、书法、音乐、舞蹈、戏剧、曲艺和杂技；传统技艺、医药和历法；传统礼仪、节庆等民俗；传统体育和游艺等。

文化遗产蕴含着中华民族特有的精神价值、思维方式、想象力，体现着中华民族的生命力和创造力，是各民族智慧的结晶，也是全人类文明的瑰宝。保护文化遗产，保持民族文化的传承，是连接民族情感纽带、增进民族团结和维护国家统一及社会稳定的重要文化基础，也是维护世界文化多样性和创造性、促进人类共同发展的前提。加强文化遗产保护，是建设社会主义先进文化、贯彻落实科学发展观和构建社会主义和谐社会的必然要求。文化遗产保护包括物质文化遗产保护和非物质文化遗产保护。物质文化遗产（文物）保护要贯彻"保护为主、抢救第一、合理利用、加强管理"的方针。非物质文化遗产保护要贯彻"保护为主、抢救第一、合理利用、传承发展"的方针。

二 湖北省文化遗产保护取得的成效

2015年以来，党和国家对于文化遗产保护事业高度重视。习近平总书记、李克强总理多次对文物工作做出重要指示批示，国务院2016年3月印发《关于进一步加强文物工作的指导意见》，4月召开全国文物工作会。湖北省各级党委、政府和文物部门认真贯彻落实党中央国务院关于文物工作的政策部署，省委副书记、省长王晓东专门就全省文物工作做出批示，省政府2016年7月印发《关于进一步加强文物工作的实施意见》，10月召开全省文物工作会议，郭生练副省长出席会议并讲话，文物、发改、财政、公安等22个省直部门负责同志、17个市州政府分管领导和文物局局长、部分文物大县文物局局长参加会议。黄石、荆州、黄冈等地召开了全市文物工作会议，宜昌市政府出台了加强文物工作的实施意见。

全省文化文物部门采取座谈会、培训班等多种方式，深入学习贯彻习近平总书记关于文化文物工作的系列重要论述和中央、湖北省关于加强文化遗产保护传承的方针政策，深刻领会中央精神，坚决贯彻省委、省政府部署，牢固树立"围绕中心、服务大局"意识，努力探索符合湖北省情的文物保护利用之路，推动文化遗产事业继续向前发展。

（一）夯实基础

1. 摸清资源底数

全省不可移动文物数量为36473处，数量居全国第7；其中世界文化遗产3处，全国重点文物保护单位148处，省级文物保护单位850处。可移动文物数量为153万余件（套），数量居全国第5，其中馆藏珍贵文物9.5万余件（套）。

全省有人类非遗代表作名录4项，国家级名录100项（127个项目保护单位）、省级名录347项（546个项目保护单位），国家级代表性传承人57人、省级代表性传承人571人，国家级文化生态保护实验区1个、省级文化生态保护实验区13个，国家级生产性保护示范基地5个、省级生产性保护示范基地19个，省级传承示范基地23个，省级非遗研究中心22家（数量居全国之首）。

2. 推进法治建设

2013年，湖北省政府颁布《唐崖土司城址保护管理办法》。2016年7月，省政府印发《关于进一步加强文物工作的实施意见》。2016年，湖北省

人大常委会批准，有关市区的市人大陆续出台《黄石工业遗产保护条例》《襄阳城墙保护条例》《咸宁市古民居保护条例》《荆州古城保护条例》4部文物保护专项法规，为保护地方特色文物资源提供了具体而有针对性的法律依据。在规范省财政专项经费管理方面，省财政厅、省文物局联合印发了《湖北省重点文物保护专项资金管理办法》。

3.落实政府主体责任

2014年起，文物安全工作被纳入全省市州级政府综治考核体系，重要文物保护单位若发生重大安全事故或珍贵馆藏文物被盗等情形，地方政府的文物安全综治考评将面临"一票否决"。2016年4月起，在省级及以上文物保护单位中全面推行文物安全保护"一处一策"工作制度，按照"文物建筑重点防火、古墓葬重点防盗掘、古遗址重点防破坏"的原则，各地县（区）政府出台专门文件，与基层组织签订目标责任书和管护协议书，全省省级及以上文物保护单位均已建立此项制度。

4.加强经费保障

全省文物事业经费快速增长，2015年全省文物事业经费总额为9.98亿元，较2014年的6.96亿元增长约43%。专项经费方面持续高位投入，2015年、2016年，中央投入湖北省的各类文物资金总额分别为约6.4亿元、4.8亿元，省级常规文物专项经费每年为4750万元。

5.壮大机构队伍

至2015年底，全省文物机构数量为302个，文物从业人员5045人；应对文物工程招投标的需要，新建立文物博物馆行业的全省综合评标专家库，目前入库专家达102人。近年新设立的文物机构有湖北省水下文化遗产保护中心和基层的荆州纪南新区文物局、咸丰唐崖土司城遗址管理处、京山苏家垄文物管理所等。截至2016年底，全省共有20个市县级博物馆正在进行新建或改扩建，总投资12.77亿元，总建筑面积18.67万平方米。

6.公布保护名录和保护措施

省政府公布180处第六批省级文物保护单位名单，省级文物保护单位达850处（不含已晋级为全国重点文物保护单位的单位）；公布第五批省级非物质文化遗产保护名录，新增项目35项、项目保护单位80个，省级非遗代表性项目达347项、项目保护单位为546个。公布121处第五至第七批全国重点文物保护单位的保护范围及建设控制地带内容，批复《五里坪革命旧址文物保护规划》、《鱼木寨文物保护规划》、《湖北枣阳雕龙碑遗址文物保护规划》和《大水井古建筑群文物保护规划》等全国重点文物保护单位的专项规划。

（二）加强保护

1. 加强不可移动文物保护

一是开展具有世界性或全国性影响的保护项目。咸丰县唐崖土司城遗址成功列入世界文化遗产名录，位于湖北的世界文化遗产达到3处；对接"一带一路"战略，开展贯穿中、蒙、俄三国的"万里茶道文化遗产保护与申遗"工程；对接《大别山革命老区振兴发展规划》，启动"大别山区红色文物保护"专项工作。湖北省在万里茶道国内沿线8省和大别山区所涉3省中处于牵头地位，各保护项目均得到了国家文物局的肯定和支持。二是开展"大遗址保护"。楚纪南故城、石家河等9处遗址被列入国家"十三五"150处大遗址保护重点项目库，荆州片区成为全国大遗址保护六大片区之一，熊家冢国家考古遗址公园被国家文物局授牌并对外开放，武汉盘龙城、潜江龙湾、大冶铜绿山3处国家考古遗址公园成功立项。三是推动"儒家文化遗产保护""传统村落保护""革命文物保护"等具有示范意义的系列文物保护工程。实施新洲问津书院、浠水文庙、利川大水井古建筑群、赤壁羊楼洞古街、英山段氏府、宣恩观音堂、武汉中共中央机关旧址、鹤峰五里坪革命旧址等一批文物保护工程。四是注重考古科研含量。随州叶家山、文峰塔、枣阳郭家庙曾国墓地、大冶铜绿山遗址四方塘墓地先后荣获年度"全国十大考古新发现"；"考古工地数字化管理平台运行支撑系统示范工程"获国家文物局批复同意，在全国率先示范启动；完成国家文物局《考古装备及设施配备导则》课题研究，成果丰硕；首次独立实施丹江口库区水下考古物探工作；鄂赣皖湘四省联合成立"长江流域矿冶考古联盟"。五是重视城乡建设、新农村建设和大型基本建设工程中的文物保护。以通山县江源村为试点探索古民居保护新模式,以宣恩县为试点探索民族文化村寨保护利用新模式,探索建设黄冈禹王城、云梦楚王城等省级考古遗址公园;"南水北调"工程中文物保护工作成绩斐然,鄂北地区水资源配置工程、武襄十高铁、蒙华铁路等工程中的文物考古工作进展顺利;与省住建厅联合开展中国历史文化街区推荐、湖北省文物保护工程定额编制、《保护性建筑认定标准》编制和传统村落的保护利用等工作。六是突出文物抢救意识。为2016年夏季雨灾中受损的文物开辟审核绿色通道,优先批复6项省保单位方案,统筹救灾资金200万元,并将14项救灾项目优先纳入2017年省文保修缮计划。

2. 加强可移动文物保护

连续开展全省博物馆文物藏品保护项目,年均修复珍贵文物1000余件;推动改善博物馆和文物收藏单位的藏品保管条件,设在湖北省的"出土木漆器国家文物局重点科研基地"充分发挥引领示范作用,承担南昌海昏侯汉墓、成都老官山汉墓等10余项省外文保项目。

3. 实施非遗保护研究

省人大开展《湖北省非物质文化遗产条例》的专项执法检查。运用数字化技术,开展10名国家级代表性传承人抢救性记录工作,启动了17名省级代表性传承人抢救性记录试点,拍摄传承人口述史、教学片、实践片等视频,汇集优质数据近1.2万条,拍摄完成《荆楚非遗精粹》系列音像作品。举办首届全省非物质文化遗产论文大赛。成立湖北省中国漆文化研究会。编制完成《国家级文化生态保护(实验)区——武陵山区(鄂西南)土家族苗族文化生态保护(实验)区总体规划》。在省图书馆设立中部地区唯一的国家级古籍修复技艺传习中心传习所。

4. 加强文物执法检查和安全防护

深入开展文物法人违法专项整治行动,加强执法督察,对国保、省保单位的安全保护状况进行逐一排查,及时发现问题并整改;认真查处红安七里坪革命旧址群之国共合作谈判处旧址被拆毁案件,严肃处理有关人员,在省政府召开的全省文物工作会议上通报,警示教育广大文博干部。落实《湖北省文物系统博物馆安全达标三年规划》，强化文物博物馆单位的安全责任；推进国保单位安全防护工程建设，推动在国保单位的古墓群设立专门警务室；推广田野文物智能巡查装备应用，在荆州、荆门、随州等田野文物安全形势严峻的地区建立县、乡、村、组四级文物安全管理网络；推行"一处一策"工作制度，逐处落实文物安全责任单位或责任人。公安、文物部门联合开展全省打击文物犯罪专题行动，重点督办苏家垄古墓群被盗抢等恶性案件。

（三）传承利用

1. 充分发挥博物馆的公共文化服务职能

全省博物馆除常设基本陈列500余项以外，每年还推出临时展览300余项，年均观众2300余万人次。2015年，全省30余家博物馆成立全省博物馆展览联盟，盘活馆藏文物资源，形成共享机制，提高文物利用率，深入挖掘荆楚优秀传统文化的思想内涵，主动策划实施学术基础扎实、具有鲜明教育作用、彰显社会主义核心价值观的主题展览，打造出一批特色鲜明、优势突出的高质量的原创展览；讲好荆楚故事，组织举办"中流砥柱——湖北省纪念中国人民抗日战争暨世界反法西斯战争胜利70周年展览"等抗战主题展览18个。与教育部门加强联动，建立青少年参观博物馆的长效机制，深入开展"学生走进博物馆"行动计划，推动博物馆纳入国民教育体系；面向青少年开展常设性教育活动，2016年各类活动达1200余场次，形成了礼乐学堂、首义寻踪、十博课堂、孝礼雅塾、考古夏令营等一批教育活动品牌。培育文物保护志愿者队伍，全省志愿者人数超3000人，部分人员接受了文博机构的专业培训；湖北省博物馆、武汉博物馆两个单位的志愿者团队荣获第八届中国博物馆"十佳志愿者之星"称号。

2. 促进文物保护单位开放利用

推动完成保护修缮的武汉中共中央机关旧址、咸丰唐崖土司城遗址、恩施地委县委旧址等文物保护单位对外开放，对社会企业参与开发经营的襄阳古隆中、通山李自成墓等景区加强引导和管理。

3. 规范管理社会文物

审核文物拍卖标的4075件（套），开展首届湖北文物艺术品拍卖周的相关审查和监拍工作；支持行业博物馆和非国有博物馆发展，新设立备案文物系统以外的博物馆9家。

4. 鼓励发展文化创意产业

全国文博单位文化创意产品开发工作推进会、"全国博物馆文创展览——让文物活起来"活动等在湖北武汉举办。湖北省博物馆、武汉市中山舰博物馆入选全国首批92家文博创意产品开发试点单位。湖北省博物馆开发了编钟、越王勾践剑等系列文创产品，推出编钟乐舞文创品牌，年均欣赏编钟乐舞的观众达十余万人次。武汉市中山舰博物馆设计开发"中山舰舰船模型""中山舰纪念邮册"等系列文化产品。荆州博物馆开发的"弘楚·凤飞"主题风筝、灯饰系列文创产品在2016年第八届中国国际旅游商品大赛中获实物类铜奖，在2016年第二届海峡两岸旅游文创商品大赛中荣获实物类银奖。鄂州博物馆重点研发了战国四山镜、汉三国星云镜、半圆方枚神兽镜等青铜镜产品；同时开发了武昌青瓷系列产品，重点挖掘"文房四宝"和陶瓷书画等文化方面的创意青瓷产品及衍生产品。武汉文旅投公司与博物馆合作开展"红色礼物"系列文博创意产品开发。

大力推进漆艺传承创新。全国漆艺传承创新展示交流活动、全国漆艺传承创新交流展览等在湖北举行。

5. 扩大荆楚优秀传统文化影响

湖北省政府与文化部连续成功举办了四届屈原故里端午文化节，成为国内端午节非遗活动的重要品牌。2015年，举办"中国长江非物质文化遗产大展"，400多个项目、589名代表性传承人、11台非遗剧目汇聚武汉，20多万观众现场参观。元旦、春节期间，组织全省各级文化部门和项目保护单位大力开展传统年俗活动。

2014年以来，全省共开展近20项对外文化遗产交流项目，国外和境外观众达500万人次。赴俄罗斯的"礼乐中国展"、赴美国的"皇家品味——15世纪明代藩王宫廷艺术展"、赴意大利的"帝国前的中国——楚文物特展"、赴新加坡的"孙中山与武汉特展",以及在韩国首尔举办的"欢乐春节之荆楚文化走韩国——湖北省非物质文化遗产展"、在新西兰基督城举办的"楚汉神韵——湖北非物质文化遗产展"、在哈萨克斯坦首都阿斯塔纳举办的"感知中国·哈萨克斯坦行"非物质文化遗产展等,均引起国内主流媒体和国外当地媒体的关注,观众反响热烈。

三 发展短板分析

2016年,湖北文化遗产保护事业发展总体趋势向好,文化遗产保护工作者坚持正确的工作方针,在抢救保护、合理利用、传承发展方面取得显著成效,全省各级政府的文物保护主体责任不断强化,文化遗产保护利用发展的社会良好氛围进一步增强。但是,湖北文化遗产保护事业发展中也存在一些不足,突出表现在以下几个方面。

(一)各级政府对文化遗产保护的投入偏少,与文化遗产资源的丰富程度不相匹配

湖北是文化遗产资源大省,不可移动文物、可移动文物、非物质文化遗产数量均位于全国前列,但各级政府投入其中的人力、财力相对偏少。至2015年底,全省文物机构数量为302个,文物从业人员5045人,面对全省3.6万余处不可移动文物、153万余件(套)可移动文物,平均每个机构要管理120余处不可移动文物、5万余件(套)可移动文物,每个人要管理7处以上不可移动文物、300余件(套)可移动文物。2015年,湖北省的人均文物事业费为17.05元,排名全国第20位。

(二)相关部门对文物工作认识不到位,文物保护"多规合一"的要求难以具体落实

国务院印发的《关于进一步加强文物工作的指导意见》指出,要将文物行政部门作为城乡规划协调决策机制的成员单位,按照"多规合一"的

要求将文物保护规划相关内容纳入城乡规划。从21世纪初起,文物部门就开始了这方面的努力,但目前在许多城市,各级文物保护单位仍未能纳入城市紫线规划控制范围;省级及省级以下文物保护单位的专项规划,其规划的法定效力还没有相应法规做出明确规定,全国重点文物保护单位保护规划的编制公布程序和法律效力,目前也仅有国家文物局出台的规范性文件对此做出规定。

(三)各地文物法人违法的案件时有发生,文物保护与经济社会发展的关系需要妥善处理

2016年,国家文物局启动了文物法人违法案件3年整治行动,公布了第一批典型案件,其中涉及文物保护级别最高的为湖北省红安县的全国重点文物保护单位七里坪革命旧址之国共合作谈判旧址被违法拆毁一案。此外,一些由地方政府、企事业单位主导的破坏文物本体和环境风貌的行为时有发生。

(四)田野文物安全形势不容乐观

湖北省古墓葬资源丰富,尤其是东周楚文化、曾文化墓葬数量多、等级高,成为不法盗墓分子的重点目标。近年,包括湖北省在内,全国范围内多次发生古墓葬被盗的案件,尽管公安部门和文物部门联合行动,加大了防范力度,但一方面出于对经济利益的追逐,犯罪分子铤而走险,在各省和全省各地流窜,不断更新专业化手段和高技术装备;另一方面由于盗掘古墓罪在量刑时取消了死刑,盗墓分子感到犯罪成本较低,一旦成功则获利巨大,这些因素使得田野文物安全形势没有得到扭转。

(五)非遗传承发展后继乏人

在湖北省已经被认定的代表性传承人中,一部分传承人已相继离世,近年去世的国家级传承人有14名、省级传承人54名,还有相当一部分年事已高,逐渐失去传承能力。在湖北省农村的许多地方,空心化现象较为严重,

乡村的年轻人为谋求生计，无精力学习传承，既不能欣赏也不能掌握非物质文化遗产，如民间文学、传统音乐等一些项目已失去生存土壤。

（六）文化遗产合理利用发展的方式方法不多，教育、休闲功能发挥不足

一是在促进文化旅游方面，以不可移动文物为核心资源而开辟的各类景区，大多重利用、轻保护，用于文物保养、维修的人力和财力明显偏少，对于文物价值的发掘和阐释也常常失之于浅、失之于俗。二是在发挥文物教育功能方面，许多基层博物馆基本陈列形式陈旧、设施落后，很少引进有吸引力的临时展览，难以激发当地群众特别是青少年热爱家乡、探索历史的热情。三是在带动文化产业发展方面，拥有优良文物资源的大多为国有事业单位，在目前政策框架下，不论是单位还是员工都难以有足够的热情和积极性去参与文化创意产品的开发和经营。

四　对策建议

（一）修订完善法规

国家正在修订《中华人民共和国文物保护法》，各省亦在等待新的上位法出台后再制定本省的实施办法。当前，应该优先解决文物保护"多规合一"落实难的问题，建议省文物、住建部门联合印发规范性文件，对有关工作要求做出明确的、具有强制性的、可操作的规定。

（二）织密责任体系

为促进"保护文物也是政绩"科学理念落地，要切实强化政府的主体责任。在落实政府主体责任方面，文物安全保护评价已经纳入省综治办对市州级政府的综治考核体系，下一步，应推动将文物安全保护评价纳入市州级综治办对县区级政府的综治考核体系。湖北省文物安全管护的基层网络

（县—乡—村—村民）也应进一步夯实和发展，做到每处重要田野文物有人看护、每日巡查；同时要建立全省文物安全防护物联网，与人防网络互为补充。各级地方政府对于文化文物部门也要加强考核。在制订考核办法时，要以工作实绩为考核重点，逐步建立文物保护责任终身追究制。

（三）激发创新活力

一是加强对行业和非国有博物馆的扶持力度，对于公共文化服务功能发挥较好、群众评价较好的免费开放的行业和非国有博物馆，要积极纳入免费开放支持范围。二是成立文化创意开发投资类的国有企业，代表政府利用国有文化遗产资源投资文化产业、经营创意产品，利润的一部分用来反哺文化遗产保护事业发展。三是在对濒危非遗项目进行抢救的同时，扶持社会力量推介、包装非遗资源，为非遗传承发展探索现代路径。

（四）做实"十三五"期间的重要文化遗产保护项目

湖北省政府的文化文物部门，围绕全省发展战略，制订了本行业、本部门"十三五"发展规划，在文化遗产保护利用发展方面提出了一些具体的实施项目（见表5-1）。这些项目是实现文化小康和建成文化强省的有效途径，应该着力推进落实。

表5-1 荆楚优秀传统文化传承创新项目

项目名称	具体内容
荆楚文化传承研究	开展炎帝神农文化、中华孝文化、辛亥首义文化等荆楚特色文化研究，形成荆楚文献研究系列、考古研究系列、地域史和专门史系列等
世界文化遗产申报管理	推进万里茶道、黄石矿冶工业遗产、荆州和襄阳城墙等申报世界文化遗产，加强武当山古建筑群、钟祥明显陵、唐崖土司城遗址等世界文化遗产的保护管理和展示利用
文物保护单位保护"百项工程"	在省级以及以上文物保护单位中遴选100处左右文物，实施保护维修、展示利用，改善文物面貌，充分发挥文物资源的社会效益
大遗址保护和考古遗址公园建设	加强荆州、随州大遗址片区和石家河、屈家岭、容美土司遗址等国家级大遗址保护，推进盘龙城、铜绿山、龙湾等国家考古遗址公园建设，实施黄冈禹王城省级考古遗址公园试点项目

续表

项目名称	具体内容
传统村落保护利用	推进全国重点文物保护单位和省级文物保护单位集中成片对传统村落整体保护利用,推动鹤峰县五里乡五里村、利川市谋道镇鱼木村、赤壁市赵李桥镇羊楼洞村传统村落整体保护利用,建立全省传统村落保护利用项目库
荆楚传统工艺振兴计划	以楚式漆器、剪纸、织绣类为重点,鼓励和引导相关企业开发传统工艺精品和衍生品,探索与文化生态保护实验区、旅游景区相结合的有效模式
文博创意产业扶持计划	以省博物馆为龙头,充分发挥各类市场主体作用,实施一批文博创意产品开发项目,力争文博创意产业发展走在全国前列

B.6
2015~2016年湖北对外及对港澳台文化交流发展报告

刘文祥　任俊　董思涵*

摘　要： 2016年，湖北省对外文化交流工作积极配合国家外交大局，主动参与国家重大文化交流品牌活动，拓宽文化交流渠道，注重创新对外文化交流品牌，推动文化"走出去""引进来"协调发展，有力地服务了国家发展战略和全省经济社会发展。

关键词： 湖北　港澳台　文化交流

2016年，湖北省对外文化交流工作围绕服务中心、服务大局的要求，紧扣国家"一带一路"战略，以加快实施湖北文化"走出去"，推进湖北文化强省建设为目标，积极拓展交流平台、拓宽交流渠道、拓新交流方式，成功举办了一系列卓有成效的对外文化交流活动，打造了"荆楚文化走世界""荆楚文化丝路行"等对外文化交流品牌，推动湖北省对外文化交流工作长足发展。

---

* 刘文祥，男，北京大学国际政治系博士，湖北大学政法与公共管理学院院长、教授、博士生导师，湖北大学文明城市发展研究院常务副院长，湖北省公共文化建设指导专家；任俊，男，湖北省文化厅对外文化联络处调研员，主要从事对外文化交流实践与理论研究，以及外军政治工作研究等；董思涵，女，湖北省图书馆信息咨询部助理馆员，主要从事资料与情报信息的收集、检索、参考咨询和文献信息资源研究等工作。

一 基本情况

2015~2016年，湖北省文化厅组派或审批88个团组赴国外及港澳台地区开展对外文化交流项目，其中2015年出访团组33个，出访人员213人次；2016年出访团组56个，出访人员355人次。对外文化交流项目涵盖歌舞杂技演出、京剧巡演、文博展览、非遗体验、图书馆交流、文化产业、文化培训等多个方面，足迹遍布五大洲，取得了广泛的交流效果。

截至2016年，湖北省已经连续4年组织艺术团参与文化部"欢乐春节"项目、4次与海外文化中心举办部省对口合作活动、1次组团参加国侨办"文化中国·四海同春"项目，荆楚文化走非洲、走北欧、走大洋洲、走美洲、走进马耳他、走进俄罗斯、走进港澳台地区，成为湖北省对外及对港澳台文化交流的一道靓丽的风景线。这些重大交流活动的开展，对于展示荆楚文化的深厚底蕴、展现湖北文化发展成果、塑造当代中国和平合作形象，特别是推广"荆楚文化走世界""荆楚文化丝路行"等文化交流品牌，起到了积极的推动作用。湖北省先后两次获得全国"欢乐春节优秀组织奖"，被文化部评为全国对外及对港澳台文化交流先进单位。

湖北省文化厅坚持文化"走出去"与"引进来"相结合。两年来，湖北省共审批外国、港澳台地区来湖北省交流的文艺团体营业性演出申请296项，其中2015年134项，来访人员1059人次；2016年162项，来访人员3463人次，项目数量同比增长约21%，来访人数同比增长约227%。越来越多来自美国、德国、法国、加拿大、英国、俄罗斯等国家的顶尖艺术家来湖北演出交流，交流项目涵盖音乐会、杂技舞蹈演出、演唱会、歌舞剧表演等多个类别。近年来，湖北省图书馆、湖北美术馆、武汉美术馆等文化机构与法国驻武汉总领事馆等外国驻汉机构交流频繁，"中法文化交流之春""法国音乐节"等品牌项目成为一年一度武汉市民热切期待的文化活动；2015年英国驻中国大使馆艾琳公使、英国驻汉总领馆文化教育领事欧泊怀等专程拜会湖北省文化厅，双方就进一步推动在音乐、艺术、戏曲、摄影等领域开展双向交流交换了意见，共同期待开展更为丰富的文化交流活动。

二 典型做法和成效

（一）配合国家、省委领导人出访，精心筹划组织重大文化交流项目

1.推荐湖北省特色节目《编钟乐舞》参加"中埃文化交流年"启动仪式文艺演出

2016年1月21日晚，正在埃及进行国事访问的国家主席习近平、埃及总统塞西同中埃各界人士200多人共同观看了由中埃演职人员联袂献上的"两个伟大文明对话"主题演出。湖北省选送的编钟礼乐《金石和鸣》作为开场节目拉开了"中埃文化交流年"启动仪式的序幕，得到与会嘉宾的高度赞赏，吸引了世界的目光。2015年下半年，得知文化部委托中国对外演出公司在全国为"2016中埃文化年开幕式"演出遴选节目后，湖北省文化厅及时向文化部外联局推荐了湖北省的特色节目《编钟乐舞》，并将此确定为全年对埃文化交流活动的重要内容。经认真比较遴选，12月下旬，由湖北省著名作曲家罗怡林担任指挥、省歌剧舞剧院12位演员参演的《编钟乐舞》节目被文化部确定赴埃参演，成为湖北省与埃及全年文化交流活动的最大亮点。

2.配合省政府代表团出访，组团赴澳大利亚举办"同一个太阳 同一个梦想"中国湖北—澳大利亚昆士兰儿童艺术交流项目20周年回顾展

2015年8月4～11日，省文化厅党组书记、厅长雷文洁率领的文化工作组赴澳大利亚举办了"同一个太阳 同一个梦想"中国湖北—澳大利亚昆士兰儿童艺术交流项目20周年回顾展。1995年，中国湖北省幼儿师范学校和澳大利亚昆士兰科技大学学前教育学院共同举办了"同在太阳下"儿童绘画创作及展览。20年间，孩子们创作的200幅作品先后在湖北武汉，

澳大利亚昆士兰州图文巴、布里斯班，美国的纽约、洛杉矶等城市巡展，并将展出作品全部捐献给昆士兰州图书馆永久收藏。20年后，在澳大利亚昆士兰州布里斯班会展中心，中国湖北—澳大利亚昆士兰儿童艺术交流项目回顾展以及装裱一新的部分原画作隆重开展。时任湖北省委书记李鸿忠、昆士兰州副州长特莱德、中国驻昆士兰代总领事高文棋、湖北省文化厅厅长雷文洁参观了展览。李鸿忠书记致辞指出，希望鄂昆双方像亲戚一样常来常往、越走越亲，进一步加强人员交往特别是普通民众和中小学生的交流，推动经贸、教育、文化、旅游等领域交流合作取得更大成效。此外，湖北省图书馆与昆士兰州图书馆签订了框架合作协议，以此合作平台为基础推动湖北省与昆士兰州的文化交流活动全面展开。在这次交流活动中，文化工作组发挥了独特的纽带作用，有力地配合了政府代表团的出访工作，为中澳深化文化交流合作打下坚实基础。

3．"楚汉神韵"亮相新西兰，非遗展演亮点纷呈

为配合湖北省文化友好代表团出访新西兰，2016年5月25~31日，湖北非遗代表团在新西兰成功举办"楚汉神韵"中国湖北非物质文化遗产展。5月27日，展览开幕式在基督城公园会展中心一楼隆重举行。湖北省委常委、宣传部部长梁伟年，中国驻克赖斯特彻奇市总领事金智健和基督城市议员陈金龙先后致辞。此次展览通过28块图文展板、100多件实物展品和汉绣、武汉剪纸、西兰卡普织锦、楚式漆器髹饰技艺等12个非遗项目传承人的现场制作和表演，多方位、多角度展示了中国湖北非遗的活态传承。27日下午，皮影戏传承人受邀走进基督城Avonhead小学，与师生互动交流。5月30日，湖北省非物质文化遗产项目皮影戏、剪纸、汉绣、武汉木雕船模和磨鹰风筝等走进奥克兰东区最大的小学Wakaaranga学校。活动期间，湖北省文化厅与新西兰中华文化传播基金会签订了文化交流合作协议。梁伟年部长向新西兰华侨湖北同乡会授予了"湖北国际合作新西兰（基督城）工作站"的牌匾。《新西兰信报》、《基督城生活》、中国新闻网、《中国文化报》等中外媒体对非遗展活动进行了及时充分的报道。中国驻克莱斯特彻奇总领事馆向湖北省委、省政府发来感谢信。

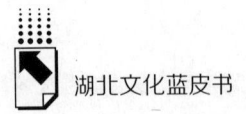

（二）扎实开展省部对口合作活动，是湖北省文化"走出去"的有力抓手

近年来根据文化部与湖北省"部省合作"计划，湖北省先后与马耳他中国文化中心、莫斯科中国文化中心、开罗中国文化中心、首尔中国文化中心开展了对口合作活动，摸索出了"搞好科学谋划、精选活动项目、注重实施效果、用好舆论媒体"等经验做法。

1. 2015年湖北省文化厅与开罗中国文化中心开展对口合作活动

活动以"荆楚风·中埃情——湖北文化走埃及"为主题，分3个专题展开：一是楚文化专题，包括举办湖北漆器漆画精品展和中国漆艺讲座等；二是中国特色文化专题，包括举办国粹京剧演出和讲座，以及中国民族民间舞蹈等培训班；三是长江·尼罗河两河流域文化交流专题，组派湖北省演艺团赴埃及交流演出。

（1）京剧演展惊艳埃及。2015年10月28、29日，湖北京剧演出团在埃及艺术研究院戏剧学院成功举办京剧折子戏演出。《徐策跑城》《三岔口》《拾玉镯》《双阳公主》《贵妃醉酒》等经典传统折子戏让埃及民众切身体会了京剧的独特魅力，实现了一次东方艺术之间的"心灵沟通"。每场演出均举办了配套的京剧讲座、图片展、服饰展。乐队暖场、公开化妆、后场开放、观众互动等环环相扣，犹如在透明厨房里给埃及观众烹饪了一桌中国艺术大餐，让当地观众实实在在听懂、看懂了一回久负盛名的来自遥远中国湖北的京剧，取得了非常好的交流效果。阿拉伯埃及网、埃及24小时网、《阿拉丁杂志》、埃及尼罗河电视台文化消息网等多家当地主流媒体对此次展演活动进行了集中报道。新华社、人民网等中央媒体也重点报道了演出盛况。

（2）中国大漆首次走出国门。2015年12月15日，由湖北省文化厅、开罗中国文化中心主办，湖北美术馆、埃及文化部艺术宫联合举办的"中国大漆走世界——湖北美术馆漆艺藏品埃及展"在埃及文化部艺术宫展厅开幕。埃及文化部副部长哈利德·苏鲁尔先生及凯梅利亚女士、埃及文化部艺术展览中心主席穆罕默德·迪亚布先生、中国驻埃及大使夫人王金娥女士、文化参赞陈冬云、开罗中国文化中心执行主任刘世平、中共湖北省委宣传部副部长邓务贵等中埃嘉宾，以及埃及著名艺术家、当地各界美术爱好者近150人共同出席开幕式并参观展览。本次展览展出湖北美术馆馆藏漆艺作品35件，集中展示了湖北省近五年来的漆艺收藏成果，有漆画、漆器、漆家具等。这些精美的漆艺展品既体现了东方漆艺的历史源流，又呈现了当代漆艺在艺术语言上的探索和回归现代日常生活的可能性。大漆艺术首次走出国门就取得了良好的交流效果。

（3）7月下旬，由省艺术职业学院派出的2名舞蹈教师在文化中心举办了一期中国民族民间舞蹈培训班，向埃及学生教授中国民族舞蹈。

（4）来访方面，先后接待了埃及艺术家代表团、"奖学之旅"优秀学员代表团、文化中心伙伴代表团、摄影家画家代表团4批共10人来鄂采风及交流访问。

2. 2016年湖北省文化厅与首尔中国文化中心开展对口合作活动

活动以"荆楚风·中韩情——湖北文化走韩国"为主题，分4个专题开展系列文化交流项目活动，第一专题：欢乐春节——非物质文化遗产专题；第二专题：气韵荆楚——湖北文化专题；第三专题："首尔·中国日"综艺演出专题；第四专题：精彩文创——鄂韩文化创意产业交流专题。一年间，实现文化代表团、艺术团互访10余次，举办各类活动30余场，韩国各界民众近10万人参与活动。对口合作活动圆满结束后，中国驻韩国大使馆专门给省委、省政府发来感谢信，对湖北省文化厅组织实施的全年活动给予高度评价，感谢湖北省为中韩外交大局做出的积极贡献。

（1）湖北省非物质文化遗产在韩国受热捧。2016年1月22日，2016"欢乐春节"荆楚文化走韩国——湖北非物质文化遗产展在首尔中国文化中心隆重开幕，中韩代表及湖北省非遗传承人等50余嘉宾出席开幕式。此次活动包括展览和展演两部分。展览分图片展和精品实物展，图片展由中国入选人类非物质文化遗产代表作名录项目、湖北省四项人类非物质文化遗产项目图文展板等十大类别图文展板组成；实物展有45件展品，包括皮影、年画、剪纸、刺绣、雕刻、漆器、红安大布等内容。来自湖北省的7名非遗传承艺术家们还现场展示、制作了鄂派紫砂壶、鄂州雕花剪纸、大冶刺绣、楚式漆器髹饰技艺、老河口木版年画、通山木雕和蕲春艾灸疗法等。1月25日，在首尔市中心明洞乐天普希金广场，湖北十堰民间艺人表演了充满浓郁荆楚风情的"郧阳凤凰灯舞"。凤凰灯舞有"楚人崇凤活化石"之称，是中国汉族民间舞蹈中唯一的灯舞艺术形式。凤凰灯完成展演任务后，将永久落户韩国国立民俗博物馆。人民网、新华网等中央驻韩媒体对开幕式及展览活动做了大量报道。

（2）中国湖北大漆＆韩国水原麦秆工艺艺术交流展在韩国隆重开幕。2016年7月25日下午，由湖北省文化厅和首尔中国文化中心联合主办的"中韩建交24周年纪念（中国湖北大漆＆韩国水原麦秆工艺）艺术交流展"在韩国水原华城博物馆隆重开幕。漆艺和麦秆工艺两种艺术相似而又各具特色，汇集精品联合展览相得益彰、相互促进，带给韩国观众一次难得的视觉盛宴。活动为推动中韩两国文化艺术的深层次交流合作发挥了积极作用。

（3）国粹赴韩国，京剧展华彩。2016年5月13日，"荆楚文化走韩国——湖北省京剧院赴韩访演"活动，在韩国群山市艺术殿堂拉开大幕。此次访演在剧目选择上，精心挑选了既能展示京剧经典又易于国外观众理解的剧目，如《三岔口》《战宛城·思春》《壮别》《双阳公主》《大闹天宫》等，让韩国观众体验京剧唱念做打的独特形式和艺术魅力。此次巡演，湖北省京剧院的28位演员从南向北，辗转韩国群山、议政府、首尔三个城市，为当地民众送上了5场京味儿十足的国粹表演。新华社、央视网韩国频道、韩联社、《亚洲经济》、《湖北日报》等多加媒体均对活动进行了专访与报道。首尔中国文化中心专门发来感谢信，肯定了湖北京剧艺术家精彩的表演和展演团为讲好荆楚故事、促进中韩文化交流做出的贡献。9月，应大邱中国文化院的邀请，省京剧院再次赴大邱、釜山举办了4场折子戏巡演活动。

(4）综艺演出团韩国巡演取得圆满成功。10月23日，2016"首尔·中国日"大型户外广场演出活动在韩国首尔市政厅广场精彩上演。来自湖北省歌剧舞剧院民乐团的演奏家冒雨演奏《丝绸之路》，拉开了整场演出的序幕。歌唱家刘丹丽、秦德松、马娅琴先后登台献唱了充满民族特色、富含中国元素的歌曲，演出团表演了舞蹈、民乐、戏曲等丰富多彩的节目，点燃了现场观众的热情。次日，演出团还分别赴韩国鸡龙市、大田市开展巡回演出。活动受到了韩国各地的热烈欢迎。

(5）"灵秀湖北"图片展和"湖北书架"落户首尔。10月23日，湖北省图书馆承办的"灵秀湖北"图片展在首尔市厅广场隆重展出。此次图片展通过展出130余幅鲜活的照片，生动地向韩国民众展示了中国当代发展的全貌以及湖北省的地理风貌、历史风韵、文化风采和建设风华。

10月24日，陈列着485种511册湖北精品图书的"湖北书架"在首尔中国文化中心落户。此次向首尔中国文化中心捐赠的图书详细介绍了荆楚文化的内涵、形成发展历史、语言文学作品、文化历史名人和非物质文化遗产等内容，涵盖文化、文学、艺术、历史、地理、社会、少儿七大类。这是继"湖北书架"落户俄罗斯国家图书馆与俄罗斯外国文学图书馆以来，湖北省图书馆在海外开设的第三家"湖北书架"。"湖北书架"的落成，使"荆楚名篇"有机会走进韩国，为荆楚文化更加深入地走进韩国提供了新的渠道，为韩国民众了解和研究中国文化提供了新的契机。

(6）文化创意产业交流团于7月18日赴韩国开展交流活动，举办文化创意产品推介会，与韩国知名文创企业家、文创推广机构负责人座谈交流。

3. 积极参加文化部打造的重大对外文化交流品牌活动

(1）参加文化部"欢乐春节"品牌活动创意快闪亮相开罗春节大庙会。"欢乐春节"品牌项目是文化部在全球范围内打造的文化交流活动重点品牌，是世界各国人民了解和感受中国文化的重要窗口。2016年湖北省和开罗中国文化中心共同策划编排的创意快闪歌舞串烧活动，在开罗欢乐春节大庙会大获成功。近半小时的演出采取独唱、合唱、民乐演奏、舞蹈等表现手段,演绎了"拜年"、"民族"、"流行"、"埃及风"和"中国风"五大板块,营造了热烈、喜庆、祥和的节日氛围。湖北艺术团在庙会中心舞台还表演了舞蹈《龙凤呈祥》《姹紫嫣红》,萨克斯二胡二重奏《我和你》等节目,为埃及观众奉上了满溢中国风的文化盛宴。

(2)湖北省参加文化部"中国文化年"暨"华艺新颜"巡演活动,国粹京剧唱响在世界最南端。受文化部委派,应智利天涯艺术节组委会邀请,2015年11月1~14日,湖北省京剧演出团赴天涯之国智利,参加"中国文化年"暨"华艺新颜"巡演活动。演出团先后在智利百内市学校体育馆、蓬塔市中心区博斯克大学体育馆、利雷纳斯市政剧院等场地成功举办了6场演出和1次电视展示推广活动,并在智利著名旅游胜地百内国家公园举办了中国国粹京剧的户外展示活动。此次京剧演出团巡演是湖北省优秀文化第一次来到天涯之国智利,一场别开生面的京剧交流演出拉近了中智人民的距离,实现了一次异国文化艺术间的心灵沟通。湖北省文化厅以这次出访活动为契机,力争将更多优秀的荆楚文化带到南美大地,为深化与南美国家的友好交往、文化交流做出新的更大的贡献。中央电视台南美站、新华社驻智利记者站、麦哲伦大区电视台等媒体从巴西利亚、圣地亚哥等地派来记者对此次活动做了专程采访报道。

(3)组织艺术团赴加拿大参加"中加文化交流年——荆楚文化走进加拿大""龙舟飞歌"专场演出等活动。2016年,应文化部外联局和驻蒙特利尔总领事馆邀请,湖北省秭归县屈原艺术团赴加拿大圆满完成了蒙特利尔国际龙舟节开幕式、闭幕式及"中加文化交流年——荆楚文化走进加拿大""龙舟飞歌"专场演出活动的各项演出任务。7月12日,"中加文化交流年——荆楚文化走进加拿大"专场文艺演出"龙舟飞歌"在加拿大蒙特利尔奥斯卡·皮特森音乐厅隆重上演。中国驻蒙特利尔领事馆总领事彭惊涛、加拿大国会议员门德斯女士等嘉宾出席观看演出。在加拿大的湖北、上海、山东、广东、山西等多个同乡会的华人代表及蒙特利尔市民近千人赴现场观看。湖北艺术团精彩的演出赢得了嘉宾观众的高度肯定和赞誉。在音乐厅外,武汉剪纸、黄梅挑花传承人在现场进行传承展览展示,受到了观众的热烈欢迎。《华侨新报》、《路比华讯》、《北美经济导报》、MCT满城华视、《魁北客》等15家媒体对活动现场进行了全程录制报道。

（4）组织湖北非遗展演参加"感知中国·丝路明珠"国家形象推广活动。根据国务院新闻办和省委宣传部统一部署，2016年8月，湖北省文化厅组团赴哈萨克斯坦参加"感知中国·丝路明珠"国家形象推广活动，湖北非物质文化遗产展演团在"中华庙会"精彩亮相。湖北展出的9个项目涉及传统音乐、传统舞蹈、传统美术、传统手工技艺、传统医药五大门类，让哈萨克斯坦民众近距离感知了湖北文化。潜江面塑捏造的中国四大美人神形兼备，鄂州剪纸的旗袍女士、百子图让中国文化跃然纸上，楚式漆器让参观者领略了楚国文化的浪漫与神奇。中宣部副部长崔玉英饶有兴致地观赏展品，与传承人亲切交流。崔部长强调非物质文化遗产极具观赏性，充分体现了中国传统文化的精髓，应该传承传播、发扬光大。她肯定此次非遗展规模大、特色强、准备充分，是一次成功的文化交流活动。

4. 自主拓宽高端文化交流平台，是湖北省文化走出去的有益探索

（1）境外高水平艺术节成为湖北省对外交流的新舞台。2016年8月，为进一步提升湖北对外文化交流水平，在更高层次扩大荆楚文化对外影响力，根据省委常委、宣传部部长梁伟年重要指示精神，湖北省文化厅自主拓宽交流渠道，主动接洽境外高水平艺术节。湖北省京剧院赴爱丁堡艺术节举办专场演出活动，借助国际化艺术舞台展示湖北文化的独特魅力，开启了湖北省对外文化交流主动深度融入世界知名艺术盛会的新起点。著名京剧表演艺术家朱世慧在艺术节专题演讲中讲述了中国京剧的发展脉络、艺术特色和表现形式等知识，并在演出过程中穿插介绍每出剧目的剧情和看点，裴咏杰、万晓慧、王小蝉等20多名演员以其精湛的演技，将京剧艺术中虚拟写意的表现手法、唱念做打的程式技艺、绚丽多彩的服饰彩妆生动地呈现在现场观众眼前，为爱丁堡艺术节献上了一场精彩绝伦的中华文化艺术盛宴。中国驻爱丁堡总领事潘新春说，湖北首次组团参加爱丁堡艺术节成为一大亮点，让苏格兰人民近距离领略到了中国京剧的艺术魅力和湖北京剧的强大实

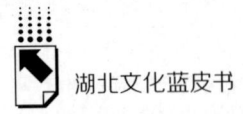

力，为爱丁堡艺术节增添了新的光彩。新华社爱丁堡分社、英国《华商报》和苏格兰当地主流媒体记者竞相报道演出活动盛况。

（2）宫廷艺术展开拓湖北省博物馆对外交流的新路子。2016年2月25日晚7时，由湖北省博物馆主办的"皇家品味——15世纪明代藩王宫廷艺术展"在美国洛杉矶南加州大学亚太博物馆隆重开幕。此次展览是在美国巡回展的第二站，之前已在美国瑞林博物馆展出4个月。"皇家品味展"精选140余件绘画、雕塑和装饰精品，集中展现了古代中国皇室的尊贵风范，着重挖掘明朝初期和中期宫廷中的生活以及宗教传统。这批珍贵的展品直观、具体地呈现了明朝君王们的物质和精神生活。本次展览对亚太博物馆来说，无论是从展览规模还是从展品重要性上讲，都堪称历届之最。此次展览也是近年来湖北省在美国举办的规模最大的中国古代艺术展。

（3）2016年组派省京剧院赴墨尔本中国戏剧节巡回演出第十届中国艺术节文华大奖获奖作品《建安轶事》；组派辛亥革命武昌起义纪念馆赴新加坡举办"孙中山与武汉——纪念孙中山先生诞辰150周年特展"；组派湖北省博物馆赴意大利与意大利埃斯特国立考古博物馆、意大利亚得里亚国立考古博物馆联合举办"帝国前的中国——楚文物特展"等。

5. 与台湾地区交流方面，湖北省始终秉持"两岸一家亲、共圆中国梦"的理念，根据省委对台工作领导小组的工作分工，发挥历史文化资源优势，开展扎实有效的对台文化交流活动

（1）2015年，协助黄冈市组织"黄梅戏·东坡文化"赴台交流展演。2015年5月中上旬，协助黄冈市委大型古装黄梅戏《苏东坡》赴台湾开展交流展演活动，在台北国际会议中心、苗北艺文中心、三重综合体育馆学艺厅各演出一场。

（2）2015年，协助黄梅县黄梅戏剧院创排的大型禅宗黄梅戏剧目《传灯》赴台巡演，在台北市、高雄市和苗栗市巡演4场。

（3）2015年在省委对台工作领导小组的统一安排下，高质量完成"湖北·武汉台湾周"等重大活动中的文化交流工作。

（4）2016年4月18日应台湾古籍保护学会邀请，湖北省图书馆馆长汤旭岩、特藏与地方文献部主任范志毅赴台参加第二届海峡两岸古籍高峰论坛，并就古籍整理与研究等相关议题开展学术交流活动。

（5）2016年5月致公党代表团携带一百余幅书画作品赴台，与台湾画廊协会共同举办鄂台艺术交流展。

6. 与港澳地区交流方面，进一步深化内地与港澳地区的文化交流合作，坚持一国原则并兼顾两制差异，加强与港澳特区政府的联系与沟通。建立湖北与港澳地区的文化合作长效机制，加强三地文化行政部门沟通协作，推动三地文化交流合作，深化文化认同

（1）2015年9月3~7日，根据文化部统一安排，湖北省京剧院院长朱世慧率演职人员一行56人赴澳门开展京剧演出交流活动。

（2）为执行2015年文化部促进港澳台文化交流活动，推动香港与内地的文化交流、戏曲欣赏及艺术教育的意见，湖北省博物馆与香港中文大学于10月在香港举办汉剧文化推广活动，包括汉剧展览及演出等内容。

（3）2016年8月，应澳门武林群英会国际武术比赛组委会邀请，武当国际武术学院副院长、武当武术代表性传承人杨群力参加武术论坛，武当功夫团参加武术展演活动。

（4）与澳门长虹音乐会开展交流演出活动。2016年11月7日晚，澳门文化中心奏响"响宴"民族交响音乐会，本场音乐会由湖北艺术职业学院民乐团和澳门长虹音乐会民乐团的演奏家们联袂演出。古筝合奏《弥渡山歌》、中国笛协奏曲《夜莺》、二胡协奏曲《长城》、京剧《梨园春》等经典曲目的精彩演绎为澳门观众带来了丰富多彩的民族音乐体验。

7. 引进高水平境外项目来湖北开展交流活动

2015年，湖北省图书馆与歌德学院联合举办"德国最美的书"2013~2014年获奖图书巡展，与省作家协会联合举办法语文学周活动及相关的

10余项活动（包括举办演讲、展览、对话、"喻家山文学论坛"、座谈、话剧、朗读会、采风活动及同题小说创作协商等）；湖北美术馆精选收藏"此时——迈克尔·克雷格 - 马丁二〇一五中国巡展/武汉"展览中的2件综合材料绘画作品《无题（高跟鞋）》《无题（剃须刀）》。2016年，湖北省博物馆与国际音乐考古学会在武汉市联合举办第十届国际音乐考古大会、湖北美术馆举办"大漆世界：时序——2016湖北国际漆艺三年展"活动、湖北省图书馆与英国驻武汉总领事馆合作举办"莎士比亚电影改编的历史"主题讲座、美国驻武汉总领事馆在武汉举办为期一个月的以"增强现实"为主题的数字艺术展交流活动等，丰富了湖北人民的文化生活，促进了文化交流。

文艺演出方面，俄罗斯芭蕾舞国家剧院、阿根廷爱人探戈舞蹈团、维也纳童声合唱团、德国哥廷根交响乐团以及来自意大利、以色列、西班牙、日本、英国、韩国等国家的艺术团体、艺术家们先后来湖北演出交流，都取得了良好的演出交流效果。

8. 大力推进与"一带一路"沿线国家的文化贸易

湖北省文化厅积极搭建交流平台、拓宽交流渠道，重点在三大领域寻求突破。

（1）拓宽文化企业对外贸易渠道。湖北省文化厅指导武汉江通动画传媒有限公司与法国、俄罗斯、印度、香港等国家和地区的文化企业开展文化贸易活动。公司全年累计承接法国、俄罗斯离岸外包制作达1200分钟，承接中央电视台外包项目358分钟，2015年外包收入达2200万元人民币。推进湖北宜昌金宝乐器制造有限公司自主研发、生产的KAWAYI、YANGTZE等品牌的钢琴远销德国、日本、奥地利、英国、美国、韩国等40多个国家和地区。2015年出口总额达3100万元。

（2）扶持民族品牌非遗产业走出国门。黄梅挑花工艺有限公司生产的挑花套件、布片、线盒、工艺绣品等产品销往美国、意大利、英国、丹麦、法国、以色列等欧美国家，2015年出口创汇约60万美元，与2014年同期相比增长了10%以上。

(3) 支持演艺业出国商演驻演。2015年,武汉杂技团赴美国、阿联酋、蒙古国演出240场,演出收入达280万元人民币。

三 工作启示

(一)积极借力国家级高端平台,提升对外文化交流品牌层次

平台决定高度、制约着辐射面、左右着影响力。湖北省对外文化交流活动成绩显著,一个重要原因就是湖北省积极争取、主动参与举办了一系列国家级文化交流活动,如"欢乐春节"、"四海同春"、海外中国文化中心部省合作项目等。借助这些高端平台,湖北省提高了对外文化交流的层次,吸引了国外政要、知名人士等重要嘉宾和主流社会的参与,吸引了海内外主流媒体的广泛聚焦,形成了集聚和放大效应,达到了事半功倍的效果。打造"荆楚文化走世界""荆楚文化丝路行"等文化交流品牌,需要在争取国家级高端平台上持续用力,通过举办高质量的活动多争取高层次的项目平台,通过高层次的项目平台扩大"荆楚文化走世界"文化交流品牌的影响力,在这种良性循环中实现湖北文化"走出去"的发展目标。

(二)突出展示湖北文化元素,向世界宣扬荆楚文化交流品牌

湖北是中华文化的重要发源地、发展地,在这片土地上,湖北人民开创了丰富多彩、底蕴深厚的历史传统文化。这些优秀的传统文化是"讲好湖北故事,传播湖北声音"的宝贵精神财富。我们要继续秉承"湖北特色,中国气派,世界表达"的工作思路,充分运用荆楚特色文化元素,彰显中华文化精神气质。在今后的工作中,我们要在现有的京剧、文物、非遗、杂技、武术等优势资源的基础上,充分利用湖北艺术节、武汉国际杂技节、国际漆艺展、中意博物馆联盟等交流平台,发动专家学者和一线的文化工作者对湖北省的文化资源进行悉心研究、深入探讨、创造升华,更多更好地把湖北特色文化转变为艺术作品,搬上舞台、推向世界。

（三）创新完善交流方法手段，丰富对外文化交流品牌内容

独特而丰富的内容和贴切的形式，可以更加深入、更加生动、更加立体地向世界展示荆楚文化的深厚底蕴。在今后的工作中，我们要在巩固现有成功做法的基础上，积极学习借鉴其他省份的有效做法，充分吸收消化为我所用。同时，要针对具体交流活动的具体出访国家，依照国策、依其国情、依照时情，有针对性地制订具体活动方案，以求最大限度且符合时宜地发挥文化交流品牌效应。

（四）尽可能与活动当地重大节庆或重大活动对接，既扩大影响，又节省经费

力争让活动走进当地主流社会、走近当地普通民众，这样才能真正提高荆楚文化在海外的知名度和美誉度。而嘉宾难邀请、观众难组织以及影响面小是对外文化交流的难点，解决这一难题的一个重要方法是把我们的交流活动尽可能地与当地重大节庆或重大活动对接，达到既扩大影响，又节省经费的效果。

（五）注重官民并举资源整合，增强对外文化交流活力

对外文化交流需要大量经费支撑。近年来湖北省对外文化交流活动积极采取官方与民间结合的方式，文化部门发挥职能作用，调动整合文艺资源，民间力量出资出力，国内国外密切协作。这种借船出海的成功做法，启示我们在今后的对外文化交流活动中，要把"政府主导、民间参与、品牌运营"作为主要工作方式，把挖掘民间资源作为解决经费问题的有效手段，整合资源，形成合力，实现共赢。

（六）搞好宣传总结经验，扩大荆楚文化交流品牌影响

如果把一次成功的对外文化交流活动比喻成写文章，那确保活动的圆满开展只能算完成了文章的前半部分，而活动期间的舆论造势、新闻报道以及

活动结束后的经验总结、做法推广则是文章的后半部分。前半部分固然重要，后半部分同样不可或缺，特别是在打造品牌扩大其影响力上，后篇文章显得尤为重要。一个品牌的建立需要多次实践的磨砺、需要有成熟的经验可资借鉴、需要获得广泛的认同。我们相信，通过不懈努力、固强补弱，湖北对外文化交流活动会更上一层楼。

B.7
2015~2016年湖北新闻出版广电事业发展报告

张 敏　罗亚波*

摘　要： 2016年，湖北省大力推动新闻出版广电事业发展，舆论引导能力不断加强，媒体融合步伐不断加快，公共服务质量不断提升，产业发展实力不断壮大，依法管理水平不断提高，全省新闻出版广电业呈现竞进提质、升级增效的良好态势。但仍然存在传统媒体与新兴媒体融合不够，内容产品融合不足，数字化、网络化、智能化水平不高，产业规模化、集约化水平不高的问题，急需从加强宣传、繁荣精品等方面加强体制机制建设，以促进湖北新闻出版广电事业的快速发展。

关键词： 湖北　新闻出版广电　媒体　公共服务

一　湖北新闻出版广电事业发展的进展成效

（一）宣传出版亮点纷呈，有力维护了团结稳定和谐发展大局

2015~2016年，全省新闻出版广电系统组织开展"荆楚行"大型系列

---

* 张敏，男，湖北大学历史文化学院副教授、硕士生导师，湖北大学文化发展研究中心副主任，湖北省荆楚文化研究会理事、湖北省楚国历史研究会理事；罗亚波，男，湖北省新闻出版广电局办公室副主任。

采访活动，先后开展"贯彻五中全会精神·荆楚行""精准扶贫·荆楚行""抗灾救灾·荆楚行""全民阅读·荆楚行"等活动，集中全省优质资源进行集中、异地采访报道，形成强大宣传声势。各级媒体策划推出"坚定信心　竞进提质""精准扶贫　不落一人""大众创业　万众创新""行进中国·发现新丝路""眺望长江中游城市群""县委书记回眸'十二五'""楚楚的'十三五'"等系列主题采访报道，出版《我们的价值观》《丰碑》《中国最美》等主题出版物。2015年全省各级媒体在《人民日报》、中央电视台等中央媒体发稿1.2万多篇（条）。2016年全省广电媒体新闻报道上中央电视台新闻2667条，上中央人民广播电台740条。《章开沅成为我国辞去"资深教授"第一人》《电视问政·问作风》《阳新"清风"行动纪实》等12件作品获第二十五届中国新闻奖。第二十六届中国新闻奖中湖北媒体有10件作品获奖，其中《长江日报》新闻专栏《市民大讲堂》获一等奖，《楚天都市报》通讯《女环卫工6年拽回5名轻生者》等3篇获二等奖，湖北广播电视台广播消息《兄弟，我们一起上去》等6篇获三等奖。湖北之声广播专题《诗意村庄》荣获中国广播影视大奖，广播消息《578公斤工资》、广播访谈节目《生命的接力》、新闻节目《焦点时刻》和线下活动"用我的声音做你的眼睛——2014湖北广电支教大行动"荣获中国广播新闻节目创优作品一等奖。

在重大突发事件报道中，广电媒体也发挥了独特的作用。"东方之星"重大突发公共事件中，湖北台第一时间现场播报、24小时直播，从6月2日上午10点半开始连续7天，湖北卫视、湖北公共·新闻频道并机播出《关注"东方之星"号客轮翻沉事件》大型直播节目，累计时长达3800分钟，为央视提供救援指挥中心新闻发布会公共信号400分钟，在中央电视台新闻联播发稿27条，在央视新闻频道、二套、四套发稿200多条。长江云APP等新媒体不间断报道，抢占国内外媒体舆论高地和网络阵地，全媒体、多层次、多角度展示"全国驰援东方之星"的国家救援行动，展示了我国强大的救援动员能力和救援高效率，传播了正能量。抗洪救灾大直播全媒体联动，整合全省各级媒体资源，电视直播8229分钟、广播直播1.8万分钟，

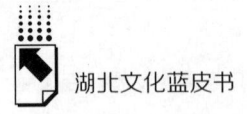

创全国广电直播时长纪录。"万众一心风雨同行——2016湖北省抗洪赈灾新闻大直播"活动累计捐款捐物价值2.53亿元，创电视赈灾新模式。

（二）体制机制改革稳步推进，为行业注入强大发展动力

全省行政管理体制改革向纵深推进。2013年，湖北省率先在全国完成新闻出版（版权）局和广播电影电视局合并，内设处室23个、直属事业单位7个。截至2016年底，全省已有16个市（州）合并组建新闻出版广电行政部门（潜江市单设新闻出版局和广播电影电视局）。全省从业人员达183047人（新闻出版144800人、广播影视38247人），其中技术人员97381人，占比53.2%，高级职称人员7504人（其中正高级1482人），占比4.1%。经过改革发展，全省已拥有长江传媒、湖北日报、知音传媒、长江广电、湖北广电、长江电影、长江日报、三峡传媒、咸宁日报等17个大型传媒集团。其中，长江传媒、湖北广电在主板上市，特别关注、荆楚网、亿童文教、金三峡印务、金海科技、浩源文化、华文包装、爱立方等在创业板上市，《今古传奇》杂志获得"中国驰名商标"。

省新闻出版广电局行政权力、责任和监管"三个清单"确定执行，行政职权由238项减少到147项（降幅达38.2%），许可事项由46项压缩到22项，非行政许可审批一律取消。行政审批网上办事系统建成，审批当天办结率达36%，提前办结率达95%，限时办结率达100%。随着门槛降低、办事便捷化，市场主体逐步活跃，企业参与新闻出版广电领域发展的积极性不断激发，大量的民间资本纷纷涌入印刷、发行、广播影视等领域，行业产业主体越来越多，产业规模越来越大，行业发展呈现良性发展态势。如，截至2016年底，全省从事出版物批发业务的企业新设立69家，同比增加28家，增长率达到68.3%。非时政类报刊单位转企改制基本完成。

制播分离改革取得新的进展。湖北省鼓励、支持广播电视节目社会制作机构的发展。一方面，降低节目制作机构准入门槛，取消实缴资本300万元的申办条件，改前置审批为后置审批，让更多有节目制作专业水平的市场主体进入这一领域；另一方面，地方政府部门出台奖励政策，如《武汉东湖

新技术开发区关于推进文化科技产业融合发展的实施意见（试行）》中明确规定，对首次取得"广播电视节目制作经营许可证"的企业给予一次性10万元补贴，对采用高新技术在央视及省级上星频道黄金时段首轮播出的原创动漫、影视产品给予最高不超过100万元的一次性奖励。目前，湖北省163家节目制作机构中主要从事电视节目、栏目制作的有近100家，所制作的节目极大丰富了全省电视荧屏。目前，全省广播电视制播分离改革主要在电视频道实施。其中，省级播出机构制播分离改革主要在湖北广播电视台上星频道（湖北卫视）、综合频道、经济频道等频道实施。湖北卫视与北京长江传媒以制播分离的合作方式制作了《我为喜剧狂》《大王小王》等多档节目，其中《大王小王》已成为道德建设类节目的典范。地市级播出机构方面，武汉市广播电视台通过与本地企事业单位及国内外节目制作机构协作、交流，采用购买、联合制作等模式播出电视剧、栏目剧、综艺娱乐、专题片等各类节目，其中电视剧、栏目剧已占该台同类节目播出比重近30%，7个电视频道有近60个栏目属制播分离模式，约占栏目总量的50%。武汉市广播电视集团下属的影视艺术传媒公司作为面向市场的制作公司，与台内频道已签订供需合同协议。荆州市电视台现阶段已在两档节目进行制播分离试点，预备待试点成功后再逐步推行。县级播出机构方面，省新闻出版广电局成立湖北新广影视公司，建立县级台统一供片平台，全省69家县级台已被纳入平台，对县级播出机构统一供片，较大程度上解决了县级台播出节目源匮乏的问题。

（三）充分挖掘荆楚优秀文化资源，精品创作生产量质双升

2015年召开全省电影工作会议，经省政府同意出台了相关政策，建立了专项扶持资金，用以扶持优秀剧本、影视剧目的创作生产。2015年全省备案公示影视剧72部，出品15部176集（部）。2016年，全省备案电影54部，完成9部；备案电视剧19部706集，完成10部427集。省新闻出版广电局实施"8·20"精品工程，扶持打造20本图书、20种印制精品、20部影视剧、20部纪录片（动画片）、20部网络文艺作品、20个综艺节目栏目、20个专版专栏、20个网络视听节目精品。《海棠依旧》《东方战场》《宜昌

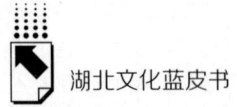

保卫战》等一批优秀电视剧在央视一套、省市卫视黄金时间播出。《汉江》《2015中国农民春节联欢会》《福星八戒之"大年小怪"》3部作品获第24届电视文艺"星光奖"纪录片、综艺节目、动画节目提名奖；《生命链》《承诺》等8部微电影分获中宣部、国家新闻出版广电总局主办的全国社会主义核心价值观主题微电影评选一、三等奖和优秀作品奖。节目栏目创新创优方面，涌现了一批收视率高、口碑佳的节目栏目，获得各方肯定。《湖北日报》等10种报刊入选全国百强报刊。新闻栏目《XYZ新闻三剑客》获得中国新闻奖一等奖。推出《电视问政》《行风热线》《新月读书会》《好人开讲》等品牌节目栏目，形式内容不断创新，公信力、影响力、渗透力不断增强；《经典诵读》《现在就办》《爱心有约》《爸爸我来了》《一起出发》等一批新栏目新节目口碑良好，赢得了良好的社会效益和经济效益。湖北卫视连续四年跻身全国省级卫视前十，荣获"金长城传媒奖·中国十大影响力卫星频道"。湖北经视获评"TV地标（2016）年度最具综合实力省级地面频道""传媒中国十大品牌影响力省级地面频道"。垄上频道《垄上行》获评"年度省级地面频道最具品牌影响力节目"。湖北之声、楚天音乐广播、楚天交通广播分别入围省级电台新闻类、音乐类综合收听率五强和交通类综合收听率十强。

图书出版方面，2016年，全省14个出版项目入选国家出版基金资助项目，位列全国第三。62个出版项目入选"十三五"国家重点出版物规划，同比增长38%。3种选题进入中宣部、国家新闻出版广电总局"2016年主题出版重点选题"，7种图书和音像制品获中华优秀出版物奖。《中国文化生成史》《追星》《长江演变与水资源利用》《刘大年全集》《大金帝国》《致成长中的你》等41种图书先后荣获中华优秀出版物奖，入选中宣部和国家新闻出版广电总局"百种经典抗战图书目录"、"向全国青少年推荐百种优秀图书目录"、"中国文艺原创精品出版工程项目名单"和"大众喜爱的50种图书"。《荆楚文库》工程扎实推进，确定总数1372种1600册的文库书目及图书装帧设计方案，截至2016年底，42册图书正式出版，23册图书在印，《荆楚文库——书人书事》专题片拍摄制作完成。历时20

余载、国家出版基金投入近千万元的《中华大典》编制工程圆满收官。《朝读经典》《起点阅读》两套国学读本，2016年累计发货1430多万册，码洋近1.1亿元，并进入河北、黑龙江、山东、云南等7省（市），成为全国性品牌。《起点阅读》蒙文版已出版，维文版、藏文版即将出版。湖北长江出版传媒集团（股份）公司实力不断壮大，集团2015年总体经济规模进入全国出版集团10强，在全国35家出版集团中排名第10位，较上一年前进1位。集团连续两年营业收入在全国15家同类上市公司中排名第1位。在全国图书零售市场上，2016年图书整体市场占有率开卷排名，集团在全国35家出版集团中居第4位（2015年第5位，2014年第6位）。其中，湖北美术出版社在全国同类地方出版社中排名稳居第1，湖北少儿出版集团保持第2，湖北文艺出版社保持前3。

（四）转型升级创新发展，产业发展实力不断壮大

2015年，全省新闻出版营业收入619.5亿元（中部第3位）；广电业创收90.38亿元（中部第2位）。2016年，全省新闻出版广电系统年度产值达832.78亿元（其中新闻出版741.52亿元、广播影视91.26亿元），同比增长9.02%。截至2016年底，新闻出版方面：全省共有图书出版社14家，音像、电子出版社9家，报纸129种（全国第7位），期刊414种（全国第3位、中部第1位），印刷复制企业2751家，出版物发行企业4153家。2016年，全省共出版图书达到15105种（新出7911种），总印数2.68亿册，定价总金额24.43亿元，总印数同比增长2.07%；报纸12.27亿份，定价总金额13.61亿元；期刊1.85亿册，定价总金额12.08亿元。广播影视方面：全省共有播出机构89座（广播电台6座，电视台6座，广播电视台77座），发射台506座（其中，中短波台28座，调频、电视转播发射台478座），资产总额达319.26亿元；社会影视制作机构236家，商业院线22条（其中银兴、天河为国有院线），农村公益电影院线11条；建成数字影院326家，银幕1842块，座位26.61万个。2016年，全省共开办公共广播节目88套，公共电视节目112套，播出广播节目481302小时、电视节目673986小时；广

播电视覆盖率超过 99%，有线电视用户数 1060.75 万户，入户率达 51.45%，其中数字电视用户有 1003.25 万户。

省新闻出版广电局实施新闻出版广电"双百"工程，确定了 100 家企业、100 个项目，并将按照周期制、动态制管理方式予以重点扶持。产业园区推进顺利。华中国家数字出版基地一期全部建成，中文在线、当当网等知名企业签约入驻；华中国家版权交易中心版权电子交易平台系统及版权艺术品投资交易平台正式上线；华中国家绿色印刷包装物流产业园示范园区项目一期用地指标落实，将于 2017 年破土动工；中国（武汉）数字音频广播产业基地基本完成规划用地手续，已开展数字音频广播业务平台软件系统开发等业务；经国家新闻出版广电总局批准，"国家知识资源武汉数据中心"落户湖北省。2 万平方米的国家新闻出版知识库武汉数据中心及出版产品质量检测中心业务用房项目即将开工建设。

融合发展势头迅猛。长江数字传媒、武汉理工数媒、斗鱼、九派新闻已逐渐成为国内知名的数字出版品牌。特别关注、荆楚网、武汉亿童、爱立方等融媒体公司成功在"新三板"挂牌，长江数字传媒等 6 家单位被评为国家数字出版转型示范单位，全国出版融合发展重点实验室落户武汉理工大学，长江日报报业集团"好医网"获 2015 年度全国媒体融合发展创新案例 12 强。"面向建筑装饰行业的云服务平台"等项目获中央文化产业发展专项资金扶持。"中国长江三峡工程大数据平台"等项目入选国家新闻出版改革发展项目库。"肯尼亚植物志在线"获 2015 年度全国优秀"互联网+"项目。"基于网络环境下的学生综合素质评价模式研究"入选 2016 年全国教育管理信息化优秀应用案例。"书香湖北·互联网开放式数字图书馆"为全省用户提供电子书 5 万册，音频听书 2 万集，发放阅读卡价值 240 万元，用户访问量过千万。"网络原创与精品阅读云平台"以长江中文网为依托，打造融合无线阅读、版权交易、实体出版、动漫影视等版块的多形态、立体化的 IP 产业链，签约作品 11 万部，注册用户达 500 万。建成新媒体云平台——长江云，其已发展成为受业内高度关注的"湖北模式"，获得国家新闻出版广电总局广电媒体融合发展创新榜最高奖——"特别推广奖"及"全国广电媒体融合创新案例20佳"等荣誉。截至2016年底，全省17个市州及103个所辖县（市）的"云上系列"官方客户端已全部建成上线，长江云"政务大厅"入驻各级党政部门1941家，打通58类152项政务、民生服务接口。平台已汇聚广播电视、电子报、网站和两微一端产品8112个，接入产品的用户总数达7800万，长江云APP客户端在苹果市场外下载量达680万。"微信摇一摇"电视互动模式开全国先河，广州微摇公司先后完成两轮融资，引进资金近亿元，市场估值达4.23亿元，是初始投资额的42倍，企业市值迅速放大。全省交互式网络电视（IPTV）用户数1799050户（幸福新农村用户397913户），其中，高清用户1021958户，标清用户491275户，4K用户285817户，目前经营收入达8500万元。省集成播控平台点播节目数量38323个，系统下发EPG推送更新5778条，运营商核心节点点播节目数量20131个。目前基于有线电视网的互联网接入业务用户在2015年88万户的基础上增加到了133万户。由于三网融合的推广，各运营商加大了市场开拓力度，"光纤到户"工程使大容量带宽成为现实，网络视听节目业务占据宽带业务量的70%，成为湖北省重要的消费增长点。

展会经济态势良好。2015中国（武汉）期刊交易博览会吸引45个国家（地区）参展、45万人次参观，共展出3.3万多种期刊和数字化期刊产品；现场销售和订货码洋达4.1亿元，共签订、达成交易意向和协议180多项，被誉为"湖北文化名片"。2016中国（武汉）期刊交易博览会共有50多个国家和地区的3600多家单位参展，展出期刊及衍生品1万多种、20多万件，共签订各类协议490多个，协议金额约15亿元，交易额达8.6亿元，被誉为"期刊界的奥林匹克盛会"。2015年第14届华中图书交易会2万多家企业到场，交易额超过30亿元，成为"民营书业第一展"。2016年第15届华中图书交易会有500多家出版发行单位、2万多家发行企业参展，参展出版物达10万余种，交易码洋突破28亿元，参展人数超过10万人，展会规模、经济效益均创历史新高。

版权产业发展实现新突破。省政府印发《湖北省版权示范城市、单位和园区（基地）创建管理办法》，全省14家单位和5个园区被授予省级版权示范单位和示范园区称号。光谷创意产业园、汉阳造文化产业园、湖北广播电视台、长江文艺出版社被国家版权局授予国家级版权示范单位和版权示范园区称号。截至2016年底，湖北省已有5个单位、2家园区获得国家级版权示范单位和示范园区称号，位居全国前列。华中国家版权交易中心市场化运作进一步推进，公司已完成股权变更，目前正在进行组织架构调整，修订完善内部管理运营制度。版权电子交易平台系统（公司主页网站）已正式上线运营，社会经济效应明显。

"走出去"步伐不断加快。2016年5月30日~6月2日，马来西亚湖北新闻出版广电传媒周在马来西亚吉隆坡举行并获极大成功。传媒周通过举办展览展销、图书翻译、作家对话、版权贸易、招商引资、文化互动等多种活动，展示湖北省新闻出版、广播电视、动漫影视及新媒体发展成果，42家企业上百种实物展品参展。一批项目达成合作意向并顺利签约，被誉为"华文第一刊、期刊第一股"的湖北《特别关注》杂志，将与马来西亚知名商业杂志《品牌与连锁》联合出版《特别关注》南洋版，发行范围辐射马来西亚、新加坡、印度尼西亚等国；马来西亚亚太广播发展机构与省新闻出版广电局签订了《中马传媒合作与人才交流发展》协议；中国大陆之外发行量最大的中文报纸《星洲日报》与湖北日报传媒集团签约，共同打造"中马公共信息服务平台"；马来西亚首要传媒（MEDIA PRIMA BERHAD）与湖北广电台达成优质节目互换协议；马来西亚城市书院与长江出版传媒集团签订中马图书版权合作项目；马来西亚新世纪教育公司与知音传媒集团就《斗破苍穹》数字版权项目达成合作协议。2016年，湖北长江出版集团公司版权输出、引进135种，其中输出83种，输出到美国、英国、法国、新西兰、日本、埃及、马来西亚等15个国家和地区。《消逝的狼群》等5个出版项目入选"丝路书香资助工程项目"；《肯尼亚国家地理遥感图集》入选"经典中国出版工程"。湖北科技出版社非洲出版中心2016年7月16日完成公司注册，出版的《肯尼亚国家地理遥感图集》《肯尼亚常见及观赏植物》《同舟共济一甲子——中非建交60年人物录》等5种图书已面向全球发行。

湖北少儿出版集团与俄罗斯"孩子国际"公司签署战略协议,"点易点"系列玩教具将走进俄罗斯家庭。孟加拉国包装印刷厂项目、尼泊尔中国出版文化城项目等项目顺利推进。

(五)大力推进文化小康,公共文化服务能力水平显著提升

"户户通""村村响"两项工程被纳入省政府重点督办事项。全省"户户通"工程建设总任务为145万套,分两期建设。全省有"村村响"建设任务的共95个县(市、区),共涉及25750个行政村。截至2016年底,第一期"户户通"设备采购招标所涉任务县(市、区)共53个,采购设备(即应完成安装的任务量)共计817627套,安装开通780632户,开通率为95.48%。已经100%完成任务的县(市、区)15个;完成任务超过90%的县(市、区)35个;完成任务80%~90%的县(市、区)2个;完成任务接近80%的县(市、区)1个。第二期"户户通"设备采购招标所涉任务县(市、区)共10个,采购设备共计632373套,安装开通278531户,开通率为44.05%。全省"村村响"共建成县级平台91个,占应建县级平台总数的95.8%,村级广播室20285个,占应建村级系统总数的78.8%,安装音柱和喇叭204445只。其中,已基本完成建设任务的地区有44个县(市、区);完成50%以上建设任务的有32个县(市、区);完成20%~50%建设任务的有12个县(市、区);完成建设任务不足20%的有7个县(市、区)。

全省全年农村公益电影放映任务场次306372场,2016年共完成放映312036场,已超额完成全年任务;开展进社区、进校园、进工地、进企业、进广场活动,放映电影6.28万场;省新闻出版广电局投资300万元购买商业影片,放映11.03万场。已有78个县(市、区)将年满60周岁的老放映员的生活补贴落实到位,未落实的有17个。完成省农村电影节目卫星地面接收站建设和农村电影监管平台数字地图更新,投入210万元,首批共更新农村电影放映设备280套。

中央无线数字化覆盖工程总投资3.5亿元,已对全省80个骨干台站、11个县级补点台站(样本)、10个乡镇补点新建台站(样本)进行现场勘

测、整体建设方案及概算、分台工程施工图纸已经出版。发射系统、节传系统、天馈多工系统、播控系统已完成招标。省级无线数字化覆盖工程落实启动资金2000万元，相关设备招标工作已启动。广播电视高山台站基础设施二期工程、国家级贫困地区提升传播能力设备更新改造等20多个项目如期开工，总投资达3500万元。

农民读书节、农民读书选书赶集会、"书香门第·耕读人家"主题读书示范和展演活动成功举办。分别在利川、孝感、长阳、竹溪、通山、潜江等地开展了农家书屋农民读书选书赶集活动。在孝感举办了湖北省第二届农民读书节，在武汉举办了2016"书香门第·耕读人家"农家书屋省级展演活动。"书香门第·耕读人家"活动，给农民群众打下很深的烙印，真正成为全省乃至全国的文化品牌。中心农家书屋建设成为新亮点，大力推动结合村和乡镇综合文化服务中心、结合乡镇出版物发行网点建设、结合"三下乡"活动建设的中心农家书屋建设。目前，全省共建成中心农家书屋25家。

湖北在全国率先制订并组织实施《全省全民阅读三年行动计划》（以下简称《行动计划》），《行动计划》按照"全域覆盖、全员参与、全域落实"的目标要求，明确了"三建三提"的工作思路，制订了两百余个任务指标，成为全省今后三年及更长一个时期全民阅读工作的行动书、路线图、时间表、责任状。"书香荆楚·文化湖北"全民读书月活动期间，全省17个地市州、80%的县（区）举办了读书月启动仪式及系列活动。全省共开展各类活动2165场次，参与群众2320万人次，其中，开展专业类读书活动1281场次，参与群众近1300万人次；仪式类活动455场次，参与人数近20万人次；配套类活动429场次，参与群众近1000万人次。9·28孔子诞辰日全民阅读活动周期间，全省各地举办了活动周启动仪式、中小学生诵读经典大赛、楚天少儿悦读季、优秀传统文化进社区、荐书捐书赠书、广场经典诵读、征文演讲比赛等丰富多彩的活动。据不完全统计，活动周期间，全省共开展活动近1000场次，参与群众1100万人。书香荆楚全民阅读网络平台累计访问量960万余人次，上线图书10万册，注册个人书房近32万间。湖北牵头倡议湘鄂赣三省全民阅读联合行动扎实推进，全民阅读"书香湘鄂赣"

之"名楼·名家·名篇"吟诵会在武汉成功举办,开展了"书香湘鄂赣"之"寻找最美读书人"和大型媒体采访报道活动,此举开启了全民阅读跨省域合作、共同推进发展的先例,得到国家新闻出版广电总局的充分肯定。此外,创办了全国全民阅读第一刊《阅读时代》。

(六)加强行政依法管理,综合监管体系更加健全

落实意识形态工作责任制,建立全省宣传、报刊、出版、安全播出工作例会制度,强化导向和播出管理。集中整治市州县级播出机构违规开办频道频率问题。据省新闻出版广电监管中心统计,市州播出机构违规增设频道频率、擅自更改频道频率呼号和节目定位行为现已得到遏制,全省县级广播电视台电视节目均已规范到2套以内。推进全省有线网络传输境外电视节目清理整治,经过整治,全省有线网络传输的境外电视频道全部撤出,确保了有线电视网络的绿色安全。强化接收境外卫星电视管理,针对宾馆酒店违规接收境外电视节目的现象,开展全省范围的清理检查,武汉、黄石等地分别对有相关违规行为的单位进行了行政处罚。武汉市文化市场执法支队对武汉市前进路、广埠屯等电子产品市场销售的非法机顶盒进行了专项排查,严防反宣、分裂、暴恐等有害节目信息在全省落地传播。开展专项行动整治违法虚假医药广告,2016年,省新闻出版广电局共向违规播出机构下达《违规整改通知书》119份,停播涉性、治疗肝病、虚假、"中插"等严重违规广告10条(次);限期整改118条,约请相关频道分管广告的领导及部门负责人诫勉谈话3次。严厉打击"黑广播",鄂州市、天门市、随州市、黄冈市、荆门市等地的专项行动取得较大进展,2016年共捣毁"黑广播"窝点7个,抓获犯罪嫌疑人9人,查获非法设备8套。钟祥市人民法院对一起开办"黑广播"的案件进行了审理,以扰乱无线电通讯管理秩序罪,判处李某有期徒刑10个月,并处罚金1万元,为湖北省首件"黑广播"司法案例。保障重大会议、重大活动、重点时段的安全播出。将"村村响"纳入安全播出管理范畴。在全国率先建成省市县广播电视节目三级监管网络,实现监管全覆盖。广播电视监听监看、出版物审读、影视剧备案审查等管理机制进一步

强化,及时查处了一批问题节目和作品。

开展"清源、净网、护苗、秋风、固边 2016"专项行动,全省共收缴各类非法出版物 280 余万件,处置网络有害信息 16726 条,关闭违法网站 54 家,查办各类案件 90 余起。推进"扫黄打非"进基层和示范县市创建活动,省综治办、省新闻出版广电局、省"扫黄打非"办公室印发《关于将"扫黄打非"纳入社会治安综合治理网格化管理的通知》《关于全省农家书屋图书管理员兼任"扫黄打非"信息员监督员的通知》等文件,对"扫黄打非"进基层工作的目标、任务、措施和要求进行了部署。在全国首创鄂湘赣"扫黄打非·南岭工程"区域联防协作机制,在南昌签署了《鄂湘赣三省"扫黄打非·南岭工程"区域联防协作备忘录》,确定共同推进建立三省区域联防协作工作机制,在三省交界的 19 市 47 县中建立了"联防、联动、联打"的工作机制,形成了"三省联合、相互促进、群防群治"的工作格局,受到国家新闻出版广电总局的充分肯定,并向全国推广。

开展"双打""剑网 2016"专项行动,全省各级版权行政执法部门累计查处侵权盗版案件 19 件,移送司法机关 9 件。武汉、宜昌查办的武汉音像出版社未经授权出版销售他人享有著作权的音乐光盘案和微信公众号(ID:gzdsj1516)涉嫌侵犯影视作品著作权案结案,黄石卫杨汉侵犯影视著作权案正式判决,《知音漫客》被侵权系列案取得突破,荆门"073 漫画网"侵犯著作权案主要犯罪嫌疑人已追逃归案,黄石亿通建筑书店侵犯著作权案已逮捕犯罪嫌疑人 4 名。省版权局对 11 个市州政府的 66 家市直机关、22 家市属国企、17 家省属国企的软件正版化工作进行了督查检查,对 39 家省直部门软件正版化工作进行了"回头看"检查,还对银行、保险、证券行业和外资企业的软件正版化工作进行了专项检查,累计实地抽检办公计算机 1200 多台次。在国务院"双打"考核中,湖北省版权行政执法和软件正版化两项工作连续三年取得满分,在国家新闻出版广电总局组织的 2015 年度查处侵权盗版案件有功单位、个人评奖活动中,湖北省获得单位一等奖 3 个、单位二等奖 3 个、单位三等奖 5 个,个人二等奖 3 个、个人三等奖 5 个,累计 11 个单位、14 名个人获奖,全国排名第 7 位,连续三年办案率和获奖率均以每年50%以上的增幅递增。《湖北省出版物市场管理办法》经省政府常务会通过，于2017年1月1日正式实施。《湖北省广播电视管理条例》已列入省人大2017年立法计划。

二 存在的主要问题

（一）传统媒体与新兴媒体融合发展水平较低，网络舆论引导能力和实际效果有待提升

在新兴媒体不断发展壮大的发展形势下，自媒体、公众号、微博、微信都在实质上具备了媒体的属性，吸引了大量受众。在大数据发展背景下，一个影响力广泛的自媒体会被近千万受众关注，而且关注受众忠诚度较高、行为方式分类明确，更利于精准投放。相比而言，传统媒体点对面的传播方式，强在"广播"，弱在"精准"，很难评价传播效果，对受众的收听收看习惯分析也缺乏精确的数据支撑。对传统媒体来说，向新媒体转型发展已不是一个研究课题，而是决定生死存亡的必然出路。中共中央政治局委员、中央书记处书记、中宣部部长刘奇葆指出，要深入学习贯彻习近平总书记关于媒体融合发展的重要论述，坚定不移推动传统媒体向新兴媒体深度融合，尽快从相"加"阶段迈向相"融"阶段，实现融为一体、合而为一，不断提高新闻舆论传播力、影响力、引导力、公信力。反观湖北媒体融合发展现状，大多表现在新媒体作为传统媒体的补充存在，存在"同名同姓"不够、相融深度不够、融合发展体制机制匮乏等问题。

（二）内容产品创新能力不足，精品力作不多，核心竞争力有待提升

对于当前的文艺创作，习近平总书记明确指出："改革开放以来，我国文艺创作迎来了新的春天，产生了大量脍炙人口的优秀作品。同时，也不能否认，在文艺创作方面，也存在着有数量缺质量、有'高原'缺

'高峰'的现象，存在着抄袭模仿、千篇一律的问题，存在着机械化生产、快餐式消费的问题。"①习近平总书记的论述，一针见血地指出了文艺创作生产的现状，也充分体现了湖北文艺创作的现状，具体表现在：节目创新力度不够，跟风模仿问题突出，本土原创节目较少，引进模式节目占据了高收视、强反响节目的绝大多数；现有媒体资源开发不足，电台电视台虽积累了海量内容资源，但对于这些丰富资源的开发力度却明显不足，缺少盘活既有内容资源的有效价值增值机制；新闻出版广电供给侧结构性改革有待深入推进。总的来说，新闻出版广电内容供给上存在供大于求，重数量、轻质量的问题，每年的出版选题、影视剧拍摄备案数量较大，但真正叫好又叫座的内容精品乏善可陈，因此需要从提高供给质量出发，用改革的办法推进结构调整，扩大有效内容产品供给，提高供给结构对需求变化的适应性和灵活性，更好地满足广大人民群众的精神文化需求。

（三）数字化、网络化、智能化水平不高，科技创新能力有待提升

在融媒体发展为大趋势的形势下，数字化、网络化、智能化是转型发展的前提和关键，但也恰恰是湖北新闻出版广电业发展的短板。没有高科技装备，就谈不上转型发展；没有创新能力，就谈不上发展能力。现阶段，在广播电视领域，节目制作环节、传输环节、播出环节都存在智能化水平不高的情况，有些地方数字化改造迟缓；在新闻出版领域，出版、印刷环节也普遍存在"小作坊"模式、"粗放型"现象，"智能"程度不高，"绿色"不普遍。究其原因，一是发展意识跟不上，现行体制下，大多数新闻出版广电单位管理者不是业务出身，而是党委宣传部门、政府部门任命的行政干部，对行业发展缺乏了解和研究。二是受限于资金，在新媒体的冲击下，传统媒体收入呈现断崖式下降，财政支持也有限，"巧妇难为无米之炊"，缺乏数字化改造的资金支持。三是新媒体人才匮乏，新媒体

---

① 《在文艺工作座谈会上的讲话》，人民出版社，2015，第8页。

发展如火如荼，难免出现"虹吸效应"，大量能力突出的业务骨干从传统媒体离开，跳槽到新媒体。传统媒体缺乏精通新形势下媒体发展的技术、管理的业务人才。

（四）产业规模化、集约化水平不高，龙头企业竞争力不强，综合实力有待提升

2015年全省广播电视总收入104.83亿元，全国排名第9，中部排名第2。但与中部排名第1的湖南（249.35亿元）相比，还存在较大差距，仅微弱领先于其他省份。2014年全省新闻出版业总收入562.26亿元，全国排名11位，中部第3，但全国排名第1的广东省新闻出版业收入达2162.07亿元，是湖北省的3.85倍，湖北省与其还存在较大差距。从龙头企业来讲，湖北文化企业长期缺席全国文化产业30强，仅在2016年有湖北长江广电传媒集团入选全国30强，是湖北省"十二五"以来唯一获此殊荣的企业。湖北省新闻出版广电产业存在收入总量不高、市场主体不够活跃、龙头企业缺失、扶持性政策引导力度不够等问题。

三 2017年新闻出版广电发展目标

（一）抓好重大主题宣传出版，为党的十九大营造浓厚思想舆论氛围

进一步深入宣传阐释习近平总书记系列重要讲话精神和党中央治国理政新理念、新思想、新战略。做好党的十九大会前、会中、会后各阶段以及省第十一次党代会宣传报道。统筹做好"五位一体"总体布局、"四个全面"战略布局等宣传出版工作。实施"九个一"精品献礼工程。举办党的十九大主题出版评优、主旋律影视剧展播等活动。开展"党的十九大·荆楚行"集中采访活动。深入开展迎接党的十九大净化舆论环境专项整治行动。坚持和完善宣传、出版、报刊和安全播出例会制度。

（二）繁荣精品创作生产，保质保量、力攀高峰

继续实施"8·20"精品工程。抓好《梅岭一号》《十月一日》《命运谷之决胜宜昌》等文化精品的创作生产。继续开展广播电视节目栏目创新创优评选活动，做好"百人百部中国梦纪录片"、少儿节目精品创作扶持项目征集推荐工作。推进《荆楚文库》《荆楚文萃》重大出版工程。开展第三届湖北出版政府奖表彰活动。开展"弘扬社会主义核心价值观、共筑中国梦"主题原创网络视听节目和网络文学征集推选活动。

（三）优化公共服务，深耕细作、提质增效

开展国家级、省级全民阅读书香城市创建，组织好"4·23""9·28"全民阅读专项活动和"书香湘鄂赣"三省联合行动。组织好"农家书屋·十年回眸""五个一"活动。推进"中心农家书屋"建设。推进广播电视"村村响"向"户户通"升级，完成"村村响""户户通"工程建设任务。推动中央和省级广播电视节目无线数字化覆盖工程建设。全面完成年度农村公益电影放映任务。

（四）深化改革科学发展，不断壮大行业实力

推动传统媒体和新兴媒体深度融合。推进新闻出版广电供给侧结构性改革。深化行政审批"放管服"改革。出台《关于支持实体书店发展的实施意见》《关于加快绿色印刷产业发展的实施意见》等文件。建立行业社会效益综合评估体系和机制。抓好国家级产业园区建设，开工建设国家新闻出版知识库武汉数据中心及出版产品质量检测中心业务大楼。举办第十六届华中图书交易会。办好第十八届海峡两岸图书交易会主宾省活动。举办2017年"中俄媒体年——俄罗斯湖北传媒周"活动。

（五）加强依法管理，促进行业健康有序发展

完成综合监管平台延伸到县工程。开展印刷复制发行专项整治行动。巩

固市、县播出机构、传输机构专项整治成果。加强广播电视无线频率管理。加强非法卫星电视地面接收设施和网络接收设备专项整治。确保党的十九大和省第十一次党代会期间的播出安全。立法颁布《湖北省广播电视管理条例》。开展专项行动，推进"扫黄打非"进基层。加强版权保护和运用，严厉打击网络侵权盗版行为。

（六）全面从严治党，打造忠诚、干净、有担当的干部队伍

继续深入开展"两学一做"学习教育，学习贯彻《准则》和《条例》。完善党建工作责任清单，严格落实"一岗双责"。严肃党内政治生活，加强各级党组织和领导班子建设。开展"红旗党支部"创建活动。严格执行中央八项规定精神和省委六条意见。不断加强人才队伍建设，继续深入开展马克思主义新闻观、文艺观、出版观学习教育。完善执业资格管理与能力水平评价体系。扎实推进"两个一百"人才工程。

专题报告

Special Reports

B.8
湖北"十三五"时期文化投入水平研究报告

陈金祥 郑海军 李国东*

摘　要： 近年来，虽然湖北省文化事业呈现出公共文化服务规模保持稳定、文化基础设施明显改善、创新性推进公共文化服务工作成效明显等特征，文化投入、文化事业费和人均文化事业费几个指标也保持持续增长。但是通过将湖北省与全国其他省份进行宏观对比以及对省内各地市州文化投入进行微观对比可以发现，湖北省文化事业发展仍然存在着诸多不足，缺乏保持文化投入持续增长的刚性约束机制、公共文化财政投入的保障机制不健全、文化事业发展历史欠账较多、公共文

---

* 陈金祥，男，湖北省文化厅财务处处长；郑海军，男，湖北省文化厅财务处副处长；李国东，男，武汉大学国家文化创新研究中心博士生。

化事权和支出责任相匹配的合理分担机制仍不完善、公共文化投入的责任考核机制不完善等瓶颈制约着湖北文化事业的发展，湖北文化发展亟待破局。遵循"补齐短板、增加总量、开放业务、加强考核"的基本思路，湖北省应着重建立健全公共文化投入的稳定增长机制；针对区域投入的不均衡性，实行倾斜性保障政策；积极引入社会力量，拓宽资金投入渠道；优化省级财政与地方财政的分担机制；建立完善的公共文化投入考核与激励机制；加大文化投入资金使用的监管力度，提高资金的使用效率。

关键词： 湖北 文化事业 文化投入

"十三五"是全面建成小康社会的决胜阶段，是湖北建设文化强省的重要时期。《湖北省国民经济和社会发展第十三个五年规划纲要》明确提出湖北"十三五"时期的文化发展目标："现代公共文化服务体系基本建成，文化产业成为支柱产业，迈入文化强省行列。"湖北省文化建设面临加快发展的黄金机遇，同时又面临着多重挑战，特别是湖北省文化事业投入的相对滞后已成为制约湖北文化发展的重要瓶颈。因此，如何提高湖北省的文化投入水平，推进全省文化发展，成为"十三五"时期湖北实现由文化大省向文化强省转变的关键。

一 湖北文化事业发展的现状及特征

（一）湖北文化事业发展的基本情况

1. 公共文化服务机构规模保持稳定

截至2015年底，全省纳入统计的文化文物部门机构数为2264个，同比增长3.95%；从业人员26387人，同比增长12.11%。其中，艺术机构137

个，公共图书馆112个，群艺馆（文化馆）等文化服务机构1399个，艺术教育机构7个，文化科研机构11个，博物馆、文物保护管理机构、文物科研机构、文物商店及其他文物机构共计302个。公共图书馆、群艺（文化）馆、博物馆、综合文化站、美术馆等公共文化服务机构总数为1662个，从业人员10275人，公共文化服务机构和从业人员规模与本省文化事业发展规模较为协调，并保持稳中有升、稳中向好的趋势。

2. 文化基础设施明显改善

近几年来，在国家全面推进公共文化事业大发展的背景和宏观战略的引导下，湖北省委、省政府也高度重视湖北公共文化事业的发展，加大了公共文化事业的财政投入，湖北公共文化基础设施条件得到进一步改善，服务能力进一步提升，服务环境进一步优化。

一是公共文化基础设施建设稳步推进。截至2015年底，列入国家规划的35个"三馆"项目，总建筑规模约57万平方米，总投资约43亿元，20个项目开工（其中完工8个），累计完成投资13.62亿元，开工率和完工率排在全国前列；100个县级"两馆"项目，2亿元补助资金全部落实到位，总建筑规模约43万平方米，总投资约22亿元，已开工建设项目73个（其中进入装修阶段或已完工的项目40个），开工率73%（除去2015年安排项目后开工率为88%），累计完成投资8.94亿元。

二是人均拥有公共文化场馆面积逐年上升。近几年来，随着湖北省公共图书馆建设力度的不断加大，每万人拥有公共图书馆建筑面积也逐年上升，由2011年的74平方米上升至2015年的94.7平方米；全国排名由2011年的23位上升到2015年的17位。人均购书费用由2011年的0.371元增长到2015年的1.50元，人均购书费全国排名由2011年的21位上升到2015年的11位（见表8-1）。2015年湖北人均购书费高于全国平均水平。

3. 创新性推进公共文化服务工作取得明显成效

针对群众的新需求，首次将"百姓舞台"文体广场示范点建设纳入市州党委政府目标考核指标，研究文体广场建设标准和规范，推进文体广场示范点建设，推广文体广场建设经验，全省文体广场建设呈现良好发展态势。随

表 8-1　2010~2015 年湖北省人均拥有公共图书馆资源情况

单位：平方米，元

		每万人均拥有公共图书馆建筑面积		人均购书费	
2011 年	数值	74	61	1.05	0.371
	位次	—	23	—	21
2012 年	数值	78	83	1.09	0.73
	位次	—	15	—	13
2013 年	数值	85	88	1.22	1.10
	位次	—	15	—	12
2014 年	数值	90	91	1.24	1.27
	位次	—	14	—	11
2015 年	数值	94.7	91.9	1.434	1.50
	位次	—	17	—	11

着文艺活动演出的阵地建设不断推进，全省群众文艺活动场次总体保持稳定（见图 8-1）。

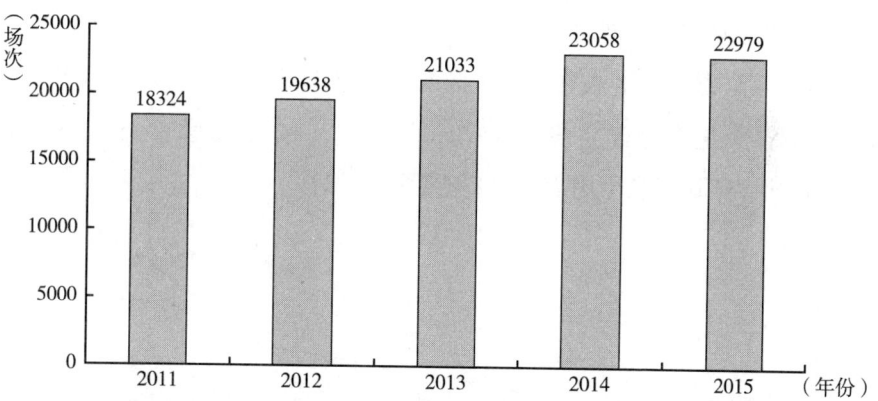

图 8-1　2011~2015 年湖北省群众艺术馆、文化馆（站）组织文艺活动场次变化情况

（二）湖北文化投入的基本情况

1. 文化投入持续增长

2015 年全省文化文物单位实现总收入 46.56 亿元，比 2014 年增长 10.1

亿元，同比增长27.70%。其中，财政补助收入33.81亿元，比2014年增长9.63亿元，同比增长39.82%。2015年财政补助收入达到总收入的72.61%，比2014年占比增加6.3%（见表8-2）。

2011~2015年，全省文化文物单位累计实现总收入171亿元，其中财政补助累计收入117.76亿元，占总收入的68.87%，文化投入仍主要依赖财政拨款。

表8-2 2011~2015年湖北文化文物总收入情况

年份	总收入（亿元）	财政补贴收入（亿元）	占总收入比重（%）
2011	25.34	17.29	68.23
2012	28.81	19.63	68.14
2013	33.83	22.85	67.54
2014	36.46	24.18	66.31
2015	46.56	33.81	72.61

2. 文化事业费逐年增加

2015年全省文化事业费23.56亿元（不含基建经费），比2014年增长38%。全省文化事业经费投入由2010年的11.44亿元增长到2015年的23.56亿元，年均增长率为15.55%（见图8-2）。

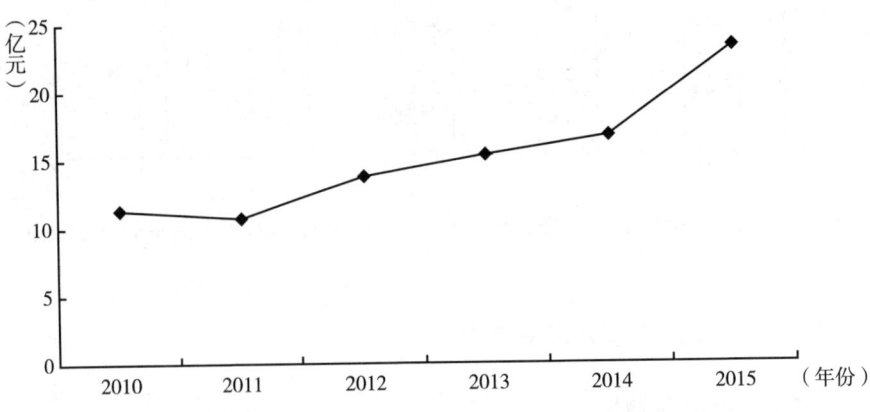

图8-2 2010~2015年湖北文化事业费投入变化情况

3. 人均文化事业费逐年提升

2015年全省人均文化事业费40.32元，比2014年增长39.56%。全省人均文化事业经费由2010年的19.98元增长到2015年的40.32元，年均增长率为15.10%（见图8-3）。

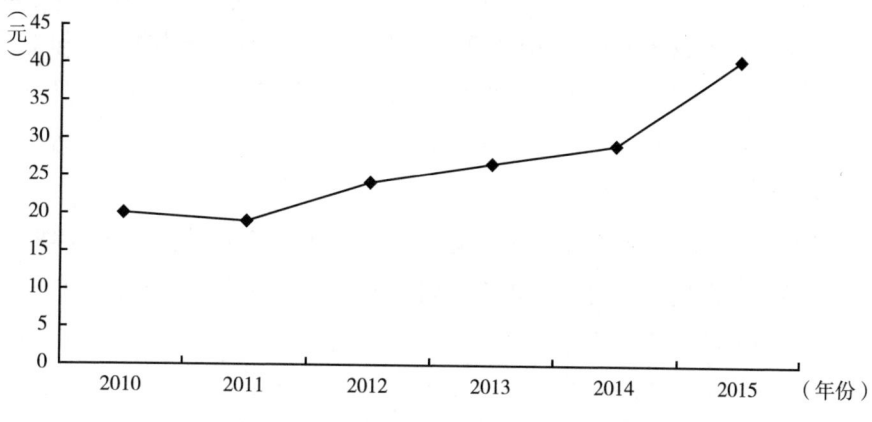

图8-3 2010~2015年湖北人均文化事业费变化情况

（三）湖北文化事业费在全国的位次

1. 在全国31个省份范围内，湖北省文化事业费排名处于相对靠前的位置，但人均文化事业费排名较为落后

从全国范围来看，近几年湖北文化事业费在全国31个省份中处于相对靠前的位置。2011年，湖北文化事业费为10.81亿元，排在全国第13位；2012~2015年湖北文化事业费呈现持续上升趋势，分别为13.87亿元、15.41亿元、16.80亿元、23.56亿元，在全国的排名依次为12、11、12、8位，处于全国中等偏上的位置。

从人均文化事业费来看，湖北在全国的排名较为靠后，远远低于其人均GDP在全国的同期排名。2010年，湖北人均文化事业费为19.98元，全国排名第20位；2011年人均文化事业费较2010年相比有所下降，为18.77元，全国排名第24位；2012年增长到24元，全国排名第25位；2013年为

26.58元,全国排名第24位;2014年为28.89元,全国排名第25位;2015年全省人均文化事业费40.32元,全国排名第21位。

2. 湖北省文化事业费占财政支出的比重在全国的排名逐年下降,人均文化事业费低于全国水平

2010年,湖北省文化事业费占财政支出的比重是0.47%,居全国第12位;2011年比重较2010年下降了0.01个百分点,但在全国的排名却上升到第10位;2012年为0.37%,居全国第20位;2013年为0.35%,居全国第21位;2014年为0.34%,居全国第24位;2015年为23.56%,居全国第25位。

近几年来,湖北虽然加大了文化的投入,人均文化事业费逐年增长,但与全国人均文化事业费水平相比,湖北人均文化事业费不但低于全国水平,而且两者的差距在逐年加大,仅在2015年略有缩小。2010~2015年,湖北人均文化事业费分别低于全国水平4.13元、10.37元、11.46元、12.41元、13.76元、9.36元(见表8-3)。

表8-3 2010~2015年全国、湖北人均文化事业费情况

	2010年	2011年	2012年	2013年	2014年	2015年
全国(元)	24.11	29.14	35.46	38.99	42.65	49.68
全国增长率(%)	10.1	20.9	21.7	10	9.4	16.48
湖北(元)	19.98	18.77	24.00	26.58	28.89	40.32
湖北增长率(%)	16.77	-6.06	27.86	10.75	8.69	39.56

3. 从中部地区来看,无论是文化事业费还是人均文化事业费,湖北在中部六省中都处于前列

2015年湖北文化事业费数额在全国排名第8位,在中部六省排名第1位;人均文化事业费40.32元,全国排名第21位,在中部六省排名第2位。

(四)湖北省内各级文化投入情况

1. 各市(州)文化事业费情况

一是大部分市(州)文化事业费均呈增长态势,个别市(州)出现

了负增长。一方面,从文化事业费投入数量上来看,在 13 个市(州)中,2013 年文化事业费超过 1 亿元的有武汉市和襄阳市两地区,2014 年文化事业费超过 1 亿元的也只有两个地区,分别是武汉市和宜昌市。2015 年超过 1 亿元的市(州)达到了 5 个,分别是武汉市(7.74 亿元)、宜昌市(1.38 亿元)、襄阳市(1.33 亿元)、十堰市(1.06 亿元)、恩施州(1.06 亿元)。

另一方面,从增长速度上来看,在 13 个市(州)中近三年来年均增长率达到 20% 以上的有 6 个,分别是武汉市、十堰市、恩施州、荆门市、鄂州市和随州市。其中增长最快的是荆门市,由 2013 年的 0.25 亿元增长到 2015 年的 0.52 亿元,年均增长率 44.22%;其次是恩施州,文化事业费由 2013 年的 0.58 亿元增长到 2015 年的 1.06 亿元,年均增长率 35.19%;十堰市文化事业费由 2013 年的 0.61 亿元增长到 2015 年的 1.06 亿元,年均增长率 31.82%。由此可以看出,市(州)在公共文化投入上呈逐年增加趋势(见表 8-4)。

表 8-4 2013~2015 年湖北省市(州)文化事业费投入情况

单位:亿元,%

市(州)	2015 年	排名	2014 年	排名	2013 年	排名	年均增长率
武汉市	7.74	1	4.84	1	5.22	1	21.77
宜昌市	1.38	2	1.24	2	0.97	3	19.28
襄阳市	1.33	3	0.97	3	1.08	2	10.97
十堰市	1.06	4	0.8	4	0.61	6	31.82
恩施州	1.06	4	0.67	6	0.58	7	35.19
黄冈市	0.9	6	0.77	5	0.72	4	11.80
荆州市	0.72	7	0.59	8	0.51	8	18.82
孝感市	0.7	8	0.62	7	0.5	9	18.32
黄石市	0.64	9	0.47	9	0.66	5	-1.53
荆门市	0.52	10	0.32	11	0.25	11	44.22
咸宁市	0.45	11	0.41	10	0.34	10	15.04
鄂州市	0.32	12	0.24	12	0.19	12	29.78
随州市	0.25	13	0.21	13	0.15	13	29.10

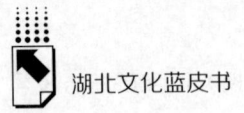

在大部分市（州）文化事业费呈增长态势的情况下，黄石市的文化事业费却出现了负增长的现象。黄石市文化事业费由2013年的0.66亿元降到了2015年的0.64亿元，年均增长率为-1.53%。

二是各市（州）文化事业费参差不齐，差距较大，形成了武汉"一城独大"的局面。

近几年来，虽然各市（州）加大了对公共文化的财政投入，但受经济水平以及基础设施条件等不同因素的影响，各市（州）的公共文化投入并不在同一水平线上，公共文化投入高低不等，这导致各市（州）文化事业费参差不齐，差距较大。

一方面，从各市（州）投入的情况来看，基本上形成了武汉市公共文化投入"一城独大"的局面。在全省13个市（州）中，近三年来武汉市的文化事业费由2013年的5.22亿元增长到2015年的7.74，年均增长率21.77%。虽然武汉市文化事业费年均增长率只有约20%，但其总量占全省文化事业费的比重较高，2013年、2014年、2015年武汉市占全省文化事业费的比重分别是32%、28%、33%。而其他12个市（州）分别占全省文化事业费的比重均在10%以下，形成了武汉市"一城独大"的局面。

另一方面，地区间公共文化投入差异较大。2013~2015年三年期间，在13个市（州）中文化事业费排名第一位的市（州）分别是最后一位的34.8倍、23.04倍、30.96倍。可以看出，地区间文化事业费差距较大，投入不均衡。

2. 各县（市、区）文化事业费近几年变化情况

近几年来，湖北省委、省政府高度重视文化建设，在完善政策体系的同时也加大了财政对文化建设的投入。在省政府财政资金的引导和拉动下，基层政府也加大了财政对文化建设的投入，基层文化事业费逐年增长。

一是整体上基层文化事业费呈现增长态势，但部分县（市、区）出现了文化事业费下降现象。

一方面，2013~2015年期间，湖北县（市、区）文化事业费显著提高，在全省103个县（市、区）中，2013年文化事业费过千万的有16个，

2014年文化事业费过千万的有21个，2015年文化事业费过千万的有34个。在全省103个县（市、区）中，文化事业费年均增长率超过50%的共有15个。其中增长速度最快的是黄石港区，文化事业费由2013年的8万元增长到2015年的70万元，年均增长率194.75%；其次是沙洋县，文化事业费由2013年的172万元增长到2015年的852万元，年均增长率122.55%。

另一方面，部分县（市、区）文化事业费年均增长率为负，呈现出了文化事业费下降现象。在全省103个县（市、区）中近三年文化事业费年均增长率为负的县（市、区）有9个，约占8%。如铁山区文化事业费由2013年的1498万元下降到2015年的147万元，年均增长率为-65.90%；西陵区由2013年的419万元下降到2015年的194万元，年均增长率-32.04%；下陆区由2013年的135万元下降到2015年的98万元，年均增长率-14.55%（见表8-5）。

表8-5 2013~2015湖北县（市、区）文化事业费投入情况

单位：万元，%

县（市、区）	2015年	排名	2014年	排名	2013年	排名	年均增长率
潜江市	4754	1	2805	4	2848	2	29.21
洪山区	4082	2	2966	2	2961	1	17.41
黄陂区	3646	3	3669	1	2696	3	16.28
天门市	2800	4	2835	3	1337	10	44.73
蔡甸区	2361	5	1943	5	1431	8	28.47
江夏区	2345	6	1814	6	2030	6	7.48
东西湖区	2030	7	1537	7	2045	4	-0.37
利川市	2020	8	1213	13	1225	12	28.39
仙桃市	1965	9	1439	10	1000	16	40.15
南漳县	1824	10	872	28	561	40	80.32
夷陵区	1756	11	942	23	881	19	41.14
大冶市	1748	12	1478	8	1382	9	12.49
恩施市	1719	13	847	32	851	22	42.11
汉阳区	1621	14	1031	19	710	29	51.04
江岸区	1513	15	1401	11	2035	5	-13.78

续表

县(市、区)	2015年	排名	2014年	排名	2013年	排名	年均增长率
武昌区	1513	15	1465	9	1007	15	22.59
丹江口市	1449	17	1079	16	1307	11	5.29
枣阳市	1338	18	654	50	549	42	56.06
青山区	1335	19	1175	14	1104	13	9.96
孝南区	1331	20	1150	15	980	17	16.51
新洲区	1326	21	991	22	939	18	18.82
长阳县	1202	22	868	31	725	28	28.80
江汉区	1194	23	1004	21	1018	14	8.30
咸丰县	1171	24	809	37	569	39	43.43
五峰县	1155	25	902	26	582	37	40.86
松滋市	1145	26	820	36	517	46	48.73
宜城市	1137	27	908	25	792	24	19.80
秭归县	1136	28	915	24	557	41	42.85
硚口区	1134	29	842	33	876	20	13.79
汉川市	1103	30	1022	20	768	26	19.80
阳新县	1080	31	679	48	445	53	55.88
建始县	1061	32	688	46	472	49	50.04
钟祥市	1051	33	648	51	390	60	64.11
应城市	1047	34	768	41	674	30	24.65
京山县	970	35	610	56	353	66	65.89
武穴市	961	36	1070	17	853	21	6.16
房　县	953	37	1038	18	293	72	80.44
红安县	908	38	871	29	666	31	16.72
麻城市	898	39	636	52	544	43	28.45
当阳市	889	40	1391	12	850	23	2.28
黄梅县	887	41	755	43	368	63	55.19
安陆市	879	42	732	45	625	33	18.62
公安县	878	43	870	30	655	32	15.78
郧西县	869	44	891	27	314	71	66.46
巴东县	855	45	521	61	454	52	37.16
沙洋县	852	46	187	84	172	85	122.55
襄州区	835	47	772	40	785	25	3.12
老河口市	830	48	797	38	376	61	48.51
来凤县	815	49	776	39	502	48	27.39

续表

县(市、区)	2015年	排名	2014年	排名	2013年	排名	年均增长率
宜都市	777	50	840	34	739	27	2.58
石首市	774	51	663	49	365	64	45.57
广水市	729	52	823	35	611	35	9.26
咸安区	722	53	602	58	461	50	25.10
曾都区	710	54	615	55	434	55	27.98
浠水县	678	55	500	63	514	47	14.77
谷城县	672	56	685	47	570	38	8.56
通山县	671	57	741	44	436	54	23.98
郧阳区	656	58	—	103	—	103	—
竹山县	631	59	606	57	393	59	26.77
孝昌县	598	60	497	64	399	58	22.37
崇阳县	593	61	766	42	541	44	4.66
罗田县	590	62	617	54	622	34	-2.54
赤壁市	580	63	629	53	611	36	-2.54
竹溪县	559	64	413	69	350	67	26.41
枝江市	534	65	464	66	372	62	19.89
黄州区	527	66	370	71	288	74	35.26
蕲春县	523	67	512	62	333	68	25.35
鹤峰县	517	68	231	80	232	79	49.28
随 县	493	69	351	74	170	86	70.44
监利县	490	70	425	68	414	57	8.77
兴山县	483	71	525	60	455	51	3.01
云梦县	481	72	467	65	330	69	20.79
大悟县	460	73	383	70	320	70	20.00
远安县	449	74	351	73	292	73	24.05
嘉鱼县	434	75	340	75	357	65	10.29
神农架	418	76	332	76	210	80	41.12
荆州区	417	77	448	67	526	45	-11.01
通城县	408	78	229	81	183	83	49.31
汉南区	405	79	256	77	241	77	29.53
英山县	380	80	365	72	281	75	16.36
江陵县	363	81	201	82	193	82	37.09
宣恩县	343	82	239	79	208	81	28.26
洪湖市	298	83	155	86	168	87	33.16

续表

县(市、区)	2015年	排名	2014年	排名	2013年	排名	年均增长率
茅箭区	269	84	100	93	90	95	73.11
保康县	266	85	188	83	183	84	20.60
掇刀区	243	86	248	78	237	78	1.32
团风县	231	87	119	90	113	91	42.88
东宝区	218	88	130	88	115	90	37.80
张湾区	199	89	111	92	113	92	32.66
西陵区	194	90	536	59	419	56	-32.04
鄂城区	186	91	138	87	116	89	26.38
伍家岗区	186	92	175	85	242	76	-12.38
沙市区	181	93	115	91	93	94	39.20
铁山区	174	94	120	89	1498	7	-65.90
樊城区	150	95	49	100	49	99	74.73
点军区	114	96	99	94	101	93	6.05
下陆区	98	97	92	95	135	88	-14.55
华容区	81	98	41	101	57	96	19.81
猇亭区	75	99	57	97	54	97	18.08
黄石港区	70	100	58	96	8	102	194.75
襄城区	62	101	55	98	52	98	8.94
梁子湖区	57	102	40	102	36	100	24.76
西塞山区	37	103	52	99	22	101	30.88

二是部分县（市、区）投入的文化事业费数额排名变动较大。在文化事业费整体投入量出现变化的基础上，部分县（市、区）的文化事业费数额在全省的排名也发生了较大的变动。2013年县（市、区）级文化事业费排在前十位的分别是洪山区、潜江市、黄陂区、东西湖区、江岸区、江夏区、铁山区、蔡甸区、大冶市、天门市，排在后十位的分别是沙市区、茅箭区、华容区、猇亭区、襄城区、樊城区、梁子湖区、西塞山区、黄石港区、郧阳区。2015年文化事业费排在前十位的分别是潜江市、洪山区、黄陂区、天门市、蔡甸区、江夏区、东西湖区、利川市、仙桃市、南漳县，排在后十位的分别是铁山区、樊城区、点军区、下陆区、华容区、猇亭区、黄石港区、襄城区、梁子湖区、西塞山区。

铁山区由2013年的第7位下降到2015年的94位,变化较大;江岸区由2013年的第5位下降到2015年的第15位;大冶市由2013年的第9位下降到2015年的第12位,变化不大。利川市由2013年的第12位上升到2015年的第8位;仙桃市由2013年的第16位上升到2015年的第9位;南漳县由2013年的第40位上升到2015年的第10位,变化较为明显(见表8-5)。

3. 市（州）人均文化事业费情况

大部分市（州）人均文化事业费逐年增长,但各地差距较大(见表8-6)。从13个市（州）近三年人均文化事业费整体情况来看,2013年人均文化事业费没有超过10元的有3个市（州）,2014年人均文化事业费没有超过10元的只有1个市（州）,2015年13个市（州）人均文化事业费均超出10元。

2013~2015年,全省13个市（州）中有12个市（州）人均文化事业费逐年增长,只有黄石市人均文化事业费有所下降。全省13个市（州）中人均文化事业费增长速度最快的是荆门市,由2013年的8.7元增长到2015年的17.87元,年均增长率7.68%;其次是恩施州,人均文化事业费由2013年的17.57元增长到2015年的31.88元,年均增长率4.97%;十堰市的人均文化事业费增长速度也相对较快,由2013年的18.23元增长到2015年的31.30元,年均增长率4.06%。同时,各市（州）人均文化事业费差距较大。2013年、2014年、2015年13个市（州）中人均文化事业费排名第一位的市（州）分别是排名最后一位的7.33倍、4.92倍、6.52倍。

表8-6　2013~2015年湖北各市（州）人均文化事业费情况

单位:元,%

市(州)	2015年		2014年		2013年		年均增长率
	人均文化事业费	排名	人均文化事业费	排名	人均文化事业费	排名	
武汉市	72.98	1	46.85	1	51.06	1	1.92
宜昌市	33.46	2	30.12	2	23.73	3	1.80
恩施州	31.88	3	20.09	5	17.57	7	4.97

续表

市(州)	2015年 人均文化事业费	排名	2014年 人均文化事业费	排名	2013年 人均文化事业费	排名	年均增长率
十堰市	31.30	4	23.72	3	18.23	5	4.06
鄂州市	29.80	5	22.44	4	17.72	6	3.76
黄石市	26.11	6	19.07	6	26.84	2	-0.08
襄阳市	23.72	7	17.31	7	19.24	4	0.87
荆门市	17.87	8	11.22	11	8.7	12	7.68
咸宁市	17.77	9	16.52	8	13.65	8	1.21
黄冈市	14.37	10	12.28	10	11.4	9	1.00
孝感市	14.37	11	12.7	9	10.4	10	1.64
荆州市	12.67	12	10.2	12	8.93	11	1.85
随州市	11.19	13	9.53	13	6.97	13	3.14

从增长的态势来看，在全省13个市（州）中，除黄石市人均文化事业费呈负增长外，武汉市、襄阳市人均文化事业费呈折线式增长，其他市（州）均呈直线式增长。

4. 县（市、区）人均文化事业费情况

县（市、区）人均文化事业费的情况见表8-7。一是从整体上看，县（市、区）人均文化事业费呈增长趋势。在全省103个县（市、区）中，2013年人均文化事业费超过30元的有4个，2014年超过30元的有5个，2015年人均文化事业超过30元的县（市、区）有15个。在全省103个县（市、区）中年均增长率呈正增长的有94个，呈负增长的有9个。其中增长最快的是黄石港区，由2013年的0.34元增长到2015年的2.95元，年均增长率195.55%；其次是沙洋县，由2013年的3元增长到2015年的14.83元，年均增长率122.45%。另有南漳县、房县等12个县（市、区）人均文化事业费年均增长率均超过50%。

二是县（市、区）人均文化事业费差异较大。全省103个县（市、区）中，2013年人均文化事业费最高的是铁山区为257.32元，其次是东西湖区40.85元；最低的（陨阳区除外，数据缺失不计入内）是黄石港区0.34元，其次是樊城区0.55元。2014年人均文化事业费最高的是五峰县为48.07元，其次是神农架43.29元；最低的（除陨阳区外）是樊城区0.55元，其次是襄城区1.13元。2015年人均文化事业费最高的是五峰县61.37元，其次是神农架54.43元；最低的是襄城区1.26元，其次是西塞山区1.50元。可以看出，人均文化事业费排名前两位的县（市、区）与排名后两位的县（市、区）差距较大。

表8-7 2013~2015年县（市、区）人均文化事业费情况

单位：元，%

县(市、区)	2015年	排名	2014年	排名	2013年	排名	年均增长率
五峰县	61.37	1	48.07	1	31.07	3	40.55
神农架	54.43	2	43.29	2	27.42	7	40.90
潜江市	49.62	3	29.39	7	29.90	5	28.83
黄陂区	38.58	4	40.27	3	30.03	4	13.34
东西湖区	38.52	5	30.24	5	40.85	2	-2.89
咸丰县	38.42	6	26.79	9	18.74	18	43.20
南漳县	33.75	7	16.18	32	10.39	46	80.21
蔡甸区	33.56	8	28.75	8	21.57	11	24.74
夷陵区	33.51	9	17.77	26	16.87	21	40.94
来凤县	33.20	10	25.50	11	20.53	13	27.17
丹江口市	32.61	11	24.36	13	29.23	6	5.62
秭归县	31.41	12	25.31	12	15.42	24	42.73
长阳县	31.11	13	22.47	15	18.78	17	28.70
汉南区	30.92	14	19.84	21	19.04	15	27.43
利川市	30.51	15	15.84	33	18.61	19	28.04
铁山区	29.85	16	20.62	19	257.32	1	-65.94
兴山县	28.25	17	30.77	4	26.68	8	2.89
江夏区	26.74	18	21.43	18	24.34	9	4.80
洪山区	26.08	19	19.79	22	20.04	14	14.07
鹤峰县	25.59	20	9.43	64	11.54	31	48.95
青山区	25.50	21	22.72	14	21.53	12	8.83
建始县	25.48	22	10.44	54	11.37	33	49.70
汉阳区	25.36	23	16.51	28	11.52	32	48.37

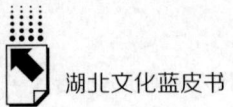

续表

县(市、区)	2015年	排名	2014年	排名	2013年	排名	年均增长率
房　县	24.08	24	26.33	10	7.43	63	80.04
远安县	23.97	25	18.79	25	15.65	23	23.77
恩施市	22.36	26	2.55	93	11.13	38	41.74
宜城市	21.80	27	17.45	27	15.29	25	19.40
天门市	21.67	28	21.95	16	10.37	47	44.56
巴东县	20.12	29	12.54	43	10.72	44	36.96
宜都市	19.92	30	21.59	17	19.01	16	2.37
大冶市	19.31	31	16.40	31	16.81	22	7.16
郧西县	19.22	32	19.74	23	6.96	68	66.21
当阳市	18.97	33	29.73	6	18.18	20	2.15
通山县	18.10	34	20.37	20	12.01	30	22.77
竹溪县	17.95	35	13.28	38	11.28	37	26.13
应城市	17.45	36	12.83	41	11.28	36	24.35
老河口市	17.10	37	16.43	29	7.78	61	48.24
仙桃市	17.01	38	12.34	45	8.44	55	41.95
江汉区	16.44	39	13.96	37	14.27	26	7.33
江岸区	15.85	40	14.96	34	21.96	10	-15.03
京山县	15.46	41	9.73	61	5.63	79	65.78
竹山县	15.25	42	14.68	35	9.52	50	26.54
安陆市	15.18	43	12.69	42	10.84	42	18.32
新洲区	15.02	44	11.52	48	10.97	40	17.00
红安县	15.02	45	14.47	36	11.04	39	16.67
沙洋县	14.83	46	3.26	90	3.00	89	122.45
松滋市	14.78	47	10.60	53	6.69	72	48.66
崇阳县	14.77	48	19.24	24	13.61	27	4.17
武穴市	14.69	49	16.43	30	13.09	28	5.91
孝南区	14.44	50	12.53	44	10.70	45	16.16
黄州区	13.99	51	9.94	58	7.81	60	33.86
嘉鱼县	13.82	52	10.72	52	11.28	35	10.67
咸安区	13.78	53	11.58	47	8.93	52	24.24
石首市	13.55	54	11.50	49	6.45	73	44.91
枣阳市	13.50	55	6.61	78	5.57	80	55.75
硚口区	13.11	56	9.83	59	10.32	48	12.69
阳新县	13.05	57	8.25	71	4.94	82	62.52

续表

县(市、区)	2015年	排名	2014年	排名	2013年	排名	年均增长率
谷城县	12.84	58	13.12	39	10.96	41	8.22
武昌区	11.93	59	11.67	46	8.07	56	21.56
赤壁市	11.93	60	12.99	40	12.64	29	-2.86
猇亭区	11.66	61	8.87	66	8.45	54	17.48
郧阳区	11.64	62	—	103	—	103	—
宣恩县	11.34	63	5.63	83	6.91	70	28.10
曾都区	11.27	64	9.81	60	6.95	69	27.33
江陵县	10.95	65	6.05	81	5.69	78	38.70
点军区	10.82	66	9.44	63	9.68	49	5.68
罗田县	10.74	67	11.29	50	11.37	34	-2.81
汉川市	10.71	68	9.95	57	7.50	62	19.51
枝江市	10.65	69	9.27	65	7.42	64	19.78
英山县	10.53	70	10.16	55	7.81	59	16.09
保康县	10.51	71	7.45	75	7.22	67	20.65
钟祥市	10.35	72	6.38	79	3.85	86	64.02
黄梅县	10.26	73	8.75	68	4.27	85	55.06
麻城市	10.21	74	7.26	76	6.25	75	27.79
孝昌县	10.03	75	8.36	70	6.73	71	22.07
公安县	9.98	76	9.66	62	7.31	66	16.81
通城县	9.94	77	5.63	84	4.47	83	49.05
广水市	9.52	78	10.78	51	8.01	57	9.01
襄州区	9.12	79	8.45	69	8.58	53	3.08
云梦县	9.08	80	8.84	67	6.25	76	20.50
伍家岗区	8.19	81	7.73	74	10.77	43	-12.81
掇刀区	7.93	82	8.22	72	6.37	74	11.55
浠水县	7.69	83	5.70	82	5.87	77	14.49
大悟县	7.41	84	6.18	80	5.17	81	19.71
荆州区	7.26	85	7.82	73	9.24	51	-11.38
团风县	6.74	86	3.50	89	2.62	91	-36.5
蕲春县	6.73	87	6.62	77	4.32	84	24.88
茅箭区	6.44	88	2.42	95	2.37	93	64.84
随县	6.20	89	4.42	86	2.14	95	70.32
东宝区	5.85	90	3.51	88	3.81	87	23.83
下陆区	5.37	91	5.03	85	7.39	65	-14.76

湖北文化蓝皮书

续表

县(市、区)	2015年	排名	2014年	排名	2013年	排名	年均增长率
张湾区	5.18	92	2.91	91	2.74	90	37.51
监利县	4.58	93	3.94	87	3.77	88	10.21
梁子湖区	3.95	94	2.77	92	2.52	92	25.14
西陵区	3.60	95	9.96	56	7.83	58	-32.21
洪湖市	3.51	96	1.80	98	1.98	96	33.18
华容区	3.37	97	1.73	100	2.36	94	19.56
黄石港区	2.95	98	2.42	94	0.34	102	195.55
沙市区	2.76	99	1.76	99	1.44	98	38.62
鄂城区	2.76	100	2.04	97	1.73	97	26.28
樊城区	1.68	101	0.55	102	0.55	101	74.58
西塞山区	1.50	102	2.10	96	0.88	100	30.30
襄城区	1.26	103	1.13	101	1.06	99	8.76

三是部分地区人均文化事业费变化显著。咸丰县由2013年的第18位上升到2015年的第6位；南漳县变化也较明显，由2013年的第46位上升到2015年的第7位，一跃进入前十名；蔡甸区也有所提升，由2013年的第11位上升到2015年的第8位；夷陵区由2013年的第21位上升到2015年的第9位，也进入了前十名。铁山区由2013年的第1位下降到2015年的第16位；兴山县由2013年的第8位下降到2015年的第17位；江夏区由2013年的第9位下降到2015年的第18位。在全省103个县（市、区）中，近三年人均文化事业费呈负增长的几个县（市、区）的排名变化都较为明显。如：西陵区由2013年的第58位下降到2015年的第95位，下陆区由2013年的第65位下降到2015年的第91位，荆州区由2013年的第51位下降到2015年的第85位。

（五）基本结论

1. 文化投入与湖北经济总量在全国的水平不相匹配，文化投入低于经济增长速度

近几年来，湖北的经济得到了快速发展，经济总量在全国排名居于相对靠前的位置。2011年湖北经济总量1.96万亿元，位列全国第10；2012年经济总量首次突破2万亿元大关,位列全国第9;2013年经济总量2.47万亿元,位列全国第9;2014年经济总量2.74万亿元,位列全国第9;2015年经济总量2.96万亿元,位列全国第8。我们再看湖北省人均文化事业费在全国的排名:2010年位居全国第10,2011年位居全国第24,2012年位居全国第25,2013年位居全国第24,2014年位居全国第25,2015年有所上升,但仍位居全国第21位(见表8-8)。

表8-8　2010~2014年湖北省经济总量、人均文化事业费、文化事业费占财政支出比重在全国排名情况

年份	2010	2011	2012	2013	2014	2015
湖北经济总量	11	10	9	9	9	8
人均文化事业费	10	24	25	24	25	21
文化事业费占财政支出比重	12	10	20	21	24	—

2011年湖北经济总量进入全国前十,在之后的几年里基本上保持稳步上升态势,2015年进入全国前八。而湖北省人均文化事业费在2011~2014年始终在全国第24、25位徘徊,2015年上升到第21位;与湖北经济总量在全国的排名相比,湖北的人均文化事业费全国排名比较靠后,人均文化事业费与湖北经济总量在全国的排名差距较大,不相匹配。这表明湖北省文化投入水平滞后于其经济发展规模。

2. 文化投入水平与全省文化事业发展要求之间仍存在一定差距

湖北省公共文化服务体系建设居于全国前列,公共文化服务的综合指数和进步指数均处于全国中上水平。研究显示,2012年,湖北省公共文化服务的综合指数达70.47,进步指数为27.28,分别居于全国第9位和第12位,较中部其他省份排名相对靠前。[1] 但湖北省的文化投入,特别是人均文化事业费及文化事业费占财政支出的比重均低于全国平均水平。换言之,湖北省文化投入现有水平与湖北建设文化强省的要求仍存在明显的差距。

---

[1] 参见文化部公共文化司主编《2013中国公共文化发展报告:国家公共文化服务体系制度设计研究》,北京师范大学出版社,2013,第25、67页。

3.与省内其他社会事业相比,文化财政投入较少,占财政支出的比重逐年下降

近几年来,湖北虽然加大了文化投入,文化事业费逐年增长,但与省内其他社会事业相比,文化投入占财政支出的比重相对偏低,而且所占比重逐年下降。具体而言,一方面,虽然湖北文化事业费逐年增长,但与其他社会事业相比还存在着较大的差距。2014年全省文化事业费16.80亿元,占教育事业费773.35亿元的2.17%,占卫生事业费247.30亿元的6.79%,占科技事业费134.46亿元的12.49%。另一方面,文化事业费占财政支出的比重较低,占财政支出的比重呈现出下降的趋势。由2011年占财政支出比重的0.43%下降到2014年的0.34%(见表8-9)。总的来看,文化事业占财政支出的比重在0.5%以下,与其他社会事业相比,财政对文化事业的投入比例偏低。

表8-9 2011~2014年湖北省文化事业费及其他社会事业费总量及占财政支出的情况表

单位:亿元,%

年份	文化事业费		教育事业费		卫生事业费		科技事业费	
	数量	比重	数量	比重	数量	比重	数量	比重
2011	10.81	0.43	488.16	15.19	410.31	12.76	44.19	1.37
2012	13.87	0.37	732.37	19.48	322.08	8.57	54.39	1.45
2013	15.41	0.35	690.63	15.80	267.99	6.13	77.21	1.77
2014	16.80	0.34	773.35	15.67	247.30	5.01	134.46	2.73

资料来源:《湖北统计年鉴(2015)》。

4.部分市(州)经济发展良好,文化投入空间较大

近几年来,湖北省市(州)经济得到了快速发展,特别是宜昌、襄阳等地,生产总值已经超过了3000亿元,人均GDP超过了5万元。但是从文化投入方面来看,这些市(州)的文化投入占生产总值的比重仍然较低,其文化事业费在全省的地位与水平与其生产总值在全省的地位与水平不相匹配。2015年襄阳市人均GDP在全省市(州)中排名第4位,但人均文化事

业费仅排名第7位。荆州、黄冈、孝感2015年GDP在全省分别排名4、5、6位,而人均文化事业费却分别排第11、10、10位(见表8-10)。

表8-10 2015年湖北各市(州)GDP和文化事业费相关情况

市(州)	GDP(亿元)	排名	文化事业费(亿元)	排名	人均GDP(元)	排名	人均文化事业费(元)	排名
武汉	10069.48	1	7.74	1	98000	1	72.98	1
宜昌	3132.21	2	1.38	2	76369	2	33.46	2
襄阳	3129.26	3	1.33	3	55924	4	23.72	7
荆州	1480.49	4	0.72	6	25774	11	12.67	11
黄冈	1459.15	5	0.90	5	23128	12	14.37	10
孝感	1354.72	6	0.70	7	27891	10	14.37	10
荆门	1310.59	7	0.52	9	45378	6	17.87	8
黄石	1218.56	8	0.64	8	49796	5	26.11	6
十堰	1200.82	9	1.06	4	35604	8	31.30	4
咸宁	964.25	10	0.45	10	38770	7	17.77	9
随州	723.45	11	0.25	12	33156	9	11.19	12
鄂州	686.54	12	0.32	11	64851	3	29.80	5
恩施	612.01	13	1.06	4	18463	13	31.88	3

资料来源:《湖北统计年鉴(2015)》《湖北文化文物事业统计年鉴(2015)》。

在部分市(州)GDP、人均GDP水平与文化事业费投入水平不相符的同时,恩施州和十堰市的GDP、人均GDP水平与文化事业费投入水平相对比却呈现出低收入、高投入的特征。恩施人均GDP在全省13个市(州)中排名第13位,文化事业费和人均文化事业费分别排第4位和第3位;十堰人均GDP在全省13个市(州)中排名第8位,文化事业费和人均文化事业费均为4第位(见表8-10)。

5. 大部分地区人均文化事业费低于全省水平

从当前全省各地人均文化事业费来看,大部分地区人均文化事业费低于全省人均水平。2015年,全省人均文化事业费为40.32元,在13个地市州中仅有武汉市人均文化事业费超过了全省平均水平;在103多个县(市、区)中,仅有五峰县、神农架林区和潜江市三地高于全省平均水平。

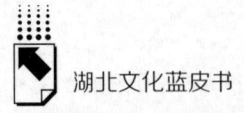
湖北文化蓝皮书

二 影响湖北省文化投入的制约性因素分析

（一）缺乏保持文化投入持续增长的刚性约束机制

近几年来湖北在文化投入上主要采取以省级财政为主、地方财政配套的做法。但是从实际情况来看，地方财政配套很难落实到位，特别是县级财政的配套基本上没有落实，导致湖北文化投入形成"头重脚轻"的现象，所谓"头重脚轻"指在文化投入上，湖北省本级和武汉市文化事业费在全省文化事业费中所占比例较高，占据了全省文化事业费近一半的比重，而其他市（州）本级、县（市、区）之和仅占全省文化事业费的一半。2013年，湖北全省文化事业费为23.63亿元，湖北省本级和武汉市的文化事业费相加就达到了9.87亿元，占全省总量的41.77%；2014年全省文化事业费为25.50亿元，湖北省本级和武汉市相加为10.74亿元，占全省总量的42.10%；2015年全省文化事业费为33.86亿元，湖北省本级和武汉市相加为14.30亿元，占全省总量的42.23%。为引导、拉动基层特别是县级在文化建设中财政投入的积极性，亟须建立起刚性的约束机制。

（二）公共文化财政投入的保障机制不健全

2016年1月，湖北省委、省政府出台了《关于加快构建现代公共文化服务体系的实施意见》，意见从七个方面二十六条对今后一个时期内湖北公共文化发展的目标、任务、方向、措施等方面进行了明确的规定。但是从整个文件的内容来看，其主要涉及如何推进公共文化服务的标准化、均等化以及提高公共文化服务能力和水平等方面，对于财政投入如何保障没有明确的规定。虽然文件提出了"各地财政对公共文化服务体系建设的投入应与当地经济社会的发展水平相适应，切实加大投入力度"的要求，但是如何确保各级财政按照文件要求进行投入，还缺乏相应的约束机制和激励机制以及相应的实施细则。

（三）文化事业发展历史欠账较多

一是文化投入长期不足，历史文化欠账较多，文化事业费相对于东部沿海和经济发展水平较高地区基数较低，在短时期内还无法彻底改变困扰文化事业发展的经费拮据问题。

二是近几年虽然湖北各级政府以及相关部门加大了对湖北文化事业经费的投入，但这部分投入主要是对基础设施设备等相关硬件的投入，对于软件的投入还处在一个相对较低的水平。特别是在人才的投入方面，部分地区公共文化从业人员的基本工资还不能得到有效保障。

三是基层受经济发展水平影响，公共文化财政支出受到严重制约，公共文化投入比例偏低，相应的配套资金无法落实到位，导致公共文化投入严重不足，文化事业费和人均文化事业费均低于全省水平。

（四）公共文化事权和支出责任相匹配的合理分担机制仍不完善

受行政体制环境的影响，我国公共文化事权和支出责任划分存在客观的技术性困难。目前我国各级事权划分遵循的是中央统一领导、地方分级管理的原则，这导致中央以及地方各级政府之间的事权和支出责任没有明确的责任划分。以《关于加快构建现代公共文化服务体系的实施意见》（以下简称《意见》）为例。《意见》对县级以上公共图书馆、文化馆和乡镇（街道）综合文化站以及各级公共文化服务等到2020年必须达到的目标和标准进行了明确规定。从《意见》本身来看，一方面，省委、省政府对事权进行了明确的规定，支出责任由地方各级政府承担，但是省委、省政府的支出责任在《意见》中并没有具体的体现。另一方面，省委、省政府在划分事权时并没有考虑到地方经济发展的差异性，有些地区的经济发展相对落后，财政上存在一定的困难，因而无力承担省委、省政府划分的事权，也就无法达到或完成省委、省政府的要求。

（五）公共文化投入的责任考核机制不完善

公共文化投入不仅需要对投入效果进行绩效考核，对投入的责任主体

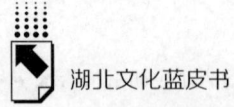

也需要建立科学有效、可操作性强的考核机制、监督机制和问责机制，以达到公共文化投入可持续。由于评价标准、考核标准制订起来比较复杂，客观上存在技术性难题，目前我国还没有建立起有效的公共文化投入评价机制、考核机制，也就无法形成对公共文化投入主体、执行主体的约束机制和激励机制。缺乏有效的评价和考核标准，也就无法建立起有效的监督机制和问责机制，这直接影响到各级政府承担文化事权，降低了其对公共文化投入的主动性和积极性。

三 提高湖北文化投入水平的思路和建议

（一）基本思路

1. 补齐短板

受经济发展水平的制约，公共文化服务体系建设存在区域发展不均衡的问题，部分基层公共文化基础设施设备相对落后，公共文化服务环境相对较差，公共文化服务能力相对低下，无法满足和保障基层广大人民群众的基本公共文化权利。鉴于此，省级财政应当加大对经济欠发达基层地区公共文化投入的倾斜，补齐当地因增加公共文化服务供给而产生的财政经费增量，改善经济欠发达地区的公共文化服务环境，提升经济欠发达地区的公共文化服务能力，努力达到全省公共文化服务体系建设在同一水平线上，实现全省公共文化服务体系建设的标准化、均等化。

2. 增加总量

加强省级财政的投入力度，在现有公共文化投入的基础上，适度增加公共文化投入的总量，缩小公共文化投入与其他社会事业经费的差距。根据湖北经济增长的速度及其在全国的水平，提高公共文化投入占财政支出和经济总量的比重，使公共文化投入占财政支出的比重达到或超过0.5%，公共文化支出占财政支出比重在全国的水平有所提升；通过增加省级公共文化投入总量，引导、拉动地方各级政府公共文化投入的积极性，加大地方公共文化财政支出的力度，使全省公共文化投入和人均文化事业费达到或超过全国水平。

3. 开放业务

《中共中央关于全面深化改革若干重大问题的决定》明确提出要"引入竞争机制，推动公共文化服务社会化发展。鼓励社会力量、社会资本参与公共文化服务体系建设，培育文化非营利组织"。立足于现代公共文化服务现实特征和社会需求，突破传统公共文化产品的供给方式，积极发挥财政的引领作用，推动公共文化生产、公共文化服务、公共文化供给向社会开放，在公共文化产品生产和分配领域引入市场竞争机制，充分发挥社会力量的作用，优化公共财政资源的竞争性配置，将原本属于政府的部分职能及其相应资源向社会转移，推动公共文化服务的社会化发展。

4. 加强考核

借助于现代科学技术、互联网技术、信息技术、数字化技术，建立公共文化投入的考评机制，将公共文化投入与地方党委、政府绩效考核挂钩。引入第三方财政投入考评机制，充分发挥现代科学技术和数字信息技术在公共文化投入考核机制中的优势，以第三方评价的公正性、公平性、公开性弥补传统单位自评或行业自评的缺陷，促进绩效考核结果与奖惩激励措施相结合，从制度上约束和促进各级政府公共文化投入的常态化。

（二）提高湖北文化投入的建议

1. 建立健全公共文化投入的稳定增长机制

立足于现代公共文化服务体系建设的现实需求，按照公共文化服务标准化、均等化的原则，对各类公共文化事业费进行统筹安排，提高公共文化事业费的使用效率。建立健全财政文化投入稳定增长机制，首先，各级财政要确保实现公共财政对文化建设投入的增长幅度高于同级财政经济性收入的增长幅度，提高文化支出占财政支出以及GDP的比重。其次，要进一步拓宽资金投入渠道，鼓励和引导各类单位和企业参与文化建设，增加政府非税收入用于文化投入，以此推动公共文化各项事业健康发展。最后，要加强重点文化领域经费保障。建立完善保障公共文化服务供给的长效机制，把主要公共文化产品和服务项目、公益性文化活动纳入公共财政经常性支出预算。

2. 针对区域投入的不均衡性，实行倾斜保障

加大公共文化投入，完善公共文化服务体系，重点要考虑缩小城乡、区域、层级之间的差异，降低全省文化发展的不均衡性，实行倾斜保障。中央和省级财政在财力分配方面，要在经费保障标准、各级政府支出责任比例划分方面有针对性地进行制度设计，逐渐增加基层公共文化的投入，提升基层公共文化投入的分配比重和标准，对于老、少、边、贫，尤其是对于经济欠发达地区，要在"补齐短板"的基础上逐步扩大增量。

3. 积极引入社会力量，拓宽资金投入渠道

立足于"自上而下，按需供给"的原则，打破传统公共文化供给由政府"统包统揽"的格局，鼓励和支持社会力量参与文化建设。一方面，通过公共文化财政政策引导非公有制资本参与公共文化服务体系建设，促进公共文化服务供给主体和提供方式多样化，拓宽、拓展公共文化服务供给渠道和资金来源。另一方面，要实现社会力量参与公共文化服务供给，就要让社会资本真正有"利"可图。政府可以通过降低进入门槛、税收减免、定向资助、政府采购等政策措施，激发社会力量和民营资本积极参与公共文化服务供给，以解决政府公共文化投入资金不足与社会需求量大之间的矛盾。

4. 优化省级财政与地方财政的分担机制

公共文化服务供给的特征决定了越是基层政府，其承担的文化事权就越多，相对应的支出责任就越大。但是从经济发展水平来看，基层财力受经济发展水平的影响，无法承担较大的支出责任。鉴于省级财政的发展速度及其在全国的水平，应适当将地方支出责任上移，减少地方公共文化投入的财政压力和支出责任，明确省级财政在公共文化服务供给中的主要职责，承担公共文化供给的主要支出责任。

5. 建立完善的公共文化投入考核与激励机制

为了充分调动基层特别是县级政府增加公共文化投入的积极性，确保地方财政对公共文化投入目标的实现，提高公共文化财政使用效率，一方面，要建立完善的、科学的、量化的公共文化投入考核指标体系和行之有效的考核程序，对地方财政年度公共文化投入进行考核。另一方面，要在考核的基础上建立完善的激励机制，建议每年从中央、省级文化专项资金中安排一部分资金，依据年度考核结果，用于对考核结果优秀的地方政府实行奖励；对于考核不合格的地区在次年文化专项资金预算中可以考虑减少对该地区的文化专项资金的投入。通过建立完善的考核机制和奖惩激励机制，引导和调动地方财政增大公共文化投入的力度。

6. 加大文化投入资金的监管力度，提高资金的使用效率

一是加强文化资金使用的事前、事中、事后监管。使用前，要加强文化投入项目的可行性分析，防止资金滥投入；加强资金使用过程中对浪费、挪用的监管；事后要加强审计力度，检查使用效果。资金使用要公开、透明，要实行责任追究制度，对违法违规现象要坚决查处。

二是根据文化专项资金的使用特点，设计相应的绩效评估指标体系，在行业自查的基础上，引入第三方评估机构对文化资金的使用效率进行评价，测评结果在一定范围内公开。

B.9
湖北省县域公共文化建设报告

卿菁 李荣娟*

摘 要: 县域公共文化建设为县域经济建设和社会发展提供了强大的精神动力和智力支持,对构建社会主义和谐社会具有重要意义。本文对湖北省县域公共文化建设的现状进行了深入调研和总结,对不同县域的公共文化建设水平做了差异性分析,并在此基础上提出了提升县域公共文化建设水平的对策建议。

关键词: 县域 公共文化建设 湖北省

公共文化建设是繁荣社会主义先进文化、实现人民群众基本文化权益的主要途径,对于建设和谐文化、构建社会主义和谐社会具有重要的意义。"十三五"规划纲要提出,要紧紧围绕中华民族伟大复兴的"中国梦",将推动文化发展纳入社会可持续发展的总体战略之中。公共文化是面向大众的公益性的文化服务体系,其建设应面向社会公众和基层,充分发挥公共财政的支撑作用,鼓励社会力量共同参与,建立适应社会主义市场经济的公共文化事业。县域公共文化建设的主要内容包括图书馆、博物馆、文化馆、美术馆、电台、电视台、乡镇综合文化站、行政村文化活动室等公共文化基础设

---

* 卿菁,女,湖北大学政法与公共管理学院副教授,湖北文化建设研究院副研究员,主要研究方向是公共管理评价与指数发布;李荣娟,女,湖北大学政法与公共管理学院教授,湖北文化建设研究院研究员,湖北大学地方政府与公共政策研究中心主任,主要研究方向是地方治理与公共政策。

施建设，广播电视"村村通"工程、互联网建设、图书馆藏书、体育运动设施建设等公共文化工程建设，全民阅读、传统文化保护、群众性文化活动等公共文化活动建设，公共场所、社区、媒体等公共文化宣传建设，以及覆盖包括城区和农村的全域性公共文化建设。

一 湖北省公共文化建设总体情况

湖北省是中国承东启西、连南接北的交通枢纽，文化底蕴深厚，楚文化源远流长，科教文化实力位居全国前列，是中国重要的高等教育基地，科学研究水平全国领先。2016年末，全省共有国有艺术表演团体87个，群艺馆、文化馆122个，公共图书馆113个，博物馆156个，广播电台6座，电视台6座，广播电视台77座，有线电视用户1064.87万户，全年出版全国性和省级报纸13.13亿份，各类期刊2.03亿册，图书2.61亿册。与2015年相比，增长情况如表9-1所示。

表9-1 2015年和2016年湖北公共文化建设情况

指标	2016年	2015年	增长率(%)
国有艺术表演团体(个)	87	86	1.16
群艺馆、文化馆(个)	122	122	0.00
公共图书馆(个)	113	112	0.89
博物馆(个)	156	140	11.43
广播电台(座)	6	6	0.00
电视台(座)	6	8	-25.00
广播电视台(座)	77	76	1.32
有线电视用户(万户)	1064.87	1105	-3.63
全国性和省级报纸(亿份)	13.13	17.59	-25.36
期刊(亿册)	2.03	2.56	-20.70
图书(亿册)	2.61	2.53	3.16

资料来源：《湖北省2016年国民经济和社会发展统计公报》，湖北省统计局、国家统计局湖北调查总队2017年3月6日发布。

对比湖北省2015年和2016年公共文化建设的总体状况，各项建设的规模基本保持平稳态势，其中博物馆数量增幅较大，达到11.43%。而互联网的普及，使广播电视用户的市场选择日益多样化，传统有线电视用户出现流失现象，同时对报纸、期刊等纸质媒体也产生了一定影响，因此电视台、有线电视用户、全国性和省级报纸及期刊的数量均出现了一定程度的萎缩。

二 湖北省县域公共文化建设现状

湖北省共有103个县、县级市和市辖区，县域公共文化建设调研于2016年面对湖北省所有县（市、区）展开，采取实地考察、文献调研和问卷调查等多种形式，全面、系统地对2016年湖北省县域公共文化服务体系发展状况进行调查，掌握了当前湖北省县域公共文化建设的现状资料。

（一）公共文化场馆

县域公共文化场馆主要包括图书馆、文化馆、爱国主义教育基地。在全省103个县（市、区）中，少部分地区存在未按要求建设场馆的情况，全省共有92个县（市、区）实现了图书馆、文化馆、爱国主义教育基地全覆盖，全覆盖率近90%。

在公共文化场馆设施建设和宣传引导方面，全省县域公共文化场馆达标率如表9-2所示。

表9-2 湖北省县域公共文化场馆设施和宣传情况

单位：%

指标	图书馆	文化馆	爱国主义教育基地
免费开放率	96.12	93.20	100
环境卫生干净整洁，设有服务台、休息区，有饮水设备、储物柜、宣传栏和引导牌等设施	87.06	78.32	89.32
设置有与周边环境协调融合的"遵德守礼"提示牌	86.41	74.76	82.52

总体来说，湖北省县域公共文化场馆免费开放率均在90%以上，设施建设和宣传引导工作落实比较到位，各项完成率均在70%以上。而从图书馆、文化馆、爱国主义教育基地的具体建设情况来看，文化馆建设相对落后，设施建设和宣传引导工作完成情况均低于图书馆和爱国主义教育基地。在实地调研中，文化馆设施闲置、管理不完善、功能未得到充分发挥的问题较为突出。

从省内县域图书馆、文化馆、爱国主义教育基地的文化功能建设方面看，图书馆建有免费开放的公共电子阅览室的比例为82.52%；文化馆建有展览厅、剧场、老年活动室、青少年儿童活动室及音乐、舞蹈、戏剧、曲艺、美术、摄影、书法等活动室的比例为73.79%，有非物质文化遗产或民间优秀文化展示的占到77.67%；爱国主义教育基地有展品并分类摆放、有不同主题的展区且配有讲解牌的比例为90.29%，定期组织教育活动并有活动记录的为70.87%。

从湖北省县域公共文化场馆的管理情况看，公共文化场馆工作人员遵守职业道德、操作符合规范、服务热情高效、使用普通话的比例为90.78%，而服务制度、收费标准、办理程序公开，文明引导有力，有高效的投诉处理机制的比例仅为27.18%。从调查结果来看，湖北省公共文化场馆在管理制度建设上存在不足，服务标准和制度落实不到位，投诉处理机制尚待完善。

（二）公共文化工程

湖北省县域公共文化工程是健全公共文化网络的有力保障。此次调研的县域公共文化工程实施情况包括互联网宽带普及率、数字电影院普及率、广播电视传输覆盖网建设、公共图书馆人均藏书量、人均体育场馆面积等多项指标的完成情况，具体情况如表9-3所示。

从公共文化工程调研情况来看，数字电影院和广播电视传输覆盖网建设完成程度较好，基本实现全覆盖；而互联网宽带普及率和公共图书馆人均藏书量尚有不足，还需要进一步加大建设力度。

表9-3 湖北省县域公共文化工程完成情况

单位：%

指　标	达标率
互联网宽带普及率达到100%	76.70
建有数字电影院	95.15
广播电视传输覆盖网达标	98.45
公共图书馆人均藏书量达到0.75册	65.05
人均体育场馆面积达到1.8平方米	80.78

（三）公共文化活动

县域公共文化活动的开展，是公共文化建设成果惠及人民群众的直接体现。本课题调研的湖北省县域公共文化活动包括全民阅读、群众性文化活动、出版物市场管理、未成年人文化活动等内容。

1. 全民阅读

从全民阅读的调研情况来看，全省103个县（市、区）贯彻落实《湖北省全民阅读促进办法》比较到位，每年全域性全民阅读活动不少于2次的县（市、区）占89.51%，仅有10个县（市、区）未达到全域性全民阅读活动开展次数的要求。

2. 群众性文化活动

群众性文化活动的调研情况，具体如表9-4所示。

表9-4 湖北省县域群众性文化活动调研情况

单位：%

指　标	达标率
法律宣传	81.63
科学普及	68.20
文化文艺活动	96.51
全民健身活动	80.57
纪念活动和民俗娱乐活动	76.72

从调研情况来看，湖北省县域公共文化活动开展情况较好，各地均有不同主题的文化活动，而在科学普及活动与利用民族传统节日和现代重要节庆日、纪念日经常性开展纪念活动和民俗娱乐活动方面得分偏低，需要加强引导，丰富文化活动形式。

3. 出版物市场管理

从湖北省县域出版物市场管理情况来看，"扫黄打非"成效明显，未发生非法出版、制黄贩黄、侵权盗版等恶性事件全省达标率为84.47%，出版物市场亮证经营的达标率为84.95%，出版物市场无售黄贩黄等行为的达标率为100%。在此次调研的103个县（市、区）的出版物市场中，均未发现售黄贩黄行为，出版物市场运行规范。同时，在亮证经营方面还需要加强监督管理，对非法出版、制黄贩黄、侵权盗版等恶性事件还需要加大打击力度。

4. 未成年人文化活动

未成年人文化活动主要是针对中小学校和幼儿园开展的，调研项目为开展"朝读经典""起点阅读"，未成年人法制宣传教育、安全自护教育的情况和开展"戏曲进校园"活动的情况，调研具体情况如表9-5所示。

表9-5 湖北省县域未成年人文化活动情况

单位：%

指　　标	达标率
中小学、幼儿园开展"朝读经典""起点阅读"活动	96.60
中小学深入开展未成年人法制宣传教育、安全自护教育活动	97.57
中小学广泛开展"戏曲进校园"活动	72.33

从调研情况来看，中小学、幼儿园开展"朝读经典""起点阅读"活动和未成年人法制宣传教育、安全自护教育活动落实较好，对未成年人的宣传教育引导比较到位。而中小学开展"戏曲进校园"活动还需从活动形式和内容上进行丰富创新，以增强对未成年人的吸引力，提升活动效果。

(四)公共文化宣传

1. 公共场所文化宣传

公共场所文化宣传是指在公园广场、车站码头、街头巷尾、工地围挡、窗口行业等面向群众的场所深入开展文化宣传,以达到对人民群众的引导示范作用,具体调研情况如表9-6所示。

表9-6 湖北省县域公共场所文化宣传情况

单位:%

指 标	达标率
公园广场、车站码头、街头巷尾等场所文化宣传	52.10
建筑工地围挡公益广告占比不低于30%	58.98
公共场所经常性刊播公益广告	72.27
户外广告招牌文化宣传	98.22
窗口行业文化宣传	66.16

湖北省县域公共场所文化宣传,存在覆盖率不足、宣传氛围不浓厚的问题,在公共场所刊播公益广告、窗口行业公共文化宣传、建筑工地围挡公益广告宣传和公园广场、车站码头、街头巷尾等场所的文化宣传等方面达标率偏低,仍需加大投入力度,扩大文化宣传的覆盖面,营造浓厚的宣传氛围。

2. 社区文化宣传

社区是公共文化建设的最基础的阵地和场所,社区文化宣传是直接针对居民开展的文化宣传,主要调研指标包括社区综合文化服务中心"五个一"建设情况、社区文化宣传橱窗、社区宣讲团活动开展情况等内容,具体情况如表9-7所示。

表9-7 湖北省县域社区文化宣传情况

单位:%

指 标	达标率
社区综合文化服务中心"五个一"建设到位	82.14
社区文化活动场所长期向社区居民开放	55.23
社区文化宣传橱窗内容丰富,更新及时	82.77
社区每年进行至少一次理论宣讲和百姓宣讲	67.96

在湖北省县域社区文化宣传方面，社区综合文化服务中心文体中心、阅览室、文体广场、健身器材、灯光音响"五个一"作用发挥明显，社区文化宣传橱窗建设到位，总体情况较好。而在社区文化活动场所长期向社区居民开放和理论宣讲、百姓宣讲方面，存在落实不到位情况，需要加强对社区文化活动中心常态化运行的管理，并扎实落实理论宣讲和百姓宣讲。

3. 媒体文化宣传

媒体是传播社会主义核心价值观、弘扬社会正能量的主阵地，媒体文化宣传主要调研各类媒体宣传情况、"讲文明树新风"公益广告原创作品征集情况以及网站、微博、微信、客户端等平台载体的运行情况等内容，具体情况如表9-8所示。

表9-8 湖北省县域媒体文化宣传情况

单位：%

指　标	达标率
各类属地媒体上开办社会主义核心价值观专题专栏	94.17
各类属地媒体刊播"讲文明树新风"公益广告	94.17
各类属地媒体无发布虚假有害信息现象	100.00
组织开展"讲文明树新风"公益广告原创作品征集	84.46
发挥网站、微博、微信、客户端等平台载体的作用，做好"微宣传"	99.03

湖北省县域媒体文化宣传总体情况较好，全省各县（市、区）基本能达到文化宣传属地媒体、网站、微博、微信等平台载体全覆盖，弘扬了社会正能量。同时在此次调研中，103个县（市、区）的各类媒体均未发现发布虚假有害信息的现象，管理高效有序。

（五）农村公共文化

县域公共文化建设中，农村是重点，乡镇综合文化服务中心和村综合文化服务中心是农村发挥公共文化功能的主要场所，此次调研项目包括：乡镇综合文化服务中心和村综合文化服务中心等公共文化场馆的建设情况；"村村通"工程完成情况，每年免费送戏曲等文艺演出、免费提供1场数字电

影放映服务完成情况，广播电视"户户通"工程、农村智能广播室和农家书屋等公共文化工程建设情况；农村公共文化宣传情况等方面。

1. 农村公共文化场馆

农村公共文化场馆建设情况主要是乡镇综合文化服务中心（文化站）和村综合文化服务中心的建设情况，如表9-9所示。

表9-9 湖北省县域农村公共文化场馆建设情况

单位：%

指标	达标率
乡镇文化站有专门场地和必要设施	83.56
乡镇综合文化服务中心（文化站）对外正常开放	67.12
村综合文化服务中心有专门的场地和正常开展活动的设施	93.42
村综合文化服务中心对外正常开放	84.93

乡镇文化站和村综合文化服务中心调研数据表明全省乡镇综合文化服务中心（文化站）的开放率还有待提高，设施和场地建设需要进一步完善。从具体活动开展情况来看，乡镇文化站和村综合文化服务中心开展了法律宣传、健康科普、群众性文化文艺活动和全民健身活动，积极推进文化小康建设的情况如表9-10所示。

表9-10 湖北省县域农村公共文化场馆活动开展情况

单位：%

	法律宣传	健康科普	群文艺活动	全民健身活动
乡镇	56.16	60.27	68.49	72.60
村	45.21	53.42	73.97	71.23

以上数据表明，当前湖北省县域农村公共文化场馆活动开展不充分，相对于城区活动开展来说，还有较大的提升空间，需要加大资金和人才配备，提升农村公共文化场馆的使用率，充分发挥其文化功能。

2. 农村公共文化工程

农村公共文化工程的调研情况如表9-11所示。

表 9-11　湖北省县域农村公共文化工程情况

单位：%

指　　标	达标率
"村村通"工程实现年度目标	93.42
乡镇政府所在地每年免费送戏曲等文艺演出不少于5场	56.16
每村免费送戏曲等文艺演出不少于1场	50.68
每村每月免费提供1场数字电影放映服务	36.99
广播电视"户户通"	98.63
农村智能广播覆盖率	91.78
农家书屋覆盖率	93.15
每年开展全村读书活动不少于4次	98.63

农村公共文化工程建设中，全村读书活动、农家书屋覆盖率、农村智能广播覆盖率、广播电视"户户通"和"村村通"工程完成情况较好，全省达标率均在90%以上。而乡镇政府所在地每年免费送戏曲等文艺演出不少于5场、每村免费送戏曲等文艺演出不少于1场、每村每月免费提供1场数字电影放映服务的落实情况不理想，尤其是每村每月免费提供1场数字电影放映服务的完成比例仅为36.99%，还需要继续加大投入力度，增加管理和监督，确保农村公共文化建设落到实处。

3. 农村公共文化宣传

农村公共文化宣传的落实情况如表9-12所示。

表 9-12　湖北省县域农村公共文化宣传情况

单位：%

指　　标	达标率
农村"好家风、好家训"宣传展示	50.68
农村身边楷模、凡人善举、好人好事、好人榜等评选宣传展示	47.95
农村孝德文化宣传	47.95
农村订立乡规民约	71.23
村庄每年进行理论宣讲团和百姓宣讲团活动	33.98
村有十星榜	43.84
户有十星牌	80.82
村有文化广场	90.41
农村户外媒体公共文化宣传覆盖率	60.18

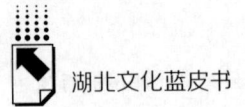

农村公共文化宣传中，村文化广场建设比较到位，户十星牌覆盖率较高。而在文化宣传氛围和文化宣传内容上均存在较大问题，农村"好家风、好家训"宣传展示，身边楷模、凡人善举、好人好事、好人榜等评选宣传展示，以及农村孝德文化宣传均存在力度不足的问题，农村户外媒体公共文化宣传覆盖率偏低，是未来要重点提升和改善的方面。

三 湖北省县域公共文化建设水平差异性分析

本节对湖北省县域公共文化建设水平进行比较分析：一是比较市辖区和县（县级市）公共文化建设水平的差异；二是比较城区和农村公共文化建设水平的差异，分析各比较主体的公共文化建设水平是否处于同一水平，以便有针对性地提出改进对策。

（一）市辖区和县（县级市）公共文化建设水平差异性分析

湖北省市辖区和县（县级市）公共文化建设水平差异性分析主要是对市辖区和县（县级市）的公共文化建设总体状况进行分析，研究公共文化建设水平与不同类别的地区有无相关性和显著性差异。

将湖北省103个县（市、区）分为市辖区和县（县级市）两类：市辖区测评对象为30个市辖区，即蔡甸区、点军区、东西湖区、掇刀区、鄂市辖区、樊市辖区、汉南区、汉阳区、洪山区、黄陂区、黄石港区、江岸区、江汉区、江夏区、茅箭区、硚口区、青山区、沙市区、铁山区、伍家岗区、武昌区、西陵区、西塞山区、下陆区、襄市辖区、猇亭区、新洲区、张湾区、华容区、梁子湖区；县（县级市）测评对象为73个县（县级市），包括安陆、巴东、保康、长阳、赤壁、崇阳、大悟、大冶、丹江口、当阳、恩施、房县、公安、谷城、广水、汉川、鹤峰、红安、洪湖、黄梅、嘉鱼、监利、建始、江陵、京山、来凤、老河口、利川、罗田、麻城、南漳、蕲春、潜江、沙洋、神农架、石首、松滋、随县、天门、通城、通山、团风、五峰、武穴、浠水、仙桃、咸丰、孝昌、兴山、宣恩、阳新、宜城、宜都、应城、英山、远安、云梦、郧西、枣阳、枝江、钟祥、竹山、竹溪和秭归64个县和县级市,以及东宝区、黄州区、荆州区、咸安区、襄州区、孝南区、夷陵区、郧阳区和曾都区9个省财政直达区,参照县级管理,与县(县级市)放入同一类,共计73个。

市辖区和县(县级市)的公共文化建设得分情况如表9-13所示。

表9-13 市辖区和县(县级市)公共文化建设得分

	项目数	公共文化建设得分均值	标准差	标准误	均值的95%置信区间		极小值	极大值
					下限	上限		
市辖区	59	0.874	0.109	0.014	0.845	0.902	0.567	1.000
县(县级市)	59	0.758	0.206	0.027	0.704	0.811	0.106	1.000
总数	118	0.816	0.174	0.016	0.784	0.847	0.10	1.000

从表9-13可知,湖北省县域公共文化建设中,调研项目为59项,市辖区平均得分为87.4%,县(县级市)平均得分为75.8%。

对市辖区和县(县级市)公共文化建设水平采用方差分析法进行差异性分析,从两类地区的公共文化建设情况入手,研究公共文化建设水平是否存在差异,即湖北省市辖区和县(县级市)的公共文化建设水平是否处于同一水平。差异性分析可以反映出公共文化建设在不同类别地区间发展的均衡程度,为提出公共文化均衡发展政策建议提供参考依据。市辖区和县(县级市)中公共文化建设差异性分析结果如表9-14所示。

表9-14 市辖区和县(县级市)公共文化建设差异性分析

	平方和	df	均方	F	显著性p
组间	0.397	1	0.397	14.621	0.000
组内	3.150	116	0.027		
总数	3.547	117			

采用单因素方差分析法,选择检验统计量F,在显著性水平为0.05情况下,根据计算结果,F检验统计量对应的p值小于0.001,小于显著性水平0.05。得到结论如下:在显著性水平为0.05时,市辖区和县(县级市)的公共文化建设

水平存在显著性差异，即市辖区和县（县级市）的公共文化建设处于不同水平，市辖区的公共文化建设水平显著高于县（县级市）的公共文化建设水平。

（二）城区和农村公共文化建设水平差异性分析

县域公共文化建设既涵盖城区的公共文化建设，也包括农村的公共文化建设，是一个全面系统的建设工程。将此次调研中的城区和农村公共文化建设水平进行对比，具体结果如表9-15所示。

表9-15 城区和农村公共文化建设得分

	项目数	公共文化建设得分均值	标准差	标准误	均值的95%置信区间		极小值	极大值
					下限	上限		
城区	59	0.787	0.178	0.023	0.740	0.833	0.272	1.000
农村	46	0.685	0.188	0.028	0.629	0.740	0.329	1.000
总数	105	0.742	0.188	0.018	0.706	0.778	0.272	1.000

上述结果表明，城区公共文化建设测评指标共59项，平均得分为78.7%，农村公共文化建设测评指标为46项，平均得分为68.5%。

为验证湖北省县域公共文化建设中，城区和农村的公共文化建设水平是否处于同一水平，对城区和农村公共文化建设进行差异性分析，以反映公共文化建设在城区和农村间发展的均衡程度。城区和农村的公共文化建设水平的差异性分析结果如表9-16所示。

表9-16 城区和农村公共文化建设差异性分析

	平方和	df	均方	F	显著性p
组间	0.269	1	0.269	8.117	0.005
组内	3.409	103	0.033		
总数	3.677	104			

在显著性水平为0.05情况下，根据计算结果，F检验统计量对应的p值为0.005，小于显著性水平0.05。得到结论如下：在显著性水平为0.05

时，城区和农村的公共文化建设水平存在显著性差异，城区的公共文化建设水平明显高于农村的公共文化建设水平。

四 提升湖北县域公共文化建设的建议

针对当前湖北省县域公共文化建设中存在的公共文化场馆作用受限、公共文化工程落实不到位、公共文化活动内容较单一、公共文化宣传覆盖面不广、城乡公共文化建设差异较大等突出问题，为进一步提升湖北省县域公共文化建设水平，调研组提出如下对策建议。

（一）充分发挥县域公共文化场馆功能

图书馆、文化馆、博物馆和基层文体广场等公共文化场馆是基层群众开展各类文化活动的物质载体。县域各级各类公共文化场馆是基层群众开展各类文化活动的重要阵地和场所，对丰富群众精神文化生活发挥着不可替代的作用。湖北省县域公共文化场馆的建设情况较好，县（市、区）的图书馆、文化馆、博物馆三馆覆盖率近90%，且三馆均向群众免费开放。当前存在的突出问题是场馆功能发挥不足，部分场馆活动开展不充分，设施处于闲置状态，参观和使用人数较少，未能充分发挥作用。公共文化场馆的"建、管、用"是三位一体、紧密相关的，建设，是打牢基础，提供载体；管理，是确保资产不流失，运行规范正常；使用，是为了充分发挥其服务群众、推动发展的作用。

1. 优化建设，注重对最新科技成果和技术的运用

针对目前公共文化场馆中存在的重硬件设施、轻功能建设的情况，建议在公共场馆建设中，更多从发挥文化功能的角度出发，引入最新科技成果，广泛运用网络等新媒体，创新公共文化供给形式，为人民群众提供形式新颖、丰富多样的文化服务，充分发挥县域公共文化场馆的功能。

2. 强化管理，充分发挥已建成公共文化设施的职能作用

目前存在的突出问题是，各类场馆设施建成后运行经费不足、管理不到

位，因此，要建立运行经费保障长效机制，健全管理人才队伍。建议加大对县级公共文化场馆运行的补贴力度，加强对管理人员的培训力度，促使各级场馆不断更新服务理念、创新服务方式、拓展服务内容、提高服务辐射能力。

3. 重视使用，注重文化场馆建设和群众需求有效对接

贴近群众，方便群众，让广大人民群众就近、经常和有选择地参加文化活动，在充分保证人民群众基本文化权益的基础上，满足人们对文化消费的多层次需求，形成建设有力、管理到位和使用充分的良性循环。

（二）切实落实县域公共文化工程建设

落实公共文化工程建设，能够有效促进县域公共文化建设水平的提升，针对当前重点公共文化工程落实不到位的现状，调研组提出以下对策建议。

1. 分解目标，确保公共文化工程落实

制订县域公共文化建设工程实施规划，明确公共数字文化建设、公共图书馆藏书、公共体育设施建设等与人民群众精神文化生活密切相关的重点工程的具体推进办法，并确定切实可行的工程建设目标，将建设目标逐级分解，落实到具体责任部门，督促公共文化建设工程落实到位。

2. 加强监督，建立绩效考核机制

在县域公共文化工程建设的具体落实阶段，应加强管理监督，建立县域公共文化工程的落实督导机制，定期对工程进度和目标完成情况进行考察。将县域公共文化重点建设工程的目标完成情况纳入责任部门绩效考核机制，建立奖惩制度，确保公共文化工程实现预期目标。

（三）深入推进县域公共文化活动开展

开展公共文化活动是推进公共文化发展、满足人民群众精神文化需求的有效手段。提高公共文化活动水平，丰富公共文化活动形式，能够为营造良好的社会文化环境创造条件。当前的县域公共文化活动形式较为单一，活动水平尚待提高，针对当前存在的突出问题，可以做好如下工作。

1. 培育队伍，重视公共文化人才建设

政府要提高公共文化人才队伍建设的投入力度，打造一支高素质的人才队伍，为公共文化活动的开展提供人才支持。定期举办各种类型的文化技能培训班，培育文化活动的骨干力量。鼓励文化艺术团体骨干力量投身到公共文化活动工作中，制订有针对性的激励措施，为文化艺术团体骨干人才参与群众性文化活动积极创造条件，提升群众性文化活动的水平。同时，广泛发动群众，开展健康有益的文化、科普、教育、体育、娱乐等活动，满足群众多层次的文化需求，有效营造全社会共同参与、积极向上的文化氛围。

2. 深入发掘，开展丰富多彩的文化活动

当前文化活动主要包括全面阅读活动，法律宣传、科学普及和群众性文化活动，全民健身活动，利用民族传统节日和现代重要节庆日、纪念日开展的纪念活动和民俗娱乐活动，以及学校开展的经典诵读、戏曲进校园等传统文化传承活动，形式相对单一。可以进一步丰富公共文化活动的形式，以社区、单位等为依托开展丰富多彩的特色文化活动，开创文化品牌和文化特色项目，鼓励形式创新，并加强特色文化活动的宣传力度，扩大影响力，形成多元主体参与、形式多样、覆盖广泛的公共文化活动氛围。

（四）继续加大县域公共文化宣传力度

1. 全域覆盖，强化公共场所文化宣传

当前公共场所文化宣传存在氛围不浓厚、内容单一的问题，在公园广场、车站码头、街头巷尾等场所进行文化宣传的比例为52.10%，公共场所经常性刊播公益广告的比例为72.27%，仍有较大的提升空间。鉴于此，公共场所需要进一步加强文化宣传力度，增加公共场所文化宣传的覆盖率，形成浓厚的文化宣传氛围，营造良好的社会环境。同时，拓展公共场所文化宣传渠道，丰富文化宣传内容，用更为生动形象的宣传方式代替单一的宣传标语，进一步发挥文化宣传对群众的正面引导作用。

2. 突出特色，丰富社区文化宣传内容

社区文化宣传存在的主要问题是社区文化活动场所长期向社区居民开放

的比例较低，未能充分利用和发掘当前的社区文化资源。同时社区文化宣传主要依托宣传橱窗等形式，未能与居民形成良好互动，公众参与度不高。对此，可以加大投入力度，拓展社区文化宣传阵地；对社区文化宣传加强引导，丰富文化宣传的内涵；社区可以开展"一社一品牌"文化宣传品牌建设，以居民为宣传对象，进行有针对性的、丰富多样的文化宣传。

3. 创新形式，拓展媒体文化宣传手段

媒体文化宣传有利于倡导积极向上的社会风尚，提升人民群众的人文素养。当前的县域媒体文化宣传，主要是通过属地媒体、网络、微信、微博等渠道进行的，落实比较到位，但是宣传形式和力度仍有提升空间。在宣传形式上，可以注重新媒体的应用，采用丰富多样并为群众乐于接受的方式进行文化宣传，这更有利于宣传内容被群众接受、认同并遵从。在宣传力度上，可以在资金、政策等方面进一步加大支持力度，保障媒体公共文化宣传的覆盖率和影响力。

（五）着力提升农村公共文化建设水平

县域公共文化建设是涵盖城区和农村公共文化建设的有机整体，当前公共文化建设水平在城区和农村存在显著差异，城区建设水平明显高于农村建设水平。县域公共文化建设的重心应放在基层和农村，以建设综合性、多功能的乡镇文化站为龙头，加快农村文化设施建设步伐，不断巩固和壮大城乡基本文化阵地。

1. 加大投入，形成多渠道、多元化建设主体

切实落实乡镇文化补助资金，建立稳定的投入增长机制。确保相关工作人员的工资正常发放、正常业务所需经费充足；尽快出台免除农民群众电视收视费的政策措施，以满足他们最基本的文化需求；研究制订针对农村特殊文化人群，如民间艺人、文化能人的补助办法，支持他们发挥在活跃农村文化生活、传承发展民族民间文化方面的作用；引导和推动筹资渠道多元化、投入主体多元化，吸纳各种社会力量参与支持农村文化建设，形成以政府投入为主、社会多渠道筹集资金的格局。

2. 统筹城乡，缩小城乡公共文化发展差距

县域公共文化建设应以农村为重点，加强县级文化馆和图书馆、乡镇综合文化站、村文化室建设，深入实施广播电视"村村通"、文化信息资源共享、农村电影放映和农家书屋等重点文化惠民工程，扩大覆盖、消除盲点、提高标准、完善服务、改进管理。建立以城带乡联动机制，合理配置城乡文化资源，鼓励城市对农村进行文化帮扶，鼓励文化单位面向农村提供流动服务、网点服务，推动媒体办好农村版和农村频率频道，做好主要党报党刊在农村基层的发行和赠阅工作，缩小城区和农村公共文化建设水平的差距。

3. 落实到位，切实发挥农村公共文化功能

农村公共文化功能的发挥应以政府为主导，以乡镇为依托，以农村为重点，以农户为对象，进一步推进县、乡镇、村文化设施建设和文化活动场所建设，构建农村公共文化网络。乡镇要进一步加强文化站建设，建成集图书阅读、广播影视、文艺演出、科技推广、教育培训、宣传教育、体育娱乐和未成年人校外活动等多项文化职能于一身的综合性文化活动场所，加强人员配备和管理，确保乡镇文化站的功能可以得到充分发挥。农村要建设好文化室和农家书屋，并切实利用农村文化广场开展喜闻乐见的文化活动，丰富村民的文化生活。

B.10
湖北大众文艺繁荣发展研究报告

张儒芝*

摘　要： 大众文艺是时代的产物。尤其是当前，在全面建设小康社会的新时期，大众文艺已成为人们生活中的必需品，是"文化小康"的重要内容和保障文化民生的重要基础。因此，习近平总书记在文艺工作座谈会上指出"社会主义的文艺，必然把为人民大众服务作为崇高使命，以发展人民大众的文艺为主要任务"。为贯彻落实习近平总书记讲话精神，推动湖北大众文艺繁荣发展，促进湖北率先全面实现小康社会，本文立足湖北、放眼世界，对大众文艺进行了深入研究，提出了推动湖北大众文艺繁荣发展的对策建议。

关键词： 湖北　大众文艺　文化小康

大众文艺作为一种文艺现象在我国历史上由来已久，但其作为一种学术概念则起源于五四运动时期，毛主席在延安文艺座谈会上的讲话对人民大众文艺进行了论述。改革开放以后，以市场经济为背景的大众文艺迅速发展，并占据了社会文化的主导地位，但这个时期的大众文艺与革命战争年代的大众文艺有显著不同。当前，在全面建设小康社会的新时期，大众文艺已成为

---

* 张儒芝，男，先后任共青团荆州地委副书记、共青团湖北省委宣传部部长、办公室主任，中共湖北省委宣传部政策研究室主任，湖北省文化厅副厅长、党组副书记，湖北省新闻出版局（省版权局）局长、党组书记。

人们生活中的必需品,是"文化小康"的重要内容和保障文化民生的重要基础。因此,习近平总书记在文艺工作座谈会上指出"社会主义的文艺,必然把为人民大众服务作为崇高使命,以发展人民大众的文艺为主要任务"。① 为贯彻落实习近平总书记讲话精神,推动湖北大众文艺繁荣发展,促进湖北率先全面实现小康社会,本文立足湖北、放眼世界,对大众文艺进行了深入研究,提出了推动湖北大众文艺繁荣发展的对策建议。

一 大众文艺的内涵和特点

大众文艺是时代的产物,对大众文艺的研究,关键在于如何界定"大众"的含义,因为"大众"在不同历史阶段的内涵决定了大众文艺不同的价值取向、审美品格和特色面貌。

(一)"大众"的含义

大众一词古已有之,其含义从古至今的演变主要有三个阶段。

一是从古代到近代。"大众"在此一阶段主要是指社会上的普通群众,其内涵在数量上没有多寡之分,在性质上没有社会分工或社会阶层的划分。如:"仲吕之月,无聚大众,巡劝农事"(《吕氏春秋》);"毋聚大众,毋置城郭"(《礼记》);"燕赵久相攻,以蔽大众"(《国策》)。

二是"五四"以后到改革开放前。五四运动以后,"大众"的语义发生了明显变化,出现了劳动分工和阶级性倾向,这一时期常用"平民""庶民""民众""劳苦大众"等来界定大众。到1942年,毛主席在延安文艺座谈会上指出"什么是人民大众呢?最广大的人民,占全人口百分之九十以上的人民,是工人、农民、兵士和城市小资产阶级";"许多同志爱说'大众化',但是什么叫做大众化呢?就是我们的文艺工作者的思想感情和工农

---

① 中共中央宣传部:《习近平总书记在文艺工作座谈会上的重要讲话学习读本》,学习出版社,2015,第5页。

兵大众的思想感情打成一片"。① 至此,毛主席按劳动分工和阶级属性将"大众"的含义固定下来,即从阶级角度看,大众指革命阶级;从经济角度看,大众指无产阶级;从文化角度看,大众指工农兵。直至新中国成立后的30年间,"大众"含义的这种解释一直占据指导地位。

三是改革开放至今。改革开放是我国社会的一次重要转型,市场经济发展带动文化发展进入多元化时代,"大众"成为使用频率极高的词,但这时"大众"的概念与此前已有很大不同,它既不是政治意义上的意识形态概念,也不是革命意义上的工农兵的代名词,也不仅指社会下层的平民百姓,它的内涵变得更加宽泛。从广义上讲,所有人都是大众,如同德国哲学家卡尔·雅斯佩尔斯说的"人们"。此一阶段的大众文艺不仅受众人数多,而且社会影响范围广,并不囿于社会阶层和文化教养层次,而是贯穿于各社会阶层和各种娱乐欣赏之中;不同性别、年龄、职业、阶层,以及不同教育程度、不同审美趣味的人,都有权利、有可能参与大众文艺的消费、欣赏和评判。

(二)大众文艺的含义

根据习近平总书记在文艺工作座谈会上的重要讲话精神和当前我国社会发展的特点,结合当今时代"大众"的含义,当前的大众文艺主要是指:以人民为中心创作的、通过大众渠道传播的、以大众为服务主体的文艺。

从对象角度而言,大众文艺主要是指通过印刷、光电等现代大众传媒所大量生产、复制,并在国内外流行,内容形式较为通俗易懂,供大众阅读、视听、休闲、欣赏的各种文艺制品的总和,如畅销书、通俗小说、纪实文学、网络文学、影视艺术、大众音像、流行歌舞、各类戏曲和曲艺以及由此构成的诸种通俗文艺现象。②

大众文艺在概念上与纯文艺、精英文艺、实验文艺、探索文艺等相区别,并在整体上与之构成相互依存、共同发展的格局。

---

① 《毛泽东选集》第3卷,人民出版社,1991,第855页。
② 李明军:《关于大众文艺概念的阐释》,《东岳论丛》2006年第1期,第116页。

（三）大众文艺的特点

根据大众文艺的含义，大众文艺主要有五个特点。

一是通俗性。即通过让受众能够接受的方式创作、传播，让大众听得懂、看得明白。

二是普适性。即要能让大众消费得起、接受得了。人人都能成为大众文艺的创作者。

三是载道性。即要能承载大众的道德期待，也即我们常说的"文以载道"。经过长期教化，忠贞爱国、勇敢善良、勤俭节约等道德思想已深入大众内心，所以大众在欣赏文艺作品时，会期待文艺作品能够表达与自己内心诉求相吻合的道德思想。

四是娱乐性。即大众在欣赏文艺作品时，首先不是为了寻求深刻的道理，也不是为了实现精神上的超越，而是要享受精神上的愉悦，并通过这种愉悦得到休息和放松，这种要求不俗也不低下，完全正常。正如鲁迅先生在《中国小说的历史的变迁》中谈到诗歌和小说的起源时说："我想，在文艺作品的发生次序中，恐怕是诗歌在先，小说在后的。诗歌起于劳动和宗教。其一，因劳动时，一面工作，一面唱歌，可以忘却劳苦，所以从单纯的呼叫发展开去，直到发挥自己的心意和感情，并借有自然的韵调；其二，是因为原始氏族对于神明，渐因畏惧而生敬仰，于是歌颂其威灵，赞叹其功烈，也就成了诗歌的起源。至于小说，我以为倒是起于休息。人在劳动时，即用歌吟以自娱，借它忘却劳苦了；则休息时，亦必要寻一种事情以消遣闲暇，这种事情，就是彼此谈论故事。"[1][2]

五是商品性。文艺作品的商品属性早有定论，大众文艺更是具有显著的商品属性。因为，大众文艺是为大众创作的，是供大众消费的，大众文艺作品在创作生产的过程中，必须考虑、迎合大众的需求，才能被大众乐于接

---

[1] 吴胜刚：《论大众文艺的基本特征》，《信阳师范学院学报》2010年第2期。
[2] 《鲁迅全集》第9卷，人民文学出版社，2005，第312~313页。

受、乐于消费；大众文艺作品创作生产出来以后，必须通过市场进入流通领域，才能与大众见面；人们消费大众文艺产品，也是要付费的。所以，大众文艺具有显著的商品属性，很多大众文艺产品属于文化产业的范畴，发展大众文艺对经济发展也有良好的促进作用。

二 国内外大众文艺发展现状

"大众"不分国籍和民族，每个国家和民族都有自己的大众文艺，对其他国家和地区大众文艺的研究，可以起到拓展视野、取长补短的作用。

（一）国外大众文艺发展情况

美国、韩国等资本主义国家文化发展较快，他们拥有完整的文化产业链、成熟的文化管理方式和完善的知识产权保护体系，形成了自己的文化特色，他们的发展经验值得我们学习和借鉴。

1. 美国大众文艺发展情况

从美国的发展历史看，西部开发促进了美国本土文化的形成，它是一种草民文化、牛仔文化、下层民众文化，也即大众文化，所以大众性是美国社会的文化传统和内核，大众文艺在美国一直处于主流地位。当代美国大众文化，是以发达的市场经济土壤、市民化社会形态、数字化传媒技术与现代传媒产业为依托而形成的生活潮流，因此美国大众文艺主要有三个特征。

一是文艺生产以中产阶级趣味为标准。美国的中产阶级群体庞大，占人口的一半左右，且民众对中产阶级存在一种强烈的身份认同感，因此文艺生产以满足中产阶级审美趣味为标准，契合资本社会的文艺生产与消费规律。

二是文艺生产内容迎合流行文化和消费文化。资本市场与大众传媒文化主导下的美国大众文艺生产，流行文化、快餐文化随处可见。因此，有人指出，严肃文艺在美国这样一个高度商业化、崇尚实用的现代化社会中，只是文人圈内的事情。

三是文艺生产载体数字化程度较高。美国利用其在数字化方面的先进技术,使其大众文艺数字化程度达到很高水平,这丰富了文艺的表现形式,推动了文艺的广泛传播。美国借助先进的数字技术,将其生产的好莱坞电影、电视节目、摇滚音乐等大众文艺产品不断向外推销,影响遍及全世界。①

2. 韩国大众文艺发展情况

韩国从20世纪60年代初开始一直受到美国和日本文化的影响,在20世纪90年代亚洲金融危机中经济受到重创以后,提出了"文化立国"的救国方针,自此,具有韩国特色的大众文艺才开始慢慢占据主导地位。经过多年的发展,韩国的网络游戏和电视剧引发了他国的"韩流"现象,韩国成为继美国、日本、英国、德国之后的世界第五大文化强国。韩国大众文艺繁荣发展的主要原因有三点。

一是国家高度重视大众文艺发展。韩国很早就提出"文化立国"的方针,并设立了"大韩民国大众文化艺术奖",专门表彰在大众艺术领域为国家做出突出贡献的文艺工作者,该奖项每年一评,由国家领导人亲自颁奖,给获奖者颁发文化勋章。

二是产业化程度较高。无论是以年轻偶像为代表的大众文艺人才,还是以韩剧为代表的大众文艺作品,均体现出较高的产业化程度。如:韩国有很多家"造星工场",按照特定的模式批量培养演艺人员,吸引了我国大量想从事演艺工作的年轻人竞相参加学习培训;同时,韩国的很多影视剧,也是按照同一个模式不断复制生产出来的流水线产品。

三是现代而又不失传统。韩国传统文化来源于中华文化,但韩国在引领时尚的同时,又非常注重传统文化与现代文化的融合。如《大长今》等韩国影视作品中都有很浓厚的传统文化氛围,也正因为这样更赢得了广大观众的喜爱。

(二)国内大众文艺发展情况

在我国,20世纪90年代才出现真正意义上的大众文艺,进入21世纪

---

① 赵娟:《从美国大众文化的扩张看当代中国大众文化》,硕士学位论文,江西师范大学,2008。

以后，特别是近年来，在国民思想进一步解放、国家经济进一步发展的基础上，现代意义上的大众文艺取得了长足发展。

1. 全国大众文艺发展情况

（1）成绩明显

近年来，全国各地大众文艺蓬勃发展，取得明显成绩。

一是政府自觉意识不断增强。在习近平总书记文艺工作座谈会重要讲话精神的指引下，各地各级政府对发展大众文艺的文化自觉不断增强。2015年10月中央发布《关于繁荣发展社会主义文艺的意见》，2017年5月文化部发布《"十三五"时期繁荣群众文艺发展规划》；各省区市均出台了《关于繁荣发展社会主义文艺的实施意见》，其中湖北出台了《关于推动湖北大众文艺繁荣发展的意见》、《关于繁荣发展湖北基层文学的意见》和《关于进一步繁荣群众文化的意见》等多个政策文件，大力推动大众文艺发展。

二是群众参与意识不断提高。大众文艺是面向大众的文艺，需要广大群众积极参与进来。随着社会生活水平的提高，群众参与文化活动的积极性不断提高，如全民参与的大众文艺节目"超级女声""星光大道""非诚勿扰""中国诗词大会""朗读者"等，异常火爆，引起大众的追捧。特别是近年兴起的全民舞蹈——广场舞，更是体现了中国特色，刷新了吉尼斯世界纪录，被誉为"脚尖上的中国"。

三是新兴艺术形式不断发展。由于数字技术的广泛应用和互联网的迅速普及，大众文艺的传播媒介发生了重大而深刻的变革，无论是传播速度，还是传播范围，抑或是传播方式和手段的多样性，都有了突飞猛进的发展。在这一背景下，新兴的网络文艺得到了不断发展。

（2）问题突出

一是西方文化入侵严重。西方文化入侵是我国大众文艺发展面临的首要问题，也是涉及我国文化安全的重要问题。如：美国好莱坞大片在我国取得较高票房，韩剧在我国有较高收视率，而我国自己拍摄的影视作品却大部分反响冷淡；东方卫视的《中国梦想秀》、浙江卫视的《中国好声音》、安徽卫视的《黄金年代》等热播节目，都是引进外国版权的综艺节目。西方国家通过这些文化产品，把他们的价值观念、生活方式、社会制度渗透到我们的社会当中，影响了我们主流价值的确立和普及，挤压了我们大众文艺的生存空间，冲击了我们文化产业的发展。

二是"三俗"现象普遍。大众文艺通俗性、娱乐性、商业性的特点，也导致大众文艺在发展中出现低俗、庸俗、媚俗的现象。当前，大众文艺作品存在过度商业化、娱乐化的倾向，人文精神缺失、审美趣味低下，造成了消费主义盛行和人们消极避世的心理倾向，阻碍了社会主义先进文化建设。如，部分电视台为提高收视率，播出的各种宫斗剧、穿越剧、相亲节目等，格调低下、胡编滥造，因此国家新闻出版广电总局不得不专门为此出台了禁播令。

三是大众主体意识不足。大众文艺的大众主体意识体现在两个方面，一是以大众为主体创作文艺作品，二是以大众为主体消费文艺作品。现在很多大众文艺作品，不是大众创作的，也不是为大众创作的，导致大众看不懂、不愿看，没有观众，也没有市场。

（3）机遇难得

一是经济建设的快速发展。文化是上层建筑，必须以经济为基础。近年来，我国经济增速明显，取得较大成效，虽然受国际影响增速有所下降，但总体仍呈增长上升趋势。人民群众收入水平的不断提高，为大众文艺繁荣发展提供了资金保障。

二是大众传媒的迅速普及。大众传媒是大众文艺的传播载体。当代，大众传媒主要有印刷和光电两种。前者包括图书、报纸和杂志，后者包括电影、电视、互联网等，特别是电视和互联网的普及，加速了大众文艺发展。

三是文化消费的增长空间巨大。发达国家的经验表明，人均 GDP 超过 5000 美元，标志着居民消费转向以精神文化消费为主时期的开始。目前我国尽管有旺盛的文化消费需求，但文化消费规模不大，估算潜在市场规模 4.7 万亿元左右，实际消费规模仅 1.7 万亿元左右，说明大众文艺繁荣发展存在巨大的增长空间。

2. 湖北大众文艺发展情况

除以上共性特点以外，湖北大众文艺发展还具有以下个性特点。

一是群众文艺创作的"湖北现象"。从第八届中国艺术节到第十一届中国艺术节，湖北创作的群众文艺作品在比赛中屡获大奖，且获奖总数一直位居全国前列。更加值得注意的是，这些获奖剧目，不是为获奖专门创作的，而是一直在基层为群众演出的。这一现象，被文化部誉为群文创作的"湖北现象"（见表10-1）。

表10-1 湖北省第八届中国艺术节获奖情况

序号	奖次	类别	作品（活动）名称	演出单位
1	大奖	音乐	《喊歌》	宜昌市文化局
2			《小女婿》	荆门市文化局
3			《岁月欢歌》（老年）	黄石市文化局
4			《我哥回》	武汉市洪山区文体局
5		舞蹈	《出来哒》	神农架林区文体局
6			《直尕思得》	武汉市江汉区文体局 武汉邮政艺术团
7		戏剧	《爱的呼唤》	湖北省群众艺术馆
8		曲艺	《告状》	鄂州市文体局
9	创作奖	音乐	《我哥回》	武汉市洪山区文体局
10			《天下第一楼》	武汉市江岸区文体局
11		舞蹈	《放鱼鹰》	钟祥市文体局
12			《出来哒》	神农架林区文体局
13		戏剧	《两只蝴蝶》（老年）	武汉市青山区文体局
14			《渔妈莲妹红军哥》	监利县文体局
15			《站台》	武汉市群众艺术馆
16		曲艺	《告状》	鄂州市文体局
17		美术	《秋实》（老年）	陈明成
18			《莲颂》	毛宗泽
19			《征程万里》（老年）	蒋昌忠
20			《当年阳光》	王晓愚
21			《秋声》	秦训涛
22		书法	《草书画禅诗癖》	彭金淋
23			《行书东风忽起联》（老年）	陈永贵
24			《楷书苏轼文》	张秀
25		摄影	《汉水边的小姑娘》	李应均
26			《家园》	殷涛

续表

序号	奖次	类别	作品(活动)名称	演出单位
27	表演奖	音乐	《喊歌》	宜昌市文化局
28	表演奖	音乐	《岁月欢歌》(老年)	黄石市文体局
29	表演奖	音乐	《小女婿》	荆门市文体局
30	表演奖	舞蹈	《直尕思得》	武汉市江汉区文体局 武汉邮政艺术团
31	表演奖	舞蹈	《长阳土家撒叶儿嗬》	长阳县文化局
32	表演奖	舞蹈	《秭归花鼓舞》	秭归县文化局
33	表演奖	戏剧	《棉乡情》	武汉市群众艺术馆 武汉市东西湖区文体局
34	表演奖	戏剧	《爱的呼唤》	湖北省群众艺术馆
35	表演奖	曲艺	《取名》	恩施市文体局
36	表演奖	曲艺	《一盘冬瓜》	湖北省群众艺术馆
37	表演奖	曲艺	《王大夯应考记》(老年)	襄樊市文体局
38	表演奖	曲艺	《正义的呼唤》	十堰市文体局
39	服务奖		荆门市"农家乐杯"文艺比赛	荆门市文体局
40	服务奖		湖北省群众艺术馆非物质文化产保护工作	湖北省群众艺术馆
41	服务奖		童爱武(武汉市青菱文化艺术中心)	武汉市洪山区青菱乡农民艺术团创办人
42	服务奖		湖北省图书馆公益讲座	湖北省图书馆
43	服务奖		武汉市江汉区"金桥"读书评书活动	武汉市江汉区文体局

二是基层文化的短板突出。推动文化的繁荣发展，要有必要的阵地和队伍。在全国范围内看，湖北的基层文化队伍不稳定、阵地不牢固，被文化部批评为"湖北特色"。从人员队伍看，全省现有乡镇综合文化站1267个，工作人员2625人。其中有25个县（市、区）配备有乡镇综合文化站公务员编制人员，共101人，占总人数的3.8%；有34个县（市、区）配备有乡镇综合文化站事业编制人员，共297人，占总人数的11.3%；有26个县（市、区）配备有享受事业编制待遇的乡镇综合文化站工作人员，共363人，占总人数的13.8%；以上三项人员共计761人，占总人数的29%。全省91个县（市、区）落实了村（社区）级公益文化岗位，共有工作人员

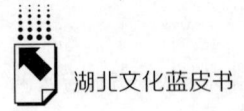

21430 人，还有10余个县（市、区）没有配备村（社区）级公益文化岗位。

按照国务院和省政府文件精神，各地要依托乡镇综合文化站建设镇级综合文化服务中心、依托党员群众服务中心建设村级综合文化服务中心，但目前全省大多数地区尚未开始建设，现有的文化设施发挥作用不明显，使用效率不高，部分地区文化设施长期处于闲置状态。

（三）国内外大众文艺发展比较

国外大众文艺与我国大众文艺发展情况有共通之处，也有很大区别，有值得我们学习借鉴的经验，也有我们应该高度重视的问题。

（1）在大众文艺的特点上，我们同国外有相同之处，但是"大众"的含义则有本质区别，西方国家的"大众"包含资本主义的意识形态和价值观，而我们的"大众"是社会主义核心价值观下的"大众"。

（2）在大众文艺管理体制上，西方国家发展大众文艺的主体是资本和市场，我们发展大众文艺的原则是政府主导、市场参与，但我们要在政府主导的基础上，学习西方国家的市场化运作模式和经验。

（3）在传播方式上，我们要学习西方国家对数字化、互联网等高新科技的充分运用，同时也要保持我们自己的民族特色。

三　湖北大众文艺繁荣发展对策建议

通过对大众文艺含义、特点的深入分析和对国内外发展情况的比较研究，结合湖北的现实情况，建议从以下几个方面来推动大众文艺的繁荣发展。

（一）明确大众文艺繁荣发展的原则

根据习近平总书记在文艺工作座谈会上的重要讲话精神，尊重大众文艺的特点和发展规律，对推动大众文艺繁荣发展要明确以下原则。

1. 坚持正确导向

以人民为中心，以社会主义核心价值观为引领，创作生产人民群众喜闻乐见的优秀作品，弘扬主旋律，传递正能量，巩固社会主义群众文艺阵地，推动人民群众精神文化生活不断迈上新台阶。

2. 坚持群众主体

尊重人民群众的主体地位和首创精神，以基层群众为服务对象和表现主体，引导群众自我表现、自我教育、自我服务，不断提升广大人民群众的"获得感"和"幸福感"。

3. 坚持普及与提高相结合

发挥公共文化服务体系支撑作用，大力普及文艺知识，广泛开展群众文化活动，以优秀的文艺成果丰富公共文化服务的内涵，不断提高全民文化艺术素质。

4. 坚持继承和创新相统一

立足于传承和弘扬中华优秀传统文化，古为今用，推陈出新，加强创造性转化和创新性发展，丰富和拓展大众文艺题材、体裁、内容、形式和手法，使大众文艺更加符合时代进步潮流，更好地引领社会风尚。

（二）确立大众文艺繁荣发展的目标

大众文艺是为大众服务的，是为大局和中心工作服务的，结合湖北省委、省政府中心工作，建议确定大众文艺繁荣发展的目标为以下两项。

1. 近期目标

围绕率先全面建成小康社会、率先实现文化小康，确立大众文艺发展的目标。2013年国家统计局公布《全面建成小康社会统计监测指标体系》，其中，文化建设指数包括"文化及相关产业增加值占GDP比重、人均公共文化财政支出、有线广播电视入户率、'三馆一站'覆盖情况、城乡居民文化娱乐服务支出占家庭消费支出比重"5项指标（见表10-2），是衡量文化小康实现程度的主要标准。

因此，到2020年之前，湖北省发展大众文艺的目标就是顺利完成文化小康的5项指标，并且争取超额完成任务，在全国取得前10名以内的位置，进入第一方阵。

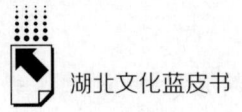
湖北文化蓝皮书

表10-2 全面建成小康社会统计监测指标体系（文化建设方面）

	权重	具体指标	计量单位	目标值	权重	定义	计算公式
文化建设	14.0	文化及相关产业增加值占GDP比重	%	≥5	3.0	指文化及相关产业增加值占地区生产总值的比重	文化及相关产业增加值占GDP比重＝文化及相关产业增加值÷国内生产总值(GDP)×100%
		人均公共文化财政支出	元	≥150	2.5	指一定时期内按常住人口平均计算的公共文化财政支出	人均公共文化财政支出＝公共文化财政支出÷年平均常住人口
		有线广播电视入户率	%	≥60	3.0	指年末有线广播电视入户数占总户数的比例	有线广播电视入户率＝年末有线广播电视入户数÷年末总户数×100%
		"三馆一站"覆盖情况	个	≥1.3	2.5	指年末平均每县级（乡镇级）行政区划"三馆一站"的覆盖情况	"三馆一站"覆盖情况＝（图书馆机构数/县级区划数＋博物馆机构数/县级区划数＋文化馆机构数/县级区划数＋文化站机构数/乡镇级区划数）×0.25
		城乡居民文化娱乐服务支出占家庭消费支出比重	%	≥4.2	3.0	指一定时期内城乡居民家庭文化消费支出占全部消费支出的比重	城乡居民文化娱乐服务支出占家庭消费支出比重＝城镇居民文化娱乐服务支出占家庭消费支出的比重×城镇人口比重＋农村居民文化娱乐服务支出占家庭消费支出的比重×(1－城镇人口比重)

2. 长期目标

围绕建成"文化强省"，保住强省地位，确立大众文艺发展目标。"强"是一个相对概念，强中自有强中手，一山更比一山高，是强；矮子里面挑将军，也是强。有比较才有强弱，跟谁比、比什么、在哪里比、在什么时候比，都有不同的结果。湖北提出的"迈入文化强省行列"目标，是限定在"十三五"这个时间格局和在全国范围内这个空间格局内的。

在"十三五"这个时间段里,"文化小康"与"文化强省"是一致的。按照全面建成小康社会的要求,在"十三五"期间,全面实现了"文化小康",就可以说是"迈入了文化强省行列"。但是,在更长的时间段里,"文化强省"的要求更高。"文化小康"是一个阶段性任务,是到2020年就可以完成的任务。而"文化强省"建设是一个历史过程,是一个相对的、动态的概念,在不同的时空环境中有着不同的目标内涵和要求,在全国乃至全世界范围内,只要人民群众的文化需求在不断增长,社会在不断地发展进步,"文化强省"建设就要一直持续下去,我们的文化建设就要一直"强"下去。

湖北省委在"十三五"规划建议里面提出的"社会文明程度显著提高。社会主义核心价值观深入人心,公民思想道德素质和科学文化素质明显提高,国家意识、法治意识、社会意识显著增强。精神文化产品更加丰富,荆楚文化品牌更加响亮,现代公共文化服务体系基本建成,文化产业成为支柱产业",是文化强省"强"的标准。但这些都是定性的指标,还需要科学、系统的定量指标体系来衡量文化强省的建设情况,并进行层层考核。这就需要相关职能部门尽快制订并颁布指标参数,绝不能"空对空"。

(三)破解大众文艺繁荣发展的难点

从湖北的实际出发,制约大众文艺发展的难点主要体现在以下几个方面。

1. 财政投入不足

与西方国家的"市场主导"不同,我们发展文化的原则是"政府主导",这就首先要求政府的财政投入保障要到位。2015年湖北省人均公共文化财政支出139.19元,距文化小康考核指标150元还有差距,投入不足问题较为突出。分市(州)看,全省只有鄂州、武汉、恩施人均公共文化财政支出超过150元,其余11个市(州)不足100元,3个市(州)不足50元。分县(市)看,全省只有15个县(市)人均超过100元,投入保障更为滞后。从文化部公布的文化事业费投入情况来看,2015年,省本级文化部门财政预算6.8亿元，在19个公开财政预算的省（区、市）中排第4位，排名较为靠前。但基层文化事业费投入不足的问题非常突出，在全省文化事业费23.56亿元的投入总量中，省本级和武汉市相加就有13.2亿元，占总额的一半还多，可以看出，公共文化财政支出层层递减、市县投入不足的问题十分突出。

2. 阵地建设落后

省本级的图书馆、博物馆、美术馆等设施均为全国一流水平，但阵地建设仍存在盲点。省群艺馆设施陈旧老化，馆舍面积3850平方米，低于文化部颁布的省级馆馆舍面积最低不低于4500平方米的标准，没有达到全国文化馆定级必备条件；与省内市（州）馆相比，馆舍面积也仅列第8位。市、县公共文化设施建设水平距文化小康指标还有较大差距。文化小康考核指标要求，全省（以省级为单位考量）"三馆一站"（公共图书馆、文化馆、博物馆、文化站）覆盖情况指数不低于1.3，2015年湖北省平均数为1.26，全省只有武汉、潜江、黄石3个市（州）和10%左右的县（市）达到目标值，其主要原因是多数市辖区没有"三馆"，部分农场、开发区、工业园区没有文化站设施，乡镇、村（社区）设施布局还没有打通"最后一公里"。

3. 创新力度不够

一是思想不够解放，相当一部分县（市）政府和文化部门领导，一谈到文化建设，总是只能想到向财政要钱，调动社会力量参与文化建设的思想认识不够、能力不足。如，在当前国家大力推动、其他地区纷纷实施"PPP"模式的形势下，全省仍有20多个县级文化场馆和大部分文体广场没有开工，坐等政府全额出资建设。二是缺乏专业人员。事在人为，没有人，就不可能有作为。目前全省各级各类文化部门都非常缺乏开展大众文艺工作的专业人员，少数县（市）文化部门甚至没有从事大众文艺创作和演出的工作人员。

（四）狠抓大众文艺繁荣发展四大工程

根据以上分析，今后一段时期，要重点抓好以下四大工程。

1. 大众文艺品牌打造工程

打造大众文艺品牌可以提升文化自信，提升文化的影响力。

一是保持群文创作"湖北现象"的绝对优势，继续打造并推出一批在全国有影响力的大众文艺精品。深入总结提炼"湖北现象"的湖北经验，大力宣传推广，提高湖北文化的影响力。

（1）举办湖北群星奖获奖作品全国巡演。采取市场运作方式，委托演艺公司组织湖北群星奖获奖作品在全国巡回演出。

（2）举办群文创作"湖北现象"研讨会。邀请全国各地专家，来湖北调研、召开座谈会，研究讨论湖北现象，向全国总结推广湖北经验。

（3）实施"优秀大众文艺原创作品扶持计划"。面向各类文艺团体征集原创大众文艺作品，并给予扶持和奖励，推出一批优秀大众文艺原创作品。

（4）实施"网络大众文艺创作和传播计划"。依托文化信息资源共享工程，运用网络组织创作、传播网络文学、网络音乐、网络剧、微电影、网络动漫等优秀大众文艺作品。

二是鼓励大型文化企业整合各种文化资源，打造具有国家水准的文化产品主力军，培育拥有自主知识产权、具有湖北特色的知名文化企业品牌。

（1）支持长江出版传媒集团整合兼并。长江出版传媒集团近年来发展势头良好，2016年实现营业收入360多亿元、净利润超过7亿元，在全国35家同类企业中排名第7位。在现在的发展势头下，应该支持该集团在省内外进行资源整合兼并，做大做强。

（2）推动省演艺集团转型升级。省演艺集团由原事业单位转企改制组建而成，在发展思路、经营理念和市场开拓上，还存在事业单位体制的惯性，建议通过引进社会资本、引进高级经营管理人才、整合各地资源、提升管理水平等措施，推动其进一步转型升级。

三是主动策划举办大众文艺品牌活动，提升品牌的影响力。

（1）实施"荆楚文化丝路行计划"。围绕"一带一路"战略，借助国家对外文化交流和文化贸易平台，策划组织具有荆楚特色的大众文艺产品有针对性地"走出去"。

（2）举办"长江大众文艺会演"。围绕"长江经济带"战略，利用湖北群文创作在全国的领先地位，争取文化部支持，在湖北举办"长江大众文艺会演"，将湖北打造为长江中游地区的大众文艺发展中心。

（3）实施"全省大众文艺活动品牌提升计划"。目前，全省各地均有一批自己本地的大众文艺活动品牌，如武汉市的"武汉之夏"系列活动、鄂州市的"周周乐"广场文化活动、荆州市的"小太阳"读书节暨全民阅读活动，以及各县（市、区）、乡镇（街道）等都有自己的大众文艺活动品牌。但是，这些活动大部分质量不高、影响不大，没有真正发挥品牌的影响力和带动力。因此，可以在全省进行调查摸底，选取部分基础好、受群众欢迎的活动，进行有针对性的指导、辅导，帮助它们提升、提高，并且可以适时开展"全省大众文艺活动品牌评选"工作。

2. 大众文艺产业发展工程

大众文艺的商品属性，决定了我们必须要紧密结合市场大力发展大众文艺产业，如此才能更好地推动大众文艺繁荣发展。

一是扩大大众文艺产业规模。在做大做强现有存量产业的基础上，可以依托为广大群众所熟知的特色文化资源，发展大众文艺产业项目。

（1）实施"湖北地域文化资源开发利用计划"。有专家从奇特价值、传承价值、认同价值、艺术价值、历史价值、社会价值六个维度对湖北省地域文化资源的人文价值进行了评价，从规模价值、投资价值、带动价值、产业基础、配套服务、前景价值六个维度对湖北省地域文化资源的经济价值进行了评价（见表10-3）。

表10-3 湖北地域文化资源评价表

类别	人文价值	经济价值	总分
楚文化	4.473	3.98	8.453
三国文化	3.937	3.855	7.792
道教文化	3.804	3.616	7.42
土苗少数民族文化	3.758	3.551	7.309
中医药学文化	3.582	3.519	7.101

续表

类别	人文价值	经济价值	总分
红色文化	3.594	3.37	6.964
佛教文化	3.438	3.433	6.876
戏剧文化	3.471	3.11	6.581
巴文化	3.445	3.108	6.553
炎帝神农文化	3.5	3.008	6.508
唐诗宋词文化	3.811	2.573	6.384
茶文化	3.036	3.318	6.354
工业文化	2.876	3.385	6.261
王陵文化(明显陵)	2.769	2.657	5.426

资料来源：湖北省文化厅编制《湖北省文化产业发展战略规划（2014－2025）》，第44页。

其中，楚文化、三国文化、道教文化、土苗少数民族文化、红色文化、佛教文化、中医药学文化不仅有较高的人文价值，还具备一定的经济价值，可以作为今后重点开发的特色文化资源。

（2）实施"荆楚非遗传承计划"。推广荆州创业学校建设荆楚非遗技能传承基地，实行非物质文化遗产生产性保护，推行产、学、研一体化的运作模式，在全省打造10个左右能够进行大规模产业化生产的非遗传承基地。

二是优化大众文艺产业结构。目前，湖北省大众文艺产业仍然是出版、印刷等传统产业占绝对优势，新兴产业尚未发展壮大，要深入推进供给侧改革，优化产业结构。

（1）办好"湖北省大学生创意设计大赛"。目前，该活动已举办四届，发现了一批优秀的创意设计作品，下一步要重点在作品的开发利用上下功夫，选取部分有市场前景的作品，引进社会资本，推动进行产业化生产。

（2）举办"湖北全民电子竞技大赛"。目前，在湖北省举办过的各类电子竞技大赛有：国家体育总局举办的"全国电子竞技大赛"、共青团中央举办的"中国青年电子竞技大赛"、湖北省文化厅举办的"湖北省文化市场行业转型升级电子竞技大赛"、大学生自主举办的"高校电子竞技大赛"等，均有一定影响。下一步，可以将有关资源整合起来，从发展大众文艺的角度出发，策划举办"湖北全民电子竞技大赛"，打造湖北自己的活动品牌，以此来更好地推动全省电子游戏产业的发展。

三是提升大众文艺消费水平。近年来，湖北省城乡居民文化消费呈稳步增长趋势，文化消费能力逐步提升，2014年文化消费总量为607.99亿元，居全国第9、中部第3，仍有很大的提升空间。

（1）实施"大众文艺产品质量提升计划"。优秀的文艺产品从来不缺消费者，品质不高的文艺产品即使优惠幅度再大也少人问津，文艺产品的质量是影响文化消费的决定性因素之一。所以，要调动各类文化市场主体和社会资本的积极性、创造性，从时尚化、数字化、特色化和融合化四个方面着手，改善、提升全省大众文艺产品的质量。

（2）搭建"大众文艺数字服务平台"。对大众文艺服务机构、队伍、作品、品牌项目等，进行综合智能管理，建立大众文艺作品、活动、项目等的相关数据库，实现大众文艺资源共建共享；同时，通过该平台来收集大众的文化消费需求，实现大众文艺产品供需对接，提高大众文艺产品的传播和服务效能。

（3）实施文化消费主体激励政策。城乡居民是文化消费的主体，只有居民进行实际的付费消费，文化消费的总体规模才能扩大。可以借鉴北京、上海等地的成功经验，在全省发放文化惠民消费卡，实施演出票价补贴制度，通过财政补贴的支撑作用，刺激居民进行文化消费。居民可凭有效证件，自愿申领文化惠民消费卡，卡内由财政出资预存一定金额，补贴居民文化消费，消费卡可在全省签约的文化场所进行消费，并享受优惠折扣。

3. 大众文艺机制创新工程

一是坚持"两手抓"，实行政府主导和市场辅助相结合，两个轮子一起转。

（1）建立"大众文艺创作指导机制"。各级文化行政部门要指导各级文化馆等创作单位，结合中心工作和大众需求制订创作计划，有针对性地开展大众文艺创作。针对部分县（市）创作能力不足的实际情况，省级相关文化部门可以组织专家创作一批优秀作品，无偿提供给基层文化单位进行生产和演出。

(2) 实施"社会资本引进计划"。在设施建设上，鼓励和支持公民、法人和其他组织，以兴建、捐建、与政府部门合作共建等方式建设公共文化设施。在文化服务上，根据本地区经济社会发展水平、公共文化服务需求状况和财政预算安排情况，制订本地区政府向社会力量购买公共文化服务的指导性目录或具体购买目录，及时向社会公布，建立健全政府向社会力量购买公共文化服务的机制。

(3) 实施"社会文艺团队扶持计划"。目前，全省社会文艺团队很多，每个村（社区）均有2个以上社会文艺团队，规模较大、长期演出、闯市场能力较强的社会文艺团队有200多个，是专业文艺团队的数倍之多。对这些力量，各级政府要高度重视，要通过开展普查、政府购买服务、培训辅导等工作，引导这些力量参与大众文艺建设。

二是推动与其他行业的融合发展。大众文艺具有很强的包容性和兼容性，在发展大众文艺的过程中，要主动谋求和其他行业进行融合发展。

(1) 组建"大众文艺发展联盟"。将文化、出版、广电、文联、作协、工会、共青团、妇联等团体和军队、武警等系统的大众文艺资源整合起来，建立大众文艺工作网络，组建大众文艺发展联盟。

(2) 实施"演艺进景区计划"。将演艺产业与旅游产业结合起来，推动国有演艺企业、社会演艺团队与旅游景区深度合作，共同打造一批高水平的、与景区特点相融合的情景剧（节）目。

三是完善大众文艺评价机制。针对大众文艺发展中出现的"三俗"问题，要加强文化市场监管，制订科学有效的评价考核标准。

建立"大众文艺作品和活动评价机制"。制定完成《湖北大众文艺考核管理办法》，把握正确导向，对大众文艺的形式、内容和思想内涵进行必要的规定，在政府部门加强文化市场综合执法的基础上，引入第三方评价机构对各类大众文艺进行调查、考核、评价，并根据评价结果采取适当的奖惩措施。

4. 大众文艺基础夯实工程

一是加强大众文艺阵地建设。牢固树立阵地意识，建好、管好、用好各

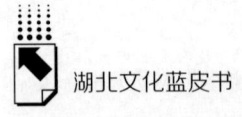

级各类大众文艺阵地。

(1) 实施"基层综合文化服务中心建设三年计划"。国务院办公厅发布的《关于推进基层综合性文化服务中心建设的指导意见》和省政府办公厅发布的《关于推进基层综合性文化服务中心的实施意见》规定,要在"十三五"期间全面完成基层综合文化服务中心建设。根据省委、省政府确定的在2019年率先全面实现文化小康的目标,建议以2019年为时间节点,尽快制订并实施"基层综合文化服务中心建设三年计划",依托乡镇综合文化站、党员群众服务中心、祠堂、闲置中小学校以及其他城乡公共设施,采取盘活存量、调整置换、集中利用等灵活多样的方式方法,建设基层综合文化服务中心,打通基层文化服务"最后一公里"。

(2) 实施"大众文艺阵地服务效能提升计划"。开展图书馆、文化馆评估定级工作,制订并完善大众文艺机构管理办法和业务规范,进一步明确各级机构的功能定位、职责范围和重点任务,不断提升服务效能。对文化部门系统内部的文艺阵地,要严格规范管理并进行考核;对社会力量主办的网站、出版物等文艺阵地,要加强监管,强化正面引导。

二是加强大众文艺人才建设。大众文艺人才包括创作人才、管理人才、经营人才等,结合湖北省实际,应重点抓好以下几个方面的工作。

(1) 配齐乡镇(街道)文化工作队伍。落实国家相关精神,结合基层综合文化服务中心建设,推动各地党委、政府落实乡镇(街道)综合文化服务中心(文化站)"至少配备2名工作人员,其中有1名是事业编制"的要求,建立稳定的基层文化工作队伍。

(2) 实施"大众文艺骨干培养计划"。以各级文化馆业务人员为主,吸收社会大众文艺爱好者和经营者,建立大众文艺人才数据库,通过实施文化馆与大众文艺创作人员签约制度、建立大众文艺专家工作室、创新人才引进机制等方式,培养一批大众文艺工作骨干,推出一批大众文艺领军人才。

(3) 实施"大众文艺行业组织发展计划"。按照中共中央办公厅、国务院办公厅印发的《关于加强文化领域行业组织建设的指导意见》,支持鼓励各地因地制宜发展大众文艺行业组织,支持他们积极参与大众文艺工作,引导其更好地服务于大众文艺事业发展。

三是加强大众文艺资金保障。在"政府主导"的原则下，财政投入不足是一个突出问题，对此可以从以下几个方面加以改善。

（1）设立"繁荣大众文艺专项资金"。省财政和有条件的地方财政，可以设立"大众文艺专项资金"，主要用于扶持重点作品创作、资助重大活动开展、培养专业人才、扶持大众文艺企业、购买公共文化服务等。

（2）加强投入指标考核督办。国家统计局公布的《全面建成小康社会统计监测指标体系》中规定，实现文化小康的考核指标之一是"人均公共文化财政支出≥150元"，这是最低标准，而且是2020年国家要进行检查考核"结硬账"的。所以，从现在开始，我们要加强对各地的考核督办，督促各地按照实现文化小康的要求加大财政投入。

（3）建立对口帮扶长效机制。结合文化精准扶贫，建立相关单位和部门与贫困地区的单位和部门对口帮扶机制，实施一批帮扶项目，带动贫困地区大众文艺繁荣发展。

总之，实现湖北大众文艺的繁荣发展，是一项庞大的系统工程，也是一项对文化强省建设有重要促进作用的重大工程。需要各级党委、政府的坚定领导和有效扶持，需要社会各界的共同参与和积极努力，需要整合政策、资金、人才、科技等各种文化要素，并使其在平等、竞争、开放、完善的文化市场体系中得到合理、顺畅地流动与配置。只要我们始终坚持以习近平总书记重要讲话精神为指导，科学规划、科学管理、科学引导、科学落实，湖北的大众文艺事业一定能够实现跨越式发展。

B.11
湖北博物馆事业发展情况调研报告

余萍 彭放*

摘　要： 当前,在全国博物馆事业蓬勃发展的大背景下,依托深厚的文化底蕴和丰富的文物资源,湖北全省博物馆事业走上了高速发展的快车道,在公共文化服务体系建设、博物馆体系完善、公共服务能力提升、文物科技保护等方面取得了令人瞩目的成绩,但同时也存在着区域发展不平衡、活力不足、人才队伍薄弱、社会参与度不高等不足之处。本文就湖北全省博物馆标准化建设、激发博物馆活力、鼓励社会力量参与博物馆事业等方面提出了意见和建议。

关键词： 湖北　博物馆　文物保护　服务水平

博物馆是保护和传承人类文明的重要殿堂,是连接过去、现在、未来的桥梁,在促进世界文明交流互鉴方面具有特殊作用。近年来,党和政府积极推进社会主义先进文化建设,作为公共文化服务体系的重要组成部分,党和政府高度重视博物馆事业发展,已经将博物馆事业上升为国家战略,博物馆事业获得了前所未有的重视和支持。各级党委、政府加大文化投入,这为博物馆事业的快速发展提供了坚实基础；社会力量积极兴办博物馆,广大群众

---

* 余萍,女,湖北省文物局博物馆处处长；彭放,男,湖北省文物局博物馆处副处长,长期从事全省博物馆行政业务管理工作,在全省博物馆体系建设、博物馆基础建设、博物馆管理等方面积累了较为丰富的工作经验。

积极参与博物馆活动，这激发了博物馆健康发展的活力。可以说，博物馆在满足人民群众精神文化需求、构建社会主义核心价值体系、弘扬中华优秀传统文化等方面发挥着越来越重要的作用。2008年国家文物局发布了《关于全国博物馆、纪念馆免费开放的通知》、2011年发布了《博物馆事业中长期发展规划纲要（2011~2020年）》，明确了全国博物馆事业的发展目标和主要任务，成为全国博物馆事业发展的行动纲领和重要依据。2015年国务院颁布了《博物馆条例》，为博物馆健康发展提供了有力的政策支撑。2016年全国人民代表大会常务委员会审议通过《中华人民共和国公共文化服务保障法》，将博物馆纳入基本公共文化设施予以保障，为博物馆事业的可持续发展提供了坚实的法律保障。

一 "十二五"湖北博物馆事业发展成就

湖北历史悠久，文化灿烂，是楚文化的发祥地、三国文化的发生地、首义文化的策源地、红色文化的富集地，是全国文物大省之一，也是全国博物馆事业起步较早、发展较快的省份之一。曾侯乙编钟、越王勾践剑、郭店楚简、云梦秦简以及楚国丝绸、漆木器等，享誉国内外，这些弥足珍贵的文化遗产既是璀璨夺目的中华优秀文明传承中的重要组成部分，也是湖北悠久历史文化的物质载体和实物鉴证。

近年来，在国家有关政策的指引下，湖北省立足实际、加强管理、改善服务，扎实推进免费开放，让博物馆更加贴近生活、贴近群众，受到了全社会的广泛欢迎，在实现文化遗产保护成果惠及民生、丰富公众文化生活等方面发挥了积极作用，为促进湖北省经济社会发展做出重要贡献。

（一）财政投入稳步增长，基础设施建设不断加强

博物馆是开展公共文化服务的载体和平台，近年来，全省各级党委、政府高度重视博物馆事业的发展，财政投入逐年增加。2010~2015年，湖北省不断加大公共博物馆财政拨款，从2010年的2.29亿元增加到2015年的5.24亿元，年均增长21.4%（见图11-1）。

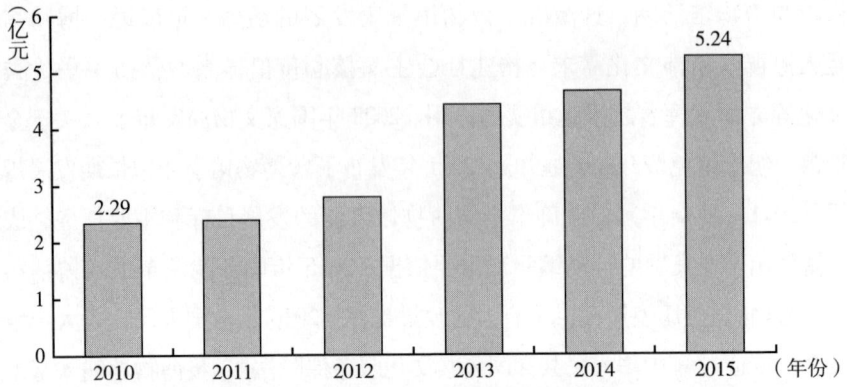

图11-1　2010~2016年湖北公共博物馆财政拨款情况

资料来源：《湖北省文化文物统计年鉴》（2010~2015）。

"十二五"以来，全省博物馆建设呈现出逐步加强的发展势头，在各级财政的大力支持下，各地掀起了博物馆建设的热潮，博物馆事业取得了前所未有的进展。

1. 投资10亿元兴建全国一流省级博物馆

湖北省博物馆是湖北省唯一的省级综合性博物馆，是全省最重要的文物收藏、研究和展示机构。现有馆藏文物26万件（套），一级、二级、三级文物2万余件（套），曾侯乙编钟、越王勾践剑等国宝举世闻名。2003~2007年，省博物馆进行二期馆舍扩建，基建总投资2.33亿元，扩建面积36832平方米。2013年起，省政府再次投资10亿元进行三期改扩建，扩建面积达6.8万平方米，扩建后总建筑面积将达11万平方米。目前新建设备楼和控制中心已建设完成并投入使用，正在进行文展大楼、游客服务中心、文保中心和科研中心部分的施工，计划2019年5月三期新馆全面开放。

2. 地市级博物馆建设全面开花

近十年来，全省地市级博物馆建设全面开花，成果丰硕。辛亥革命博物馆、中山舰博物馆、江汉关博物馆、长江文明馆、黄石市博物馆、十堰市博物馆、随州市博物馆、咸宁市博物馆、鄂州市博物馆、黄冈市博物馆、恩施州博物馆等新馆相继竣工并对外开放；投资4亿元的宜昌市博物馆和投资

1.5亿元的天门市博物馆新馆项目已完成主体建设进入布展阶段，投资 2.5亿元的襄阳市博物馆新馆进入施工阶段，孝感市博物馆、荆门市博物馆也已启动了新馆建设（见表 11 - 1）。

表 11 - 1 湖北省地市级博物馆建设情况汇总

序号	名称	总投资（万元）	总建筑面积（平方米）	新馆开放时间
1	辛亥革命博物馆	40000	22142	2011.12
2	中山舰博物馆	10000	11000	2011.9
3	江汉关博物馆	4400	4359	2015.12
4	长江文明馆	20000	31000	2015.9
5	黄石市博物馆	4300	6141	2008.12
6	十堰市博物馆	9000	11000	2007.7
7	随州市博物馆	10000	9636	2008.12
8	咸宁市博物馆	10000	9887	2011.10
9	鄂州市博物馆	15000	20000	2013.3
10	黄冈市博物馆	10000	12000	2012.9
11	恩施州博物馆	15000	20285	2013.8
12	襄阳市博物馆	25000	30000	主体工程施工中
13	宜昌市博物馆	40000	33000	陈列布展中
14	天门市博物馆	15000	15000	陈列布展中
15	荆门市博物馆	21000	24000	主体工程施工中
16	孝感市博物馆	20000	15000	陈列布展中

3. 县级博物馆建设方兴未艾

追溯历史沿革，湖北国有县级博物馆大多成立于新中国成立初期（20 世纪 50 年代）至 20 世纪 80 年代这 30 年。进入 21 世纪以来，伴随省级博物馆和地市级博物馆建设的发展，湖北省县级博物馆建设也呈现出方兴未艾的良好局势。2006~2009 年，武当博物馆、石首博物馆、京山博物馆、崇阳县博物馆等一批县级博物馆新馆建成并对外开放。2010 年底，宜城市人民政府投资 1500 余万元，征用土地 22544 平方米，新建建筑面积达 5500 平方米的宜城市博物馆，对全省县级博物馆建设起到示范作用；2011 年，投资 4500万元、建筑面积 4852 平方米的丹江口博物馆新馆建成并对外开放；2012

年，投资7000万元、主馆建筑面积10000平方米的钟祥市博物馆新馆建成并开放，这是当时全省建筑规模最大、影响最广的县级博物馆；2013年，投资11000万元、建筑面积18000平方米的云梦县博物馆建成并开放，又刷新了湖北县级博物馆的新馆建设规模纪录。

2014~2016年，全省共有23家县级博物馆进行了新馆建设，其中咸丰、荆州区、应城、随县等博物馆建设完成并对外开放；保康、宣恩、红安、房县等县共计19个县级博物馆正在开工建设（见表11-2）。

表11-2 湖北省在建县级博物馆汇总

序号	名称	总投资概算（万元）	总建筑面积（平方米）	进度情况
1	保康县博物馆	2159	5681	主体施工
2	宣恩县民族博物馆	1100	3632	主体施工
3	红安县博物馆	2200	6898	主体完工
4	房县博物馆	1200	3900	主体施工
5	竹山县博物馆	1433	4105	主体施工
6	枣阳市博物馆	4000	5160	主体施工
7	罗田县博物馆	2000	3800	主体完工
8	通山县博物馆	3000	4340	主体完工
9	南漳县博物馆	3120	7958	主体施工
10	黄梅县博物馆	3600	7500	主体完工
11	秭归县博物馆	1561	3318	主体施工
12	龙湾遗址博物馆	3100	6174	主体完工
13	丹阳博物馆	800	1000	主体完工
14	郧阳博物馆	3470	8000	场地平整
15	蕲春县博物馆	8501	12549	基础施工
16	浠水县博物馆	10800	11400	前期工作
17	安陆市博物馆扩建	300	1200	前期工作
18	向阳湖文化名人博物馆	700	3618	前期工作
19	崇阳县博物馆	3500	4000	场地平整

近年来，一大批省、市、县博物馆新馆的兴建，极大地提升了全省博物馆公共文化服务能力，充分发挥了博物馆在现代公共文化服务体系中的阵地作用，对于集中展示湖北地区文化遗产、更好地服务人民群众、推动地区经济社会发展起到了十分重要的作用，为湖北实现文化强省目标打下了良好的基础。

（二）博物馆数量逐年增长，博物馆体系逐步健全

近年来，湖北积极推动全省博物馆建设，着力推进国有博物馆公共服务能力提升，大力支持和引导行业博物馆、非国有博物馆的设立和发展，不断丰富和完善全省博物馆体系门类，博物馆事业蓬勃发展，博物馆发展步入快车道。全省基本形成以省博物馆为龙头、以市（州）博物馆为骨干、以县级博物馆为基础、以行业博物馆和民办博物馆为补充的特色鲜明、布局合理的博物馆体系。

"十二五"以来，全省博物馆数量增长迅速，2010～2016年，全省博物馆总数分别以同比11%、7.7%、8.3%、8.2%、4.5%、3.8%的速度稳步增长。全省博物馆门类日趋丰富，涉及历史、文化、教育、医药、服装、饮食、民俗、健康、金融、工业、科技、地质、军事等多个行业，具有很强的典型性和代表性。截至2016年底，全省共有已备案博物馆214家（见图11-2），其中三级以上博物馆39家（一级博物馆5家，二级博物馆9家，三级博物馆25家），国有文物类博物馆124家，国有行业类博物馆35家，非国有博物馆55家，全省博物馆文物藏品总量177万余件（套），总建筑面积1028996平方米，年参观人次2512万，博物馆数量与文物藏品数量均位居全国前列（见表11-3）。

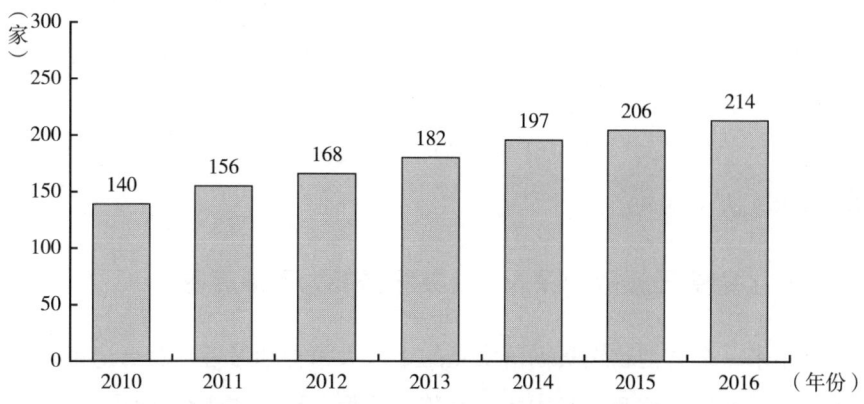

图11-2 2010～2016年全省博物馆数量发展情况

资料来源：湖北省文物局2010～2015年湖北博物馆年检资料及2016年湖北省博物馆名录。

表11－3 2016年全省博物馆事业主要发展指标

指标名称	指标值
博物馆数量	214个
藏品总数	177万件（套）
年参观人数	2512万人次
总建筑面积	1028996平方米
平均每馆面积	4808平方米
公共文化人群覆盖率*	每28.68万人拥有1个博物馆
每万人口拥有博物馆建筑面积	167.62平方米

*湖北省人口总数：6138.9万人。
资料来源：《湖北统计年鉴（2016）》。

2011年国家文物局在《博物馆事业中长期发展规划纲要（2011~2020年）》中提出发展目标：至2020年博物馆公共文化服务人群覆盖率明显提高，从40万人拥有1个博物馆发展到25万人拥有1个博物馆。2013年国家统计局公布了《全面建成小康社会统计监测指标体系》，其中文化建设指标为：至2020年，每万人口拥有"三馆一站"公用房屋建筑面积≥400平方米。

从2016年全省博物馆事业主要发展指标来看，全省博物馆公共文化人群覆盖率达到每28.68万人拥有1个博物馆，已接近《博物馆事业中长期发展规划纲要（2011~2020年）》中提出的"每25万人拥有1个博物馆"的发展目标；全省每万人口拥有博物馆建筑面积为167.62平方米，在"每万人口拥有'三馆一站'公用房屋建筑面积≥400平方米"这项目标中，博物馆的占比已达41.9%。

（三）免费开放持续深入，公共服务能力不断完善

近年来，全省博物馆贯彻落实党的十八大精神和习近平总书记系列重要讲话精神，积极宣传和弘扬中华优秀传统文化，培育和践行社会主义核心价值观，扎实推进博物馆免费开放工作，展览交流更加活跃，服务水平不断提高，覆盖范围逐步扩大，公共服务能力不断增强，在保障人民群众基本文化

权益,实现文化服务的公益性、基本性、均等性、便利性等方面发挥了重要的作用。据统计,2016年全省214个博物馆、纪念馆举办基本陈列和临时展览986场(个),开展各类社会教育活动超过2300场次,接待观众2512余万人次。

1. 免费开放扎实深入

2007年,湖北省博物馆率先在全国中西部地区实行免费开放。2008年,中共中央宣传部、财政部、文化部、国家文物局联合下发了《关于全国博物馆、纪念馆免费开放的通知》。湖北省积极落实政策,加强政策引导和资金扶持,不断深入推进博物馆免费开放,扩大博物馆免费开放经费支持范围,将更多的博物馆纳入免费开放范围。同时,以免费开放为契机,推进博物馆、纪念馆管理体制和机制创新,支持改善陈列布展,进一步提升了博物馆公共文化服务能力和水平。实践证明,博物馆免费开放顺民心、合民意,对于建设社会主义核心价值体系、提高社会公众的道德文化素养、增强文化软实力具有十分重要的推动作用。目前,全省214个博物馆中,免费开放的博物馆有199家,占比达92.9%。

2. 陈列展览特色鲜明

全省博物馆依托丰富的馆藏文物资源,深入挖掘优秀传统文化内涵,积极策划实施学术基础扎实、具有鲜明教育作用、彰显社会主义核心价值观的主题展览,打造出一批主题鲜明、特点突出的高质量原创展览,讲好荆楚故事,讲好中国故事。2014年,恩施州博物馆"武陵足音"展览获得第十一届全国博物馆十大陈列展览精品评选优胜奖;2015年武汉市革命博物馆的"探索与奠基——武昌中央农民运动讲习所历史陈列"、辛亥革命武昌起义纪念馆的"为天下先——辛亥革命武昌起义史迹陈列"获得第十二届全国博物馆十大陈列展览精品评选优胜奖;2016年,湖北省博物馆的"铸鼎镕金展"荣获2015年度全国博物馆十大陈列精品推介之"国际及港澳台合作奖"。

为提高全省馆藏文物资源利用率,打破地域和行业限制,形成全省博物馆馆藏资源共享机制,2015年5月18日,全省组织30余家博物馆,成立了湖北博物馆展览联盟。联盟成立后，将整合全省馆藏文物、人才、技术等资源，搭建全省博物馆陈列展览资源共享平台，推出更多特色主题展览，加强全省交流巡展，积极开展对外文化交流。

3. 社会教育丰富多彩

全省博物馆充分发挥宣传和弘扬中华优秀传统文化以及培育社会主义核心价值观重要平台的作用，深入开展未成年人爱国主义教育和思想道德教育，深入挖掘馆藏文物资源，进一步完善社会教育功能，针对不同人群的认知特点，举办了一系列有特色、有亮点、有成效的活动，呈现出范围广、层次多、形式多样、内容丰富、亮点突出的特点。2014~2016年，全省博物馆、纪念馆年举办各类社会教育活动逾3000场次，接待未成年人2100余万人次，未成年观众超过总参观人数的1/3，在未成年人爱国主义教育和思想道德教育方面取得了良好的效果。

2014年省文化厅、省教育厅、省文物局联合下发《湖北省在校学生走进博物馆（纪念馆）五年行动计划（2014~2018）》，要求实现全省中小学生每2年参观一次博物馆的目标，建立博物馆与学校教育的长效合作机制，文件发布当年中小学生观众数量明显增加，效果显著。2015年省文物局、省教育厅联合转发国家文物局、教育部《关于加强文教结合、完善博物馆青少年教育功能的实施意见》，要求全省博物馆、相关大中小学校按照文件要求，高度重视、建立组织保障，实施项目、完善工作保障，融合发展、建立激励机制，建立学生利用博物馆学习的长效机制。

省博物馆依托馆藏文物资源优势，开发"礼乐学堂"系列教育课程。该课程以五类重要馆藏、大型特色临展、多个主题节日为依托创编出"礼乐中国""寻找铜草花""古文字发展历史""文物与成语""瑰丽的漆器""瓷器艺术""我们从哪里来——100万年前的郧县人""传统节日系列""楚人服饰"等多个课程，并针对不同层次的观众，研发了面向幼儿园、小学、初中、高中等的课程，以及高校课程等成人课程，"国培计划"教师课程，军营课程以及盲校课程等"温馨关爱"课程，旨在以礼教和乐教为主要手段，带领社会公众感受"有序""和谐"的中国传统文化精神。"礼乐学堂"课程自创建至今，湖北省博物馆社教志愿服务团队以"走出去""请进来"的形式为不同年龄层次的公众提供服务，举办适宜各类受众的课程1500余场次，惠及基层公众15万人次。除此之外，还有省博物馆"让我的声音做你的眼——关爱盲人朋友系列活动"、辛亥革命武昌起义纪念馆"道德讲堂"活动、武汉市革命博物馆"铭记历史、珍爱和平——纪念抗日战争胜利70周年"主题系列活动、黄冈市博物馆"快乐考古行"等特点鲜明、深受青少年观众喜爱的系列社会教育活动。近年来，以省博物馆"礼乐学堂"课程为示范，带动省、市、县三级博物馆逐步形成了流动课堂、十博课堂、考古夏令营、小小讲解员、首义寻踪、孝礼雅塾、博物馆游学等一批博物馆教育活动品牌。

4. 对外交流亮点纷呈

博物馆国际交流与合作不仅是我国博物馆事业的重要内容，更是我国对外文化交流活动的重要手段之一，也是当前博物馆中长期发展的重要任务之一。按照国家文物局"关于进一步整合各地博物馆资源，充分发挥文物展览在文明交流互鉴中的积极作用"的总体部署要求，2014~2016年，全省共举办文物出、入境展览18个，参观总人数超过1000万人次，在进一步展示荆楚文化特色、促进中华文化对外交流方面发挥了积极的作用（具体对外交流展览情况见表11-4）。

表11-4　2014~2016年全省博物馆对外交流展览情况

展览名称	展出地点	策展单位	展出时间
出境展览			
礼乐中国——湖北省博物馆馆藏商周青铜器特展	俄罗斯普希金造型艺术博物馆	湖北省博物馆	2014.3~2014.4
皇家品味——15世纪明代藩王宫廷艺术	美国佛罗里达瑞林博物馆	湖北省博物馆、武当博物馆、蕲春县博物馆	2015.10~2016.6
帝国前的中国——楚文物特展	意大利威尼斯东方博物馆等三家博物馆	湖北省博物馆	2016.3~2016.11
中山舰出水文物展	新加坡孙中山南洋纪念馆	中山舰博物馆	2014.10~2015.4
文明的足迹——长江中游史前考古文物特展	台湾新北市立十三行博物馆	湖北省博物馆	2014.6~2014.10

续表

展览名称	展出地点	策展单位	展出时间
道教文物特展	台北历史博物馆	湖北省博物馆、武当博物馆	2014.12~2015.3
武当山玄天上帝神尊巡境台湾活动	台湾北、中、南三区	武当博物馆	2014.10~2014.11
鼎立三十——看先民铸鼎融金的科学智慧特展	台湾台中自然科学博物馆	湖北省博物馆	2015.5~2016.2
孙中山与武汉——纪念孙中山先生诞辰150周年特展	新加坡孙中山南洋纪念馆	辛亥革命武昌起义纪念馆	2016.11~2017.4
入境展览			
飞越欧洲的雄鹰——拿破仑文物特展	湖北省博物馆	法国拿破仑基金会	2014.8~2014.11
创建真实——意大利歌剧大师威尔200周年纪念展	湖北省博物馆	意大利艺术机构	2014.5~2014.6
印度的世界——美国洛杉矶郡艺术博物馆藏印度文物精品展	湖北省博物馆	洛杉矶郡艺术博物馆	2014.12至今
奥地利百年绘画展1860~1960	湖北省博物馆	奥地利艺术机构	2015.9~2015.11
骑士密码——苏比拉克回顾展	湖北省博物馆	加泰罗尼亚政府文化部等	2015.9~2015.11
胜利:1945~2015——纪念世界反法西斯战争胜利70周年俄罗斯美术作品展	湖北省博物馆	俄罗斯12家艺术机构	2015.9~2015.12
丝绸之路——俄罗斯民族传统文化展	湖北省博物馆	俄罗斯民族博物馆	2016.10~2017.2
欧洲玻璃艺术史珍品展	湖北省博物馆	捷克共和国布拉格国家工艺美术博物馆	2016.10~2017.2
海上瓷路——粤港澳文物特展	湖北省博物馆	粤港澳三地博物馆	2016.1~2016.3

(四)国有单位文物普查完成,文物科技保护水平不断提升

1. 全省第一次可移动文物普查全面完成

根据《国务院关于开展第一次全国可移动文物普查的通知》(国发

〔2012〕54号）部署，湖北省从2012年10月起，对湖北境内全部国有单位收藏保管的文物进行全面普查登记，至2016年底，已全面完成湖北省可移动文物普查工作。

截至2016年10月31日，全省共调查登记国有单位41265家，反馈收藏有文物的国有单位610家，经组织专家认定和排查，最终确定收藏有文物的国有单位514家，登录平台的可移动文物藏品总量1531877件（套），实际数量为2187192件（套）。其中，一、二、三级珍贵文物94887件（套），实际数量为149997件（套）。

（1）全省文物收藏单位分布情况

按隶属关系：中央属单位15家，登录藏品总数37527件（套）；省属单位26家，登录藏品总数456078件（套）；地市属收藏单位106家，登录藏品总数607807件（套）；区县属收藏单位313家，登录藏品总数428825件（套）；乡镇街道属收藏单位53家，登录藏品总数1587件（套）；其他1家，登录藏品总数59件（套）。

按单位类型：博物馆、纪念馆168家，登录藏品总数1332318件（套）；图书馆59家，登录藏品总数10751件（套）；美术馆7家，登录藏品总数4412件（套）；档案馆58家，登录藏品总数3319件（套）；其他222家，登录藏品总数181257件（套）。

按单位性质：国家机关63家，登录藏品总数2086件（套）；事业单位392家，登录藏品总数1515876件（套）；国有企业、国有控股企业16家，登录藏品总数3953件（套）；其他43家，登录藏品总数9962件（套）。

按行业分布：农、林、牧、渔业3家，采矿业1家，制造业4家，电力、燃气及水的生产和供应业2家，建筑业2家，交通运输、仓储和邮政业4家，信息传输、计算机服务和软件业0家，批发和零售业0家，住宿和餐饮业0家，金融业2家，房地产业2家，租赁和商务服务业0家，科学研究、技术服务和地质勘察业7家，水利、环境和公共设施管理业12家，居民服务和其他服务业8家，教育63家，卫生、社会保障和社会福利业14家，文化文物、体育和娱乐业281家，公共管理和社会组织109家，国际组织 0 家。

(2) 全省文物藏品类别分布情况

全部文物藏品 1531877 件（套）中，文物古籍 1508931 件（套），标本化石 22946 件（套）。

文物古籍藏品类别统计：占比前五位的分别是，钱币 804033 件（套），占比 53.28%；瓷器 103251 件（套），占比 6.84%；邮品 87476 件（套），占比 5.80%；陶器 83011 件（套），占比 5.50%；铜器 63095 件（套），占比 4.18%。

标本化石藏品类别统计：占比前三位的分别是，岩石和矿物为 13665 件（套），占比 59.55%；古生物化石 4831 件（套），占比 21.05%；现生动物和现生植物 4447 件（套），占比 19.38%。

开展湖北省第一次全国可移动文物普查，对于准确把握全省可移动文物资源底数、科学制订文物保护政策和合理利用规划，发挥文物资源在促进地方经济社会发展、全面建成小康社会中的作用，加快贯彻落实《中共湖北省委关于制定全省国民经济和社会发展第十三个五年规划的建议》提出的"迈入文化强省"的奋斗目标，作用显著，意义重大。

一是摸清了底数。通过开展湖北全部国有单位收藏的可移动文物调查、认定、采集和登录，全面掌握了全省国有可移动文物的总量规模、分布特点、保存状况和保护需求等资源底数。

二是打下了基础。开展可移动文物普查，为建立健全文物登录备案机制和文物保护体系提供了科学依据，为有针对性地开展文物保护和扩大文物保护范围提供了有效支撑，为科学制订全省文物保护政策和科学合理利用规划奠定了扎实基础。

三是发挥了作用。全省开展形式多样的宣传活动和国有单位可移动文物大调查，既提高了全社会对文物保护工作的关注度，又加强了国有资产登记监管。同时，还进一步促进了全省文物资源的有效整合利用，增强了荆楚文化软实力，丰富了公共文化服务内容，充分发挥了文物资源在国民经济和社会发展总体布局中的积极作用。

四是培训了队伍。从国有单位调查、文物认定到信息的采集、登录和审核，普查工作者全过程参与，这一方面让基层青年骨干和刚参加工作的年轻同志得到了全方位、立体式的能力锻炼，另一方面扎实提升了普查工作者的科学知识、专业技能和管理水平，有效促进全省建立起一支综合素质过硬、专业技能全面的文博从业队伍。

（3）可移动文物科技保护成果斐然

2005年，在国家文物局、湖北省文化厅、省文物局及各级政府部门的关怀和指导下，湖北省博物馆和荆州文物保护中心联合申报的"出土木漆器保护国家文物局重点科研基地"获批成立，成为国家文物局首批设立的3个国家级重点文物保护科研基地之一。该基地的成立，标志着湖北省文物保护事业迈上了新的台阶。基地实行"开放、流动、联合、竞争"的运行机制，通过设计合理的制度、实行严格的管理、树立开放合作的精神，十余年来持续健康发展，并在扬州、长沙、成都、合肥、兰州等地建立了6个工作站，着力发挥湖北文物科技保护的影响力和支撑力。基地在考古现场保护、竹木漆器脱色脱水修复复原、病害控制以及科技成果工程化集成等研究方向上取得了突出的成果，成为代表国家该类文物保护水平、具有国际影响力的工程技术类国家重点科研基地。

"十二五"以来，全省继续推进文物科技保护机构建设工作，目前，全省共有国家级科研基地1个、省级文物保护中心1个，具有可移动文物保护修复资质单位10个，逐步形成了以出土木漆器保护国家文物局重点科研基地为龙头，以荆州博物馆、武汉博物馆、襄阳博物馆等地市级区域性文物保护中心为骨干，以宜城市博物馆、浠水县博物馆等县级博物馆为补充，以省内外高校、文博机构为合作伙伴的可移动文物科技保护体系。

与此同时，秉承"开放合作、交流提高"的原则，湖北文博单位积极与国内外文博机构、科研单位开展学术交流与科研合作。

一是注重国际和国内学术交流，共同研讨可移动文物保护研究方面的最新进展。2013年9月，湖北省博物馆在韩国第三届东亚文化遗产保护学会国际学术研讨会上进行了题为"叶家山西周墓地出土青铜文物分析研究"

的交流发言;2013年12月,湖北省博物馆、荆州文保中心联合举办了首届出土木漆器保护国际学术研讨会,来自日本、韩国、德国以及国内各地的相关专家学者180多人参加了研究讨论,交流木漆器保护研究的最新成果,汇集专业学术论文33篇;2014年5月,荆州文保中心赴德国考察,了解该国对PEG技术的深入系统的研究;2014年10月,湖北省承办了以"文物科技事业现状与展望"为主题的中国文物保护技术协会第八次学术年会,来自全国各文博机构、高校、科研机构的150余名专家学者参会,组织学术报告30余场,集中展示了各自在文物保护科技领域的最新研究成果及思路;2015年荆州文保中心参加法国第十四届东亚科技史学术研讨会,并作了题为"对山西出土清代彩棺髹饰工艺的显微分析"的交流发言;2015年8月省博物馆在日本奈良第五届东亚文化遗产保护学会国际学术研讨会上作了题为"叶家山西周早期墓地出土青铜文物考古整理中保护修复理念与实践"的交流发言。

二是注重与国内科研机构开展科研合作,主要针对全省可移动文物保护在应用基础类研究方面的短板,加强基础性研究。如与武汉大学分析测试中心合作进行了病害机理方面的研究;与中国科学技术大学人文与社会科学学院合作进行了材质与工艺多层面的科学剖析,以实现全面而准确地认识传统工艺的特征信息;与长江大学生命科学学院合作进行了微生物数量、类群及其降解状况的研究,以期探讨微生物降解木胎的过程;与湖北省轻工业科学研究设计院合作进行了文物功能材料以及实用工具的研究等。

三是注重在可移动文物保护修复重点项目实施过程中的科研合作。例如湖北省博物馆承担的2014年度国家社科基金重大项目"随州叶家山西周曾国墓地考古发掘"子课题"叶家山西周曾国墓地出土文物保护与修复",在该项目的实施过程中,省博物馆联合北京大学文博考古学院、中国科学院上海光学精密机械研究所科技考古中心、河南省考古研究院、武汉市博物馆等省内外文博单位和科研机构,利用现代科学技术手段,对考古发掘现场出土的文物,从微观结构、表面特征、病害类型以及文物所蕴含的历史、考古、艺术、技术信息等方面的价值进行全方位的检测分析和调查研究,为文物保护修复提供了重要的技术支撑。

近年来，湖北省依托"出土木漆器保护国家文物局重点科研基地"，联合省内外文博机构和高等院校，针对全省文物保护领域的重大、关键、共性问题，开展了系统、科学的研究，以解决面临的关键技术难题，并取得了丰硕的成果。"十二五"以来，全省共承担国家级、省级科研课题23项。其中，在文物保护基础研究方面，承担了国家指南针计划、省级课题7项，代表性成果有《木材性能衰减的研究》《汉代夹纻胎漆器结构研究》《古代竹木漆器材料与制造技术研究》等；在文物保护标准规范类研究方面，承担国家文物局标准研制等课题5项，代表性成果有《可移动文物病害评估技术规程》《出土竹木漆器保护技术手册》《出土木漆器修复工艺规范研究》《出土简牍保护关键技术研究与示范》等；在文物保护应用研究方面，承担了国家科技支撑计划、国家文物局文化遗产保护以及湖北省文化名家项目等课题9项，代表性成果有《出土有机质文物现场提取技术研究与应用示范》《古代简牍保护与整理研究》《饱水竹木器超临界干燥脱水方法预研究》《出土木漆器乙二醛脱水技术优化研究》等。此外，全省文博单位还获得可移动文物保护各类专利6项，发表专业论文100余篇，其中被核心期刊采用的学术论文10篇，可被SCI检索的国际水平学术论文3篇。这些科研成果为湖北省文物保护工作提供了重要的技术支撑，助推全省可移动文物保护工作迈上新台阶。

"十二五"以来，全省博物馆事业取得了历史性的突破，在湖北建设文化强省进程中正发挥着越来越大的作用，尤其进入"十三五"以后，全省博物馆事业更是景象万千。今后一个时期，湖北博物馆事业发展将以党的大政方针为指引，紧紧围绕全面建设小康社会的宏伟目标，努力建设健康、可持续发展的湖北博物馆事业发展体系。

二　湖北博物馆事业发展中存在的问题和不足

近年来，湖北省博物馆事业取得了长足的发展，在肯定成绩的同时，应清醒地认识到，伴随着经济社会的发展，人民群众物质生活不断改善、精神文化需求不断增长，文化素养、文化品位不断提高，对博物馆的要求与期望也越来越高。尤其是党的十八大之后,党和国家对公共文化服务体系建设提出了更高的要求,博物馆工作的艰巨性和复杂性与日俱增。在此形势下,全省很多博物馆存在的区域发展不平衡、经费投入不足、管理体制僵化、人才队伍青黄不接、社会参与度不高等问题显得越发突出,亟待解决。

(一)财政投入总量少、比重低,区域发展不平衡

2011~2015年,湖北文化文物事业经费(不含基建投入)虽然逐年增加,从24.44亿元增加到45.05亿元,公共博物馆事业经费从2.93亿元增加到5.91亿元(见表11-5),从总数上来看与5年前相比基本翻了一番,但总体来看,财政投入依然严重不足,而且从比例来看,文化文物事业经费占省财政公共经费总支出的比例多年保持在0.7%左右,并没有随经济社会发展而有所提高。从区域来看,鄂西的恩施、十堰地区以及鄂东部分贫困县市受区域经济社会发展限制,博物馆事业发展速度也较为缓慢。

表11-5 2011~2015年文化及博物馆事业财政支出比较

单位:亿元,%

年份	湖北省财政公共经费总支出	湖北省文化文物事业经费支出	博物馆事业经费支出	文化文物事业费占省财政公共经费总支出的比例
2011	3214.74	24.44	2.93	0.76
2012	3759.79	28.63	3.83	0.76
2013	4371.65	33.36	5.42	0.76
2014	4934.15	35.73	5.62	0.72
2015	6132.84	45.05	5.91	0.73

资料来源:湖北省统计局2011~2015《湖北统计年鉴》。

(二)管理体制僵化,活力严重不足

文博行业往往给人们留下观念陈旧、墨守成规的印象,这和博物馆长期形成的封闭、僵化的管理体制和运行机制有关。湖北博物馆以公有制为主,一般为全民所有制的事业单位,资金以政府拨款为主,干部由上级委任,工作人员

一般都是终身制，工资是政府全额拨款，事业经费基本上以工作人员数为标准核算，奖罚制度更是不能有特殊化，可以看出，博物馆缺乏应有的独立性和自主权，内部运行机制难以适应现代社会和事业发展的要求。这种管理模式使博物馆在很大程度上丧失了一个社会文化机构的活力与特性，严重束缚了博物馆业务的发展，导致绝大部分博物馆现代化和专业化水平不高，活力严重不足。

（三）从业人员数量不足，专业人才流失严重

博物馆本应是一个知识密集、人才荟萃的机构，但是目前全省博物馆在人力资源管理方面存在着种种难以克服的弊端。一是博物馆现有人员编制数严重不足。近年来，国家在事业单位人员编制方面严格控制，湖北绝大部分博物馆编制数自20世纪90年代以来就没有增加过，甚至还有所减少。一般县级博物馆编制数在10人以内，地市级馆在20~50人，全省的龙头博物馆湖北省博物馆编制数也仅为100人。这与全省蓬勃兴起的公共文化体系建设和博物馆事业发展趋势是严重不相符的。二是用人体制不活。博物馆为公益性事业单位，能进不能出，能上不能下，博物馆真正需要的人才无法进来，缺少业务骨干，形成许多工作没有人能做、许多人没有事情做的不良局面。三是奖惩机制不明，严重挫伤了职工积极性，造成职工工作情绪不高，易于满足现状，不思进取，不求创新。四是岗位职责设置不清。由于博物馆绝大部分工作人员都属国家统一的事业编制，部分职工放不下架子做基本工作，因而单位需要聘用大量的临时工从事保洁、保卫工作，增加一些不必要的人员管理经费开支。

近年来，博物馆人才流失的现象十分普遍，高级人才流向高校和科研院所，专业人才难进难留，人才队伍青黄不接，状况不容乐观。

（四）博物馆体系有待完善，社会力量参与度不高

目前，全省已备案的217家博物馆中，有国有文物类博物馆125家，国有行业类博物馆35家，非国有博物馆57家，行业类博物馆占16%，非国有博物馆占26%。从数量来看，行业和非国有博物馆占比达到了42%，分

布较为合理。但从质量上来看,行业和非国有博物馆呈现出藏品少、规模小、生存难的特点。与全国发达省份相比,湖北省经济发展速度不快,民营资本不够雄厚,资金的缺乏限制了许多爱好收藏的企业和个人兴办博物馆。由于博物馆具有公益性质,如果没有资金雄厚的企业资金在背后支撑,博物馆的房租费、布展费、文物征集费、员工工资、水电耗费等都得自己掏腰包,而博物馆门票收入和文创产品收入相对这些投入来说是远远不够的,这种沉重的经济负担让全省绝大多数行业和非国有博物馆难以得到充分的发展。与此同时,尽管2015年《博物馆条例》的颁布为非国有博物馆发展提供了政策支撑,但从目前情况来看,政府层面还缺少鼓励和扶持社会力量兴办博物馆的具体政策和落地措施。

三 湖北博物馆事业可持续发展的几点思路

《博物馆事业中长期发展规划纲要(2011~2020年)》指出:"到2020年,基本形成特色鲜明、结构优化、布局合理的博物馆体系,基本实现博物馆管理运行的现代化,基本建立运转协调、惠及全民的博物馆公共文化服务体系,博物馆文化深入人心,进入世界博物馆先进国家行列。"

立足当前,展望未来,湖北博物馆事业挑战和机遇并存,要实现新的发展,跃上新的台阶,需要在以下几个方面寻求突破。

(一)强化政府主导责任,大力推进博物馆标准化建设

《中华人民共和国公共文化服务保障法》规定:"县级以上人民政府应当将公共文化服务纳入本级国民经济和社会发展规划,按照公益性、基本性、均等性、便利性的要求,加强公共文化设施建设,完善公共文化服务体系,提高公共文化服务效能。"同时明确指出:"国务院根据公民基本文化需求和经济社会发展水平,制定并调整国家基本公共文化服务指导标准。省、自治区、直辖市人民政府根据国家基本公共文化服务指导标准,结合当地实际需求、财政能力和文化特色,制定并调整本行政区域的基本公共文化

服务实施标准。"这就要求在新的形势下，必须将"公共文化服务体系建设"当成全省博物馆事业发展的首要任务。政府层面必须从推进公共文化服务体系建设入手，开展博物馆硬件建设、收藏展示、科学研究、公众服务、人员队伍等方面的调查研究，充分考虑其公益性、基本性、均等性、便利性等因素，制订科学合理的发展规划、实施标准和评价考核标准指标体系，加大公共财政对博物馆事业的投入力度，引导博物馆实现其作为公共文化服务机构的社会价值。

建议依据《中华人民共和国公共文化服务保障法》《博物馆条例》《博物馆管理办法》等法律法规，结合《全国博物馆评估办法》和《博物馆评估标准》等现有博物馆行业评估体系，同时充分借鉴其他公共文化服务机构标准化建设的有益成果，制订符合省情和全省博物馆事业发展需要的全省博物馆标准，配套相应的公共财政投入，使湖北省博物馆事业再上新台阶，全力助推湖北公共文化服务体系建设发展取得新突破。

（二）坚持改革创新，充分激发博物馆发展活力

《博物馆事业中长期发展规划纲要（2011～2020年）》指出："坚决破除束缚博物馆发展的思想观念和制度障碍，创新博物馆管理体制、运行机制，构建与社会主义市场经济体制相适应、有利于博物馆科学发展的体制机制，建设现代博物馆制度，激发博物馆的活力。"当前博物馆管理中存在的管理体制僵化、奖惩机制不明、人才队伍缺乏等种种弊端已经严重制约了博物馆事业的发展，只有大胆创新、深化改革、"破而后立"，才能从根本上激发博物馆的发展活力。当然，改革也不可能一蹴而就，而是应根据实际情况，找好抓手，逐步推进。在当前的省情和博物馆事业发展形势下，有三个方面可以作为突破口：一是积极探索博物馆理事会制度改革，寻求博物馆体制机制创新改革之路；二是大力发展博物馆文化创意产品开发，探索博物馆文化产业发展之路；三是建立和实施博物馆人才发展战略，切实做好选聘人才、使用人才、激励人才、培养人才、开发人才工作，探索博物馆人才队伍建设之路。

（三）加强政策扶持，鼓励社会力量参与博物馆事业

党的十八大通过的《中共中央关于全面深化改革若干重大问题的决定》第十一条"推进文化体制机制创新"中明确指出："引入竞争机制，推动公共文化服务社会化发展。鼓励社会力量、社会资本参与公共文化服务体系建设，培育文化非营利组织。"可见，动员社会力量参与博物馆事业发展，符合国家关于深化文化体制改革、建设现代公共文化服务体系的基本原则。这里的社会力量应从广义上理解，并不单指民间资本，而是指能够参与、作用于社会发展的基本单元，包括自然人、法人（社会组织、党政机关事业单位、非政府组织、党群社团、非营利机构、企业等）。社会力量可以用多种方式全面参与博物馆事业：一是投资兴建行业或民办博物馆；二是成立博物馆专项基金会；三是以捐资、捐物等方式参与博物馆建设；四是参与博物馆特定设施、服务项目的运营；五是参与博物馆陈列展览、藏品研究、文物保护、社会教育等方面的科学研究；六是参与博物馆文化创意产业等文化产业活动；七是以专家顾问、志愿者等形式参与博物馆管理和服务。广泛有效的社会参与，能够促进博物馆自我发展，焕发其应有的生命力，推动博物馆公共文化服务能力的全面提升。

建议一方面政府层面可以研究制订针对不同情况的扶持鼓励政策，营造良好的社会氛围，鼓励动员社会力量参与博物馆事业；另一方面博物馆自身也要通过建章立制、广泛宣传，吸引更多的社会力量参与博物馆建设、管理、服务等方方面面。

辽阔的荆楚大地，历史悠久，人文荟萃，文化繁盛，底蕴深厚，湖北的博物馆事业已经拥有一个值得自豪的过去，其发展方兴未艾。"长风破浪会有时，直挂云帆济沧海"，党的十八大描绘了发展中国特色社会主义的美好蓝图，党的十九大召开之后，全省要紧紧围绕中央的宏伟战略部署，准确把握文化遗产事业发展面临的形势，解放思想、与时俱进、开拓创新、勇于担当，继续谱写湖北博物馆事业新的篇章。

B.12 湖北县级广播电视台生存与发展调研报告

罗亚波　文元伦　刘纯梓*

摘　要： 县级广播电视台是全国广播电视体系中最基层的单元，也是党和政府面向县以下人民群众的主要宣传工具。近几年，县级台由于自身资金、设备、人员、政策等方面的不足，其生存发展陷入困境，亟须通过转型发展、提升竞争实力来化解危机，实现可持续发展。

关键词： 湖北　县级广播电视台　舆论宣传

县级广播电视台是全国广播电视体系中最基层的单元，也是党和政府面向县以下人民群众的主要宣传工具。长期以来，县级广播电视台在宣传党和政府的方针政策、丰富当地人民群众的精神文化生活、实施基层公共文化服务等方面发挥了重要作用。但近几年，县级台由于自身资金、设备、人员、政策等方面的不足，广告份额逐步下降，收视人群逐步流失，其生存发展已陷入困境，亟须通过转型发展、提升竞争实力来化解危机，实现可持续发展。因此，需要在省级层面出台相关政策帮助县级台解决发展中的实际问题，以巩固县级舆论宣传主阵地。

---

* 罗亚波，男，湖北省新闻出版广电局办公室副主任；文元伦，男，湖北省政府研究室（发展研究中心）机关党办主任；刘纯梓，男，湖北江汉艺术职业学院副教授。

一 县级广播电视台在基层舆论宣传和公共文化服务中发挥了主渠道作用

截至2016年底,全省经国家批准的县级广播电视台69座,共开办广播节目60套,电视节目156套。县级广播电视台在贯彻党和政府方针政策、推进当地经济社会发展进步、满足人民群众精神文化生活需求等方面发挥了积极而独特的作用。

(一)县级广播电视台发挥了不可或缺的地方主流媒体作用

县级广播电视台是最基层、最前沿的广播电视机构,承担着宣传党和政府的主张特别是县级党委政府政策、弘扬社会正气、通达社情民意、报道社会热点、开展舆论引导和监督等责任。改革开放三十多年来,县级台在宣传群众、发动群众、教育群众投身社会主义现代化建设,特别是在维护社会和谐稳定、巩固党的基层政权等方面,做了大量富有成效的工作,已经成为基层宣传主阵地,是县级党委、政府宣传的重要喉舌。

(二)县级广播电视台是县级基层公共文化事业的主力军

一是努力承担并积极实施广播电视"村村通"、"村村响"、"户户通"、无线覆盖等各项广电惠民工程,建立天地一体、有线无线相结合的广播电视综合覆盖网,切实履行了服务人民群众的神圣职责。二是通过开办丰富多彩的节目,不断丰富广大人民群众的文化生活,及时反映群众呼声,传播科技文化知识信息,不断贴近基层工作和群众的实际需求。收听收看广播电视节目已成为群众主流的文化娱乐方式。三是认真履行广电网络维护管理职责,全力保障广播电视安全播出,在抗击干旱洪涝等重大自然灾害和防范敌对势力非法插播破坏等突发事件中做出了积极贡献。这些工作成绩得到各地党委、政府和人民群众的充分肯定和支持。

正是由于县级广播电视台发挥了重要作用,2010年之前,县级广播电视台在党委、政府眼中是重要机构，在人民群众眼中是好单位、金饭碗，吸引了一大批县域的高学历、高素质人才到广播电视台发展，创造了县级广播电视台近30年的辉煌。

二 全省县级广播电视台正处于生存发展的关键时期

（一）全省有线电视网络重组引爆了县级广播电视台面临的深层次问题

从长远发展看，为顺应互联网普及和"三网融合"的发展趋势，重组全省有线电视网是一项正确的战略行动。重组前，县级电视台和有线电视网采取台网合一的办法，有线电视网络收入和电视台收入统筹使用，并且有线电视收视费占据全省县级电视台收入的50%左右。重组后，县级有线电视网络被收购或以入股等形式进入省有线电视网络公司。重组后的省广电网正处于数字化、互联网化、高清化改造的高投入时期，根本就无力给入股的县级电视台分红，由此全省县级电视台50%的收入缺口一下子就暴露了。伴随着新媒体对传统媒体的剧烈冲击，在内忧外患的形势下，重组引爆了全省县级广播电视台的一系列深层次问题。

（二）创收手段普遍单一

与国际国内先进广播电视台比较，湖北省县域广播电视台创收手段普遍单一。重组前，县级广播电视台收入主要靠有线电视收费和广告收入，两者收入水平基本相当。重组后，广告收入已成为主要收入来源。同时，广电行政管理部门加大了对广告播放的管理规范力度，特别是自新的《广告法》颁布实施以来，对占县级广播电视台广告收入最大份额的医疗类广告采取了多项规范措施，县级广播电视台的广告收入受到严重影响。加之新媒体发展抢占了部分市场份额，多个因素叠加，造成县级台广告收入不断下滑。全省县级台2012年广告收入总额为2.25亿元、2013年收入总额为2.12亿元、2014年收入总额为2.18亿元。收入的减少制约了县级广播电视台自办和引进节目的能力和效果，影响到了收听收视率，进而影响到广告收入。

（三）财政投入普遍不足

重组前，县级广播电视台有收视费和广告费两大支柱，创收能力较强，在当地党委、政府眼里属于效益较好的单位，投入县级台的财政资金非常有限。重组后，县级广播电视台收入不足的问题突然暴露，但各级党委、政府还没有充分认识到县级台所面临的严峻形势，现行财政投入机制和投入量远难弥补收入缺口。全省2013年各级财政对县级电视台的拨款总额为1.43亿元，2014年拨款总额为2.32亿元。虽然财政投入增加了0.9亿元，但与近3亿元的收视费缺口相比仍有较大差距。在本轮事业单位分类改革中，广播电视台被划分为公益二类事业单位，但县级财政投入与县级广播电视台承担的公益职能不相匹配。

（四）人员包袱普遍过重

前些年，县级广播电视台效益较好，通过各种渠道接收了大量人员，这导致大多数台都处于严重超编的状态。截至2014年底，全省县级广播电视台从业人员总人数为4700余人，其中编制内人员3700余人。目前，县级台财力紧张，但人员无法分流，产生了较大的人员包袱，"养人"成了电视台的最大开支和制约因素。同时，工作人员中高层次、高学历、懂技术的人才较少，不能适应信息技术和数字化变革的需要，导致电视台在同新媒体的市场竞争中处于弱势。人才是媒体融合发展战略中至关重要的因素，缺乏高端人才的谋划与实施，县级广播电视台将长期停留在粗放型的发展方式上，在与新媒体的市场竞争中将长期处于劣势。同时，县级广播电视台人员离职数量与日俱增，而且大多数离职者为年轻有为的中高级业务骨干，他们认为县级广播电视台缺乏竞争力和成长空间，"看空"县级广播电视台的未来发展。

（五）装备水平普遍偏低

广播电视台是个重装备、高投入的行业，且设备更新周期较短，需要不断补充和更新设备。特别是在数字化高速发展的今天，数字化高清摄像机、数字化编播设备是广播电视台的必备装备。但县级台实力有限，不能按需求配备数字化设备，这导致节目质量上不去，影响了受众的观看感受。突发事件报道中非常重要的转播车，全省县级广播电视台仅有13辆，差不多每6个县级电视台才有一辆转播车。全省县级广播电视台的设备高清化程度较低，全省县级台790台摄像机中，只有三分之一为高清摄像机，其余均为标清摄像机，且大多为低端产品。因此，亟须全面提高县级台节目制作、播出和传输的数字化水平。

（六）新媒体业务仍处于探索中

全省县级台新媒体发展有几个特点：一是"全"。基本涵盖了网站、微博、微信、客户端等新媒体形式。二是"低"。即投入较低，水平较低。新媒体业务需要大量资金持续投入，但大多数县市新媒体建成后少投入甚至零投入。功能也仅仅是简单的信息发布，缺乏深度的互动功能和大数据分析功能，停留在低端发展水平。三是"僵"。即内容僵，很多新媒体内容更新不及时，有的网站甚至长期不更新，内容陈旧，成了"僵尸网站"，久而久之，受众就会流失。

（七）节目制作水平普遍低下

由于县级台财力、人员、设备不足，节目制作水平普遍不高。多数县级台只能制作时政新闻，自制节目、栏目很少。平时以播出采购的栏目、电视剧和转播上级台节目为主，甚至不惜违规播出盗版、低俗节目。同时，为了扩大平台，增加收入，相当数量的县级台存在私自增设频道和滥播乱放的行为。从电视播出时长来看，自办节目时长占全年播出时长的40%左右，就是说还有60%的时间播出的内容来自其他形式，给盗版、侵权和虚假广告等违规行为提供了可乘之机。因此,加大全省县级台统一供片工作力度、丰富县级台播出内容资源刻不容缓,也非常必要。

（八）从国际国内经验来看,县级广播电视台发展前景广阔,作用不可替代

目前全省县级广播电视台面临重重困难,但这绝不意味着县级广播电视台前景黯淡。从国际经验来看,欧、美、日等发达国家和地区的地区性广播电视台在其竞争激烈的广播电视市场中仍占有相当的市场份额,满足了听众、观众对本地新闻、时政和本地特色节目的需要。以美国的经验为例,美国人口较多的州、市都有服务于本地区的广播电视台,大城市如纽约、芝加哥等还有多家地区性电视台参与市场竞争。这些地区性电视台有的独立运营,有的加盟全国性电视网,在非黄金时段转播全国性电视网的节目,大多数能做到自负盈亏,并在当地发挥重要的舆论影响力。如丹佛市电视台的新闻节目在丹佛本地观众中的收视率高达50%左右,远高于任何一家全国性电视台。这充分证明地方性广播电视台是有市场前景的,不是全国性或跨区域电视网可以取代的。

在国内和省内,也有县级广播电视台通过深化改革促进发展,目前运营情况良好的范例。浙江宁海县委、县政府将宁海县广播电视台作为深化文化体制改革的重点单位,多次召开县委常委会专题研究宁海县广播电视台改革发展工作,在体制、机制方面采取了一系列创新举动,并在资金、政策方面给予全力保障。宁海县广播电视台通过节目、栏目改版,坚持内容为王,大力发展自办节目,以本土化的特色节目吸引观众,提高收听收视率。该台推行节（栏）目改革之前,全台只有新闻节目,缺乏符合当地特色的节（栏）目,且新闻节目以时政新闻为主,多反映当地县委、县政府领导活动,节（栏）目形式和内容相对较为僵化、乏味。2010年,该台一是全面推行节（栏）目改版。结合当地文化特色和观众收视需求,开办了"人意山光""新农家"等当地群众喜闻乐见的电视节目,广受好评,并且多次获得国家级节（栏）目奖项。二是大力推行栏目制片人制。赋予栏目制片人绝对自

主权，充分发挥其主观能动性，打造精品栏目。目前该台开办了"989早高峰"等14档广播直播节目和"宁海新闻"等十多档电视节目，全天共播出40余小时。该台还积极争取县财政支持，投入1500余万元大力提高节目制作、播出和传输的数字化水平。目前宁海广播电视台年均收入约800万元，实现了良性和可持续发展。

潜江广播电视台基础较为薄弱，人员负担较重，一直以来创收能力和水平一般。潜江市委、市政府将支持潜江广播电视台发展壮大作为一项重要的政府工程，从资金、政策、人员等方面给予极大保障。2015年，潜江市财政拨付潜江广播电视台人员经费428.72万元、公用经费38.92万元、项目经费133.1万元，共计600余万元，基本保证了潜江台的人员经费和业务经费。同时，潜江市委、市政府大力支持广播电视台举办的大型活动。"唱响潜江""舞动潜江"等大型活动被列入潜江市重点惠民文化工程和宣传文化重点工作，被写入市委常委会工作要点和市政府工作报告中，每年得到50万左右的经费支持，保证了活动的顺利开展。在市委、市政府的支持和关心下，潜江广播电视台化危为机，创新工作，开发了"潜江TV"微信、微博等移动新闻客户端，联合省广电台开发微摇电视业务，积极加入湖北新媒体平台，扩展传播渠道。开办了"新闻面对面"等十余档自制电视节目和"行风热线""欢乐调频"等十余档广播节目，全天共播出近50小时。同时，该台还积极争取政府财政投入，筹资购置了广播转播车和电视转播车。2014年，该台创收收入达到550万元，较该台推进新媒体业务改革前有较为明显的增长。

以上八点说明，湖北省县级广播电视台已进入生存和发展的关键时期。这个关键期的突然到来虽然是有线电视网整合引爆的，但实质上是由广播电视台发展环境的恶化、发展政策的不匹配和自身体制机制改革不到位造成的。县级广播电视台也不必抱怨和沉沦，在还有回旋余地的时候暴露危机，总比被互联网大潮逼到绝境时才发现县级广播电视台和广电网络同时陷入绝境好。在这个关键时期，如果各级党委、政府扶持并推行县级广播电视台大刀阔斧的改革，走上转型发展之路，完全可以让县级广播电视台进入第二个

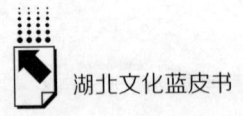
湖北文化蓝皮书

春天。如任其自生自灭，则多数县级广播电视台可能会陷入要死不活的发展困境。

三 推动湖北省县级广播电视台改革与发展的建议

（一）各级党委和政府应高度重视县级广播电视台的改革与发展

一个充满活力的广播电视台和一个要死不活的广播电视台对县级党委和政府来说发挥的作用是截然不同的。从政治的角度看，一个充满活力的县级广播电视台可以将党和政府的声音和政策传达到县域的广大人民群众，有效引导本地的舆论和政治生态，更好更快地推动县域政治、经济、社会、文化、生态全方面健康发展。一个要死不活的县级广播电视台则会把舆论的主导权完全让位于难以控制的互联网媒体，让位于封建迷信甚至反动邪教，让县级党委和政府对当地政治生态的调控能力大大下降。从民生的角度看，县级广播电视台和广电事业是县级基层公共文化事业的重要力量，如果县级广播电视台陷入困境，则县域居民对本地新闻时政、本地特色文化娱乐的需求就难以得到满足，本地社会价值观的引导、本地文化产业发展的引导也就失去了抓手。一个充满活力的县级广播电视台则会对县域的民生和文化事业做出极大贡献。从经济的角度看，县域广播电视台是有市场前景的，辅以改革转型等手段，县级广播电视台是可以恢复活力并得到发展的，不会成为县级财政和地方经济的沉重负担。因此，建议各级党委和政府特别是县级党委和政府高度重视县级广播电视台的改革和发展问题。建议省委、省政府出台政策性文件，推动县级广播电视台的改革和发展，指导各级党委和政府给予县级广播电视台的改革发展必要的支持。

（二）各级财政对县级广播电视台提供基本保障

根据县级台传递基层党和政府的声音、实施基层公共文化服务的职能，以做好当地新闻宣传为目标，参照国家新闻出版广电总局确定的基层公共文化服务标准，制订全省县级台财政基本保障标准，将当地广播电视台新闻制播和公共文化服务职能纳入财政基本保障，由省级及各地财政提供配套支撑，以不低于基本保障的标准进行财政全额拨款，其他类型的节目和功能通过市场化运作实现。据初步测算，平均来看，县级台正常运转年需人员经费约250万元，设备更新费用约230万元，运维费用约200万元，总费用约700万元（不包括节目购买和制作成本）。可以此费用为基准，核算各地广播电视台新闻制播和公共文化服务费用并纳入财政基本保障。

（三）推动县级广播电视台的全面改革

一是制定县级广播电视台建设规范和标准。明确县级台的房屋建筑面积、节目套数、人员定额、设备定额、经费定额、自制节目标准等，按照标准进行装备，降低县级台运营成本，提高运行效率。二是大力推动制播分离。推动县级台和社会影视制作公司在非时政类节目制作方面，采取互利共赢的方式进行深度合作，提高县级台市场化运营能力，拓宽盈利渠道。三是鼓励支持县级广播电视台走融合发展之路。推动县级台充分利用播出平台，积极与科技、文化、旅游等产业进行融合发展，加大县级台和信息、互联网、数字等领域的企业开展合作，实现数字化发展，以科技创新解放和发展县级广播电视台的文化生产力。四是大力推动节目制作体制机制转型。引进推广国内外先进广播电视节目制作机制，以节目制作环节为突破口推动县级广播电视台的全面改革。各地县级广电台要切实落实"三贴近"，制作具有高水准、具有地方特色、符合当地群众欣赏习惯的节目栏目。五是进一步夯实全省统一供片平台。充分发挥平台作用，降低门槛，丰富内容，提供更为优质的服务，为县级台提供更多优质节目资源。省级财政要在年度预算中安排一定的经费支持统一供片工作。

（四）改善县级广播电视台设施设备条件

根据发展需要，要将提高县级广播电视台的装备水平和数字化水平列入当地"十三五"规划，保障县级台编辑业务用房、演播业务用房、播控业务用房和新媒体业务用房等基本需求。将县级广播电视台采编播设备、网络传输设备、数据存储设备、直播设备、发射设备等重要装备配置纳入当地财政年度预算及中长期财政预算安排。省财政在年度预算中安排一定经费支持县级广播电视台设备更新改造工作。

实施"转播车覆盖工程"。数字转播车是应对、报道突发新闻的重要装备。2015年发生在长江监利段的"东方之星"特大沉船事故，就是因为缺乏转播车，所以大量第一手资料无法被第一时间报道，影响了新闻的实效性，也无法为各级领导应急决策提供现场情况。建议实施全省县级台数字转播车覆盖工程，由省财政安排专项资金，分三年逐步解决各县级台转播车购置补贴，提高县级台设备数字化装备水平，提高县级台应急突发新闻现场直播能力。

（五）加大人才队伍培养力度

引进推广先进广播电视台用人机制，拓宽县级台人才引进渠道，对于一些高层次的专门人才，可以突破一些限制，实行量身定做的人才引进方案。推行独立制片人制度，建立以岗定人、按岗聘用的用人机制，打破职务、职称、身份界定，实施同工同酬、能上能下的绩效管理办法，形成引得来人、留得住人的人才格局。建立全省统一的人才引进、交流、使用平台。可由省级行政主管部门牵头设立全省广电专业技术人才库，打造人才双向、良性流动的桥梁，将全省专业人才入库管理、跟踪，为各地县级台输送专业技术人才，为广电人才拓宽就业渠道。

（六）规范县级广播电视台管理

各地党委、政府为促进广电事业发展，应赋予县级广播电视台必要的运营自主权，鼓励其在新闻宣传、分配机制、节目制作机制、人才培养等方面采取多种形式的改革措施。进一步理顺、明晰各地文广新局、广播电视台、网络公司的职责定位和相互关系，探索建立有利于规范管理和行业发展的管理体制。打破机制体制障碍，实行跨地域整合发展。鼓励地域相近、风俗相亲、发展水平相当的县级台进行整合与合作，实行抱团发展。整合各地设备、人员等资源，联合制作节目栏目，举办大型活动，开展交流体验式采访活动，使各地县级台资源形成合力，聚合发展。

B.13
文化馆总分馆制建设的新洲模式

肖正礼　陈清平　王建忠＊

摘　要： 武汉市新洲区在构建现代公共文化服务体系的过程中，利用多年建立的新洲区文化馆总分馆，不断创新文化馆总分馆制的运行机制，实行人员统一编制、经费统一收支、阵地统一管理、活动统一安排、资源统一配置、服务统一标准、绩效统一评价，形成了"长期设置，长效运行，高效服务，整体发展"的文化馆总分馆制建设模式。实践证明，新洲区文化馆总分馆制建设模式有利于落实党和政府的文化惠民政策，有利于群众就近就便参与各类文化活动，有利于保障公民的公共文化权益，有利于推进现代公共文化服务体系建设的整体发展。

关键词： 文化馆　总分馆制　新洲模式

从1951年至今，武汉市新洲区在人口密集的城镇设立文化馆总分馆，通过60多年的建设实践，形成了"长期设置，长效运行，高效服务，整体发展"的文化馆总分馆制建设模式。

＊ 肖正礼，男，湖北省公共文化服务体系建设专家库专家、研究馆员，参与国家级公共文化示范项目的课题研究和省公共文化示范区的督导评审，曾任武汉市硚口区文化馆馆长；陈清平，男，武汉市新洲区文化馆馆长；王建忠，男，武汉市群众艺术馆调研部主任。

一 长期设置

1951年7月,原湖北省黄冈地区新洲县(现武汉市新洲区),在县城所在地邾城设立新洲县文化馆,同年在新洲县阳逻镇、仓埠镇分别设立文化馆分馆,从而使新洲三大人口最密集的街镇有了服务群众的重要文化阵地。即使是在"文化大革命"中,文化馆的工作人员在一定程度上受到冲击,新洲县文化馆总分馆制的设置也没有取消,总分馆的馆舍阵地也没有被挪用。1983年8月,新洲县划归武汉市管辖,1998年9月撤县设区,新洲县成为武汉市的一个新型城区。隶属关系变了,撤县设区后行政级别提高了,新洲文化馆总分馆制的设置却一直没有变。

2004年前后,湖北省实施乡镇综合配套改革,乡镇"七站八所"实行大规模合并、撤销、转制,全省1100多个乡镇文化站被撤销,其职能划归乡镇"社会事务办公室"。其中,有的文化站转制成为自收自支、企业化经营的经济实体,有的文化站由公益性文化事业单位转变为社会中介机构,通过认购公益性文化事业项目和开展文化经营活动自求发展。新洲区阳逻镇、仓埠镇的文化馆分馆,并没有因此而撤销或合并,仍然保持文化馆总分馆的建制,从而避免了乡镇文化站在合并、撤销、转制后陷入人员工资无法保障、办公和业务活动经费无着落、基层文化事业发展乏力的艰难处境。

二 长效运行

60多年来,新洲区文化馆总分馆制在建设、发展的各个阶段,充分发挥总分馆的制度优势,整合资源,统一管理,长效运行。

(一)人员统一编制

新洲区文化馆总分馆共有人员编制48人,其中每个分馆有分馆馆长和

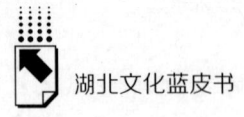

专业技术人员6人。无论在总馆还是在分馆工作，干部职工的身份都是公益一类文化事业编制，其工资福利均享受政府全额拨款。

（二）经费统一收支

新洲文化馆总分馆的人头经费、办公经费、业务经费等，在"供给制"阶段实行统一供给，在"以文补文"阶段实行统一收支，在转型发展的新时期则纳入政府财政统一预算。2016年，新洲区文化馆年终财政决算为355万元，其中阳逻文化分馆财政决算为86.5万元，包括人员待遇54.6万元，医疗保险5.6万元，住房公积金4.2万元，活动及免费开放经费22.1万元。

（三）阵地统一管理

新洲区作为革命老区，新的文化馆总分馆的基础设施正在规划建设中，原有的群众文化活动阵地面积不大，总馆面积只有1600平方米，阳逻分馆面积340平方米，仓埠分馆面积320平方米。但是，总分馆的阵地实行统一调配管理，最大限度地发挥现有室内阵地的作用。同时，发挥"新洲广场"、公园等室外场地的作用，便于群众就近就便参与各类文化活动。

（四）活动统一安排

一直以来，新洲的群众文化活动实行城乡联动，由总馆统一策划制订活动实施方案和活动安排计划表，下发到各分馆，建立以区域性大型广场文化活动为引领，以基层各街镇系统开展的形式多样、小型分散的群众文化活动为延伸的公共文化产品供给系统。2016年，新洲区文化馆策划、组织、举办区级大型文化活动48场次，阳逻、仓埠两分馆分别承办区级大型文化活动18场次和20场次；策划主办大型公益展览5次，阳逻、仓埠两分馆分别承办2场次；组织辅导文艺团队下基层展演89场次，阳逻、仓埠两分馆分别承办26场次和25场次。达到"点面并举、点上出彩、面上开花"的良好效果。

(五)资源统一配置

就文化资源而言,城区相对丰富,乡镇相对贫乏,政府投入的大型设备设施主要集中在城区。实行文化馆总分馆制,一些大型硬件设备和优质软件服务等资源可以通过总馆统一配置,在需要时总馆可以往分馆调配,分馆可以往村湾调配,从而保证平时很少到城区参加文化活动的偏远地区的群众有机会享受公共文化服务,更好地体现出了现代公共文化服务的公益性、基本性、均等性、便利性。

(六)服务统一标准

新洲区文化馆总分馆结合当地社会经济发展实际,根据群众的文化需求反馈,在群众文化工作的指导、群众文化团队的辅导、群众文化艺术培训、群众文艺创作等方面,实行资源共享,推行统一的文化服务标准,解决了乡镇文化站和村湾文化室以及社会各单位群众文化服务人员短缺等问题。各种文化资源由总馆统一调配,分馆分项承担,有利于开展更多类别的公共文化服务,满足有不同兴趣爱好的群众的文化需求,较好地保障了居民的文化权益。区馆每年以全年工作要点的形式下发工作任务及工作安排,分馆根据总馆的工作、任务和工作安排制订具体的实施计划。做到"定主题、定内容、定目标、定标准"。定主题,紧紧围绕区委、区政府全年工作中心,确定年度群众文化工作的主题。如2016年全区群众文化活动的主题是"我们的中国梦·文化力量·民间精彩"。定内容,根据群众文化的需求反馈,确定全年开展群众文化活动的具体内容,如"双百杯"文艺大赛、"新洲民间艺术节"、"炫舞民族风"群众广场舞蹈大赛、"新洲好声音"等。定目标,根据上级年度工作目标任务,确定全年群众文化工作任务达标数。定标准,确定每项活动的内容、时间长度、节目个数、服务人数、经费标准等,通过推行统一的群众文化服务标准,较好地推动全区群众文化服务的均等化。

(七)绩效统一评价

新洲区文化馆总分馆的绩效实行统一评价。总馆和分馆的年度工作目标任务完成情况检验方式，是由区文体局统一组织参加区政府的年度目标考核；每四年一次的文化馆评估定级，总分馆一并参加迎检。总分馆工作人员的年度考核和职务晋升、职称评聘，均按照同样的公益一类文化事业单位的标准进行，并享受相应的工资福利待遇。阳逻分馆现有高级职称人员2名，中级职称人员2名，其比例优于总馆，且远远高于全区甚至武汉市各乡镇文化站。新洲区文化馆先后被省文化厅、市文化局评为群众文化先进单位。2014年，新洲区群众文化品牌活动"新洲民间艺术节"获得武汉市第五届"黄鹤群星奖"大奖；同年，新洲区再次被省文化厅命名为"湖北省民间文化艺术之乡"。文化馆党支部2015年被新洲区委评为基层优秀党支部；同年，区文化馆被武汉妇女"巾帼建功"活动领导小组评为"武汉市巾帼文明岗"。在武汉市文化局组织的2015年度文化馆业务考评中，新洲区文化馆以保障条件120分，业务建设655分，提高指标110分，总分885分的优异成绩荣获全市文化馆综合考评第3名，获专项奖励5万元。

三 高效服务

新洲区文化馆总分馆制实施60多年来，虽然经历了各个不同的历史时期，但是，其本着务实的态度，不断更新思想观念，创新工作思路，适应新的形势，积极开展基层文化服务，特别是在创意策划、专题辅导培训、文艺作品创作、群文活动组织等方面发挥了重要作用。其吸引社会资金的能力位于武汉之首，走在全国前列。

（一）精心策划组织大型文化活动

组织形式新颖、内容丰富、引领风尚的群众文化活动，是文化馆公共文化服务的重要职能，更是文化馆生命力长盛不衰之源。多年来，新洲区文化馆总分馆每年都要组织策划举办大型公益文化活动50场次左右。以总分馆制实施城乡联动的方式开展大型文化品牌活动，更能彰显文化馆实行公共文化服务的工作实力及创新示范引领的鲜明特点，更容易获得党委、政府的支持、社会的参与和群众认可。特别是在构建新洲现代公共文化服务体系的过程中，新洲文化馆始终坚持"政府主导、创新机制、社会参与、高效运作"的工作思路，通过政府引导社会力量参与群众文化建设，支持群众文化活动。新洲区建设银行和农业银行每年分别出资10万元，共同支持文化馆举办隔年一届的新洲区"双百杯"文艺大赛、"新洲好声音"、"炫舞民族风"广场舞蹈大赛大型群众文化活动。这些活动经过多年打造，最大限度地为新洲干部职工和城乡居民展示自我才艺、共建社会和谐提供了公共文化服务平台，已成为新洲人民群众交口称赞的群众文化活动品牌。

（二）大力辅导群众文化艺术社团

群众文化的发展繁荣离不开基层文艺队伍，群众文化的感召力和生命力，来自群众对文化活动的高度认同和踊跃参与。新洲区文化馆总分馆采用以重点带全面、以全面促发展的方式，利用丰富的社会资源大力辅导培育群众文化艺术社团，精心打造社会文艺团队品牌。至2016年，全区共有各类社会公共文化队伍597个，文化馆总分馆直属社会文艺团队45个，特别是夕阳红艺术团、康乐艺术团、梨园楚剧团、道观河东山艺术团、区老年大学凤凰台艺术团等社会文艺团队已成为新洲区响当当的社会文化品牌团队。

阳逻分馆直接组建了6支群众文化艺术团队，其中夕阳红艺术团近几年在参加各类文艺活动中，创作文艺节目40多个，共获得全国、省、市各类比赛金奖29个、银奖20个、铜奖26个，赢得了社会的广泛好评。

事实证明，群众性社会文艺团队品牌的打造不仅使新洲文化馆呈现出蓬勃生机，而且对提高群众文化素质、提升新洲形象、践行社会主义核心价值观、推进和谐社会建设起到了积极的促进作用，为新洲现代公共文化服务体系建设打下了扎实的群众基础。

（三）积极培育群众文化骨干队伍

多年来，新洲区文化馆总分馆借助各级各类文化展演和艺术比赛活动，不断发现、培养群众文化骨干队伍，已拥有一批优秀的文化人才。这些优秀文化人才在自己擅长的专业领域里有一定的成就,经常在总馆或分馆参与群众文化演出、展览、培训活动,其展示的很多民间艺术深受群众的普遍欢迎,如新洲牌子锣鼓、高跷亭子等。特别是一些乡土文艺人才,到新洲城区的文化馆参加活动实属不易,他们更多的是就近就便在分馆参加文化活动。因此,文化分馆开展活动有利于培养本土文艺人才。仅阳逻分馆登记在册的文学、诗词、音乐、舞蹈、戏剧、演艺、书法等领域的文化艺人就有146人。对基层来说,这是一支不可多得的文化人才队伍,一些老的文化艺人以传承的方式不断培养年轻的民间文艺新人。许多艺人的创作作品获得了各级激励,其中辛樵书法作品曾获得全国群众文化领域最高奖——群星奖。

(四)大量创作本土文艺作品

在历年的各项文化活动中,新洲区文化馆总分馆的专业老师,以高度负责的主人翁精神,本着"创作立足于新洲实际,演出面向城乡群众,活动服务于社会经济建设"的指导思想,将党的路线、方针、政策和新洲社会经济建设中的文明典型,通过一个个生动精彩的文艺节目传达给群众。近几年,新洲区文化馆总分馆承担了"建设四个新洲,同筑中国梦"全区主题文艺巡演活动新节目的创作,编导排演的劲舞快板《中国梦·新洲梦》、小品《司法所长》《梦》,四句半《祝愿歌》、歌伴舞《环卫大嫂辛苦了》、音乐剧《我愿意》、新洲快板《爱我美新洲》等,展现了"活力新洲、美丽新洲"和"法治新洲、幸福新洲"的和谐美好生活的主题。新编创的节目演出,观众场场爆满,笑声不断,掌声不绝。动听的旋律、优美的舞姿,有趣的小品,起到了宣传教育、传递正能量的作用,如同一阵阵和煦的春风吹进群众心里,极大地激发了他们参加新洲建设的积极性和创造性。据统计,近几年新洲的新创文艺作品,60%以上出自新洲区文化馆总分馆专业老师之手。

四 整体发展

新洲区文化馆总分馆制建设的实践证明,实行文化馆总分馆制,有利于人员统一编制、经费统一收支、阵地统一管理、活动统一安排、资源统一配置、服务统一标准、绩效统一评价，有利于把党和政府的文化惠民政策落实到群众身上，有利于群众就近就便参与各类文化活动，有利于保障公民的公共文化权益，有利于推进现代公共文化服务体系建设的整体发展。

（一）新洲区委、区政府高度重视，宣传文化部门常年推进

新洲区文化馆每年的文化工作和群众文化活动，均得到区委、区政府的高度重视和大力支持，区委、区人大、区政府、区政协四套领导班子经常到文化馆调研、检查、指导工作，每年的大型文化活动均由区委、区政府发红头文件向全区布置。区委宣传部自2014年起，每年的1号文件都是关于群众文化活动的，区文体局更是步步推进。领导重视，部门措施得力，保证了文化馆职能的有效落实，保障了总分馆组织群众文化活动的功能得到充分发挥。

（二）新洲区公共文化活动实现社会整体联动，社会资金支持

新洲区文化馆每年具体策划组织的大型群众文化活动，不只是文化一个部门自己的事，而是全新洲区的事。不管是"双百杯""问津杯"群众文化艺术节，还是"炫舞民族风"群众广场舞蹈大赛，区委宣传部、妇联、文化局、广电局等有关部门都能团结协作，共同组织；全区各街乡镇、区机关各局委办、社会文艺团队全部参加；区农商行、区建行每年分别出资10万元，冠名赞助区大型群众文化活动，并形成常态。

（三）新洲区群众文化活动实现群众广泛参与，惠及全民

新洲区文化馆总分馆组织的各类群众文化活动，实现社会广泛参与，每次大型文化活动展演、比赛，都是在全区广泛发动的基础上，分别组织街道专场、学校专场、机关专场、社团专场、企业专场。通过展演、比赛，选调优秀的文艺节目参加全区文化惠民演出，送文化进社区、进村湾、进学校、进企业、进广场，活动惠及全民。

"双百杯""问津杯"文艺大赛，是新洲区叫得响的群众文化活动品牌，每两年举办一届。2016年以"问津故地·魅力新洲"为主题的新洲区"问津杯"文艺大赛，从1月至10月历时大半年，在全区各街镇、区直各部门举办一场预赛的基础上，共遴选了54个优秀创作节目，在新洲人民广场举行了3场总决赛和1场颁奖晚会，全区共有1760名文艺骨干参加了总决赛，有3000名农村业余文艺骨干参加了初赛，服务群众近20万人次，服务人数占全区总人口的20%。丰富多彩的群众文化活动，让广大的人民群众充分实现文化权利，共享文化成果，在极大获得感中激情唱响"民族复兴、国家富强、人民幸福"的中国梦之歌，在幸福和快乐中尽情展示"活力新洲、美丽新洲、法治新洲、幸福新洲"的动人篇章，更有力地支撑起新洲区成为享誉全国的"民间文化艺术之乡"。

B.14
基层综合性文化服务中心建设的钟祥模式

潘晓良 肖正礼*

摘　要： 钟祥市在创建湖北省公共文化服务体系示范区的过程中，以基层综合性文化服务中心建设为载体，通过基层公共文化体制改革和服务机制创新，在全面构建钟祥市公共文化服务体系的同时，形成了"政府主导、部门协调、社会参与、服务惠民"的基层综合性文化服务中心建设的钟祥模式。

关键词： 基层　文化服务　钟祥模式

湖北省钟祥市地处汉江中游，辖区面积4488平方公里，现辖15个镇、1个乡、1个街道，495个行政村、52个社区，人口107万。钟祥市拥有世界文化遗产"明显陵"，享有"国家历史文化名城""中国优秀旅游城市""世界长寿之乡"的美誉。2016年，钟祥地区生产总值达422亿元，地方财政预算收入19.5亿元，连续12年被列为全省县域经济发展先进县市。在经济发展的同时，钟祥市的基层综合性文化服务中心建设取得长足发展，全市建有乡镇（街道）综合性文化服务中心17个，村（社区）综合性文化服务中心547个，农家书屋569个，信息资源共享工程、广播电视"村村通"

---

* 潘晓良，男，湖北大学政法与公共管理学院副教授、湖北大学文明城市发展研究院信息中心主任，主要从事文明城市建设与评估研究；肖正礼，男，湖北省公共文化服务体系建设专家库专家、研究馆员，参与国家级公共文化示范项目的课题研究和省公共文化示范区的督导评审，曾任武汉市硚口区文化馆馆长。

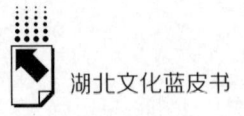

基本实现全覆盖，连续 4 次蝉联"全国文化先进县市"。

2016 年 1 月，钟祥市被列为第二批创建湖北省公共文化服务体系建设示范区。从此，钟祥市加快了全面建设现代公共文化服务体系的步伐，尤其是在基层综合性公共文化服务中心建设方面，通过基层公共文化体制改革和服务机制创新，形成了"政府主导、部门协调、社会参与、服务惠民"的钟祥模式。钟祥市的做法不仅在湖北省有重要的示范效应，在全国也有积极的启示作用。

一 创新主导机制：彰显基层综合性文化服务中心建设的地方特征

基层综合性公共文化服务中心建设是现代公共文化服务体系建设的基础，钟祥市在加快基层综合性公共文化服务中心建设的进程中，始终坚持政府主导的原则。坚持政府主导不是一般性的开开会、发发文、提提指标、拨拨经费、检查检查、总结总结，而是因地制宜、科学规划、分类指导，在制度设计上先行、在基础设施建设上兜底、在服务标准上接地气、在服务人才上向基层倾斜、在服务经费上均衡拨付。通过主导机制创新，实现以发挥政府的主导作用来凸显钟祥地方文化特征，实现以人民为主体的现代公共服务实践。

（一）主导制度设计

钟祥市通过一系列调查，在充分尊重人民群众的表达权、诉求权、参与权的基础上，根据人民群众对现代公共文化的需求，研究制定了《关于加快构建现代公共文化服务体系的实施意见》《钟祥市关于推进基层综合性文化服务中心建设的实施方案》等系列文件、制度、办法，明确提出："加快基层综合性文化服务中心建设，优化基层文化站设施设备。"实现"市、乡、村三级公共文化服务网络，构筑主城区和中心镇 15 分钟、一般村 30 分钟公共文化服务圈"。为保证制度的贯彻落实，钟祥市人民政府与各乡镇签订了推进基层综合性文化服务中心建设的《工作目标责任书》。

（二）主导设施建设

经过不断的建设、提档升级，到2020年全省应完成的任务包括：目前已建成的17个乡镇（街道）综合文化站（综合性文化服务中心）40%以上达到国家一级标准，50%以上达到国家二级标准；村（社区）全面建成综合文化服务中心，文化广场、广播电视"户户通"、农村智能广播"村村响"、文化信息资源共享工程全覆盖。乡镇（街道）设置综合文化站和综合文化服务中心，按照"三室一厅一院一场"的标准建设，即：图书阅览室（含电子阅览室和文化信息资源共享工程基层服务点）、教育培训室、管理和辅助用室、多功能活动厅、数字电影院和文体广场。并按照服务人口确定建设规模：3万人以下，建筑面积不少于300平方米；3万~5万人，建筑面积不少于500平方米；5万人以上，建筑面积不少于800平方米；文体广场不少于2000平方米，配置宣传栏、基本灯光音响和群众体育活动器材等设备，有条件的可搭建戏台舞台。在村（社区）统筹建设综合文化服务中心，达到"五个一"标准，即：1间多功能文体活动室、1间阅览室（整合农家书屋和文化资源信息共享工程基层服务点统筹建设）、1个文体广场（不少于1000平方米，有条件的可搭建戏台舞台）、1套群众体育活动器材、1套简易灯光音响设备。村（社区）综合文化服务中心建筑面积不少于150平方米。

（三）主导服务标准

在贯彻实施意见的同时，制定了《钟祥市基本公共文化服务实施标准（2016~2020年）》，明确了基本公共文化服务的内容、种类、数量和水平。在公共文化服务方面坚持保基本、保公平、保均衡，切实保障人民群众的基本文化权益。建立标准实施监督评估机制，明确落实举措、目标步骤和政府保障责任，切实保障标准落实。建立标准动态调整机制，根据实施效果和经济社会发展情况，适时调整完善相关指标。

（四）主导人才配备

钟祥市积极探索"人员聘用"新机制，在村级层面，由市政府统筹，各乡镇均在每个村、社区落实1名村干部兼职文化管理员。在镇级层面，除聘请图书管理员外，鼓励各地采取灵活多样的方式充实管理队伍。文集镇采取乡镇聘用方式，吸纳2名专业人员专职从事文化工作；石牌镇采取合同聘用方式，聘请1名人员负责付宅民俗文化陈列馆的管理；旧口镇按照自愿参与、义务服务的原则，招募5名大学生志愿者，固定开展针对留守儿童的学业辅导、文艺活动、安全教育的暑期培训。争取市综改办支持，着力解决每乡镇2名公益性文化岗位人员配备问题。

（五）主导投入均衡

钟祥市将基本公共文化服务保障资金纳入财政预算，其中，乡镇（街道）综合文化站全年公共文化服务经费，按照乡镇（街道）常住人口每人每年5元、4元、3元的比例列入市政府财政预算，即：3万人以下的乡镇（街道）每人每年5元，3万~5万人的乡镇（街道）每人每年4元，5万人以上的乡镇（街道）每人每年3元。通过经费均衡拨付，力求实现公共文化服务均等化。

二 创新协调机制：加强基层综合性文化服务中心建设的联动功能

要满足公益性、基本性、均等性、便利性的要求，基层综合性文化服务中心建设不能只靠文化部门和乡镇（街道）、村（社区）进行，必须与宣传、组织、人事部门，与财政、综改办、发改委、教育、园林、商务旅游、公安部门，与工会、共青团、妇联、文联等部门进行协调联动，形成合力。

（一）建立协调联动机制

为加快钟祥市公共文化服务体系建设，创建好省级示范区，加强基层综合性文化服务中心建设，由市委宣传部、市文体新广局、市编办、市委农办、市文明办、市政府法制办、市扶贫办、市质监局、市发改局、市教育局、市科技局、市财政局、市人社局、市民宗局、市地税局、市物价局、市住建局、市旅游局、市民政局、市总工会、团市委、市妇联、市科协、市文联、市残联25个部门，组成钟祥市公共文化服务体系建设协调领导小组，共同推动钟祥市公共文化服务体系建设。领导小组下设办公室，办公室设在市文体新广局。在市级协调领导小组的领导和指导下，乡镇均已建立公共文化服务体系建设协调领导小组，并层层签订责任书，压实工作责任。联席会议制度的建立，进一步完善了党委领导、政府管理、部门协商、权责明确、统筹推进的公共文化服务体系建设管理制度。

（二）发挥协调联动功能

钟祥市在《关于加快构建现代公共文化服务体系的实施意见》中强调："把城乡基本公共文化服务均等化纳入各地经济和社会发展总体规划及城乡规划，加强城市社区和农村文化设施建设，拓展重大文化惠民项目服务'三农'内容。"因此，钟祥市各级各部门将基层综合性文化服务中心建设纳入新农村建设总体规划和新型城镇化规划，结合农村社区建设、扶贫开发、美丽乡村等工作，"各端一盘菜、共办一桌席"，齐心协力推进乡镇、村两级综合性文化服务中心建设。

在经费保障方面，通过设立创建专项资金、文化奖励资金，足额落实文化惠民工程配套经费等措施增加文化投入，提供长效保障。2015年、2016年钟祥市本级文化体育与传媒财政支出分别为6581万元、6968万元，同比增长5.88%；人均分别为65.16元、68.99元。投资400万元实施冷水、洋梓等乡镇综合性文化服务中心改造升级。

在设施建设方面，通过精准扶贫和包村驻点，采取对口援助、结对共建方式，市直单位纷纷为结对村筹资改造文化阵地，修建文化广场，送去图书、体育器材等文化设备，为村级文化设施建设提供强大助力。在村级文化室全覆盖的基础上，通过多部门资源整合，70%的行政村已建成合格的村级综合性文化服务中心。2016年，设置专项资金100万元，通过奖励扶助，推动各乡镇因地制宜新建1~2个与周围景观有效融合的"百姓大舞台"，既满足了送戏下乡的要求和群众文化活动的需要,又为当地"美丽乡村"建设增色添彩。在国家级、省级、市级美丽乡村示范村(绿化村、宜居村)建设的带动下,已有104个村的综合性文化服务中心统筹建有各具特色的村级文化休闲广场。到2020年,全市范围的乡镇(街道)和村(社区)应普遍建成集宣传文化、党员教育、科学普及、普法教育、体育健身"五务合一",资源充足、设备齐全、服务规范、保障有力、群众满意度较高的基层综合性文化服务中心。除"五个一"外,有条件的地方,另增设一个宣传栏和简易戏台舞台。在建设中充分挖掘美丽乡村内涵,将当地文化资源巧妙融入乡村建设,大力打造"看得见山、望得见水、记得住乡愁"的乡村文化。

三 创新参与机制:突出基层综合性文化服务中心建设的社会属性

基层综合性文化服务中心地处乡镇街道、村湾社区,时时刻刻与群众打交道,与社会生活融为一体,本身具有鲜明的社会属性。基层综合性文化服务中心建设只有广泛吸纳社会力量参与,并为全社会服务,才能体现基层综合性文化服务中心的社会价值。钟祥市积极创新资金投入、乡贤捐赠、团队共建、志愿服务等参与机制,把基层综合性文化服务中心打造成为社会事业共建共享的大平台。

(一)引导社会资金参与

钟祥市采取政府招标、委托管理、项目补贴、定向资助等方式,引进社会力量参与公共文化服务和管理,出台了政府购买公共文化服务的指导性意见和目录,规范购买条件和流程,将购买资金纳入财政预算。[①] 政府采购实

[①] 徐清泉:《公共文化服务评估研究:现状、需求及要素》,《毛泽东邓小平理论研究》2012年第8期。

施的遍布全市76%的村（社区）的农民体育健身工程，为群众体育休闲健身提供了有效平台。同时，提倡文化慈善，鼓励社会力量通过投资或捐助设施设备、兴办实体、资助项目、赞助活动、提供产品和服务等方式参与公共文化服务体系建设。冷水镇共兴村、石牌镇地高集团农民企业家投资建设的文化广场，面积逾3000平方米，配有户外电子屏和灯光设施，为当地群众提供了自娱自乐的"百姓大舞台"。吸纳社会资本举办的"2017钟祥贺岁光影艺术节"，邀请全市环卫园林工人、留守儿童、福利院老人免费观赏，在一定程度上满足了特殊群体的基本文化需求。

（二）吸纳乡贤奉献参与

钟祥市在综合性文化服务中心建设中，广泛动员和发挥乡贤的才艺作用，以全新理念、全新思维、全新视角、全新范式，坚持以人民为中心的创作导向，以社会主义核心价值观为引领，本着发展先进文化、创新传统文化、扶持通俗文化、引导流行文化、改造落后文化、抵制有害文化、巩固基层文化阵地的原则，结合钟祥市经济建设和社会事业的发展，拓展本土化公共文化服务空间，挖掘本土化特色文化资源，开展本土化文创产品的生产供给，生产出接地气、近乡土、动人心、有筋骨、有道德、有温度、满足人民群众需求的现代公共文化产品，发展本土化文化事业。客店镇南庄村，不搞大拆大建，动员村能工巧匠发挥才艺作用，或出工出力，在全村打造出乡村文化旅游景观：原本自然流淌的小溪，稍加改造，打造成小桥流水人家；原本自然生长的千年对节白蜡树，在其周边用本土植被营造了喜庆氛围，打造成现代婚纱摄影基地；原本祖祖辈辈用来打谷碾米的稻场，堆了些泥土、铺了些水泥，打造成民俗表演的"百姓舞台"；村头满是用竹木雕刻的民谣俗语，村边满是用石头和旧砖旧瓦雕砌的风情小景。真可谓一山一水皆为景，一砖一瓦总关情，一村一户显特色，一草一木吸引人。

（三）培育社会团队参与

钟祥市放宽公共文化服务准入条件，规范文化类社会组织的年检制度和信息公开制度，加大对全市民营演出团队的管理和监督。鼓励各类公共文化服务机构成立行业协会，加强对现有文化类行业协会、民办非企业单位等的引导和扶持，发挥其在行业自律、行业管理、行业交流等方面的作用。全市现有群众文艺队伍 1000 余支，成员 5 万余人；各类文艺社团 17 个，会员 3200 人；演出团队 187 个，从业人员 2500 人，年举办演出、展览活动约 5000 场次，极大地丰富了人民群众的日常文化生活。政府每年采用"以奖代补"的方式，给予每支社会团队 1000~8000 元的资金补贴。

（四）组织文化志愿参与

通过招募文化志愿者，建立文化志愿者库，实施文化志愿者行动计划，完善重大群众文化活动志愿服务援助机制。结合群众文化工作要求，创新服务项目及服务方式，广泛开展导览、导读、送戏、助残、扶弱等文化志愿服务，丰富基层公共文化产品和服务供给。实行文化志愿者社会评价和激励机制，在工作培训和生活上为志愿者提供必要保障，动员引导专家、学者、艺术家及有一技之长的市民积极参与文化志愿服务，提升社会影响力。现全市登记注册文化志愿者 1000 人，年开展文化志愿活动 150 场，有效弥补了政府公共文化服务的不足。

四 创新服务机制：提高基层综合性文化服务中心建设的惠民效能

公共文化服务，常常是以文化活动的方式，将时间、地点、主题、形式、内容、持续时间、活动规模等进行公示，并组织实施。然而，基层综合性文化服务中心的服务却是综合、高效的集约式服务，主要是从基层党员群众的受众面、受益面、满意度、提升度等方面来评价服务的惠民效能，把服务的思想性、艺术性、娱乐性、参与性、知晓率、满意率等用具体的指标完整地统一起来，把群众满意不满意、接受不接受、认可不认可、需要不需要作为衡量基层综合性文化服务中心服务的最高标准。

(一)服务于党和国家的大政方针

为贯彻落实党和国家的大政方针,特别是新时期党和国家的重大改革措施及惠民政策在基层的及时贯彻落实,钟祥市充分利用文体广场的文化长廊、宣传橱窗、阅报栏、电子阅报屏、公益广告牌、百姓舞台等设施,发挥基层综合性文化服务中心在宣传党的理论和路线方针政策、培育社会主义核心价值观、弘扬中华优秀传统文化等方面的主观能动作用,用先进文化占领基层思想文化阵地。宣传方式多种多样:有的用形象生动的宣传画描绘在居民住房的外墙上,有的用接地气的诗文标记在房前屋后的艺术长廊中,有的以通俗易懂的语言节目展现在百姓舞台上,有的用富有地方特色的歌舞戏曲寓教于乐。这些宣传活动使群众更好地理解、支持党委和政府工作,积极开展社会主义核心价值观学习教育和中国梦主题教育实践,取得了文件宣传和政治报告所起不到的宣传教育效果。柴湖镇直接把党员誓词、廉政规定和励志铭文雕刻在文化服务中心广场的雕塑群中,让人一进广场就看得到,便于其经常重温入党誓词,时刻不忘肩上的责任,使基层综合性文化服务中心成为党和政府联系群众的桥梁和纽带,成为基层党组织凝聚、服务群众的重要载体。

(二)服务于人民群众的精神文化生活

钟祥市依托基层综合性文化服务中心,积极组织引导群众自办文化,兴办读书社、书画社、乡村文艺俱乐部,组建民间文艺社团、健身团队等,广泛开展各类文体活动。利用中华传统节日、重要节假日和重大节庆活动等时机,开展群众喜闻乐见的文体活动,吸引群众参与,引导群众继承和弘扬中华优秀传统文化,自觉培育和践行社会主义核心价值观,推动人们形成向上向善的精神追求和健康文明的生活方式。例如,许多村一改其他地区的农家书屋用书架存放书籍的借阅模式,以"耕读人家"的模式,将存书、借书、看书、评书进行有机结合,把本村的名人贤士和读书用功、学有所成的人,用设置"乡贤榜"的方式,展示在书屋的墙壁上。因此,村民常常拖家带

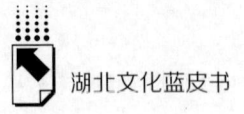

口地到农家书屋,除了看书学习,更多的是教育后代认真读书,从小立志成才。钟祥市"耕读人家"的模式,破解了当前各地农家书屋普遍存在的投入不多、借阅不多、流通不畅的难题。在全社会倡导并形成好学上进、敬业奉献、诚实守信、助人为乐、见义勇为、孝老爱亲、自强进取的道德规范,自觉培养良好的社会公德、职业道德、家庭美德和个人品德。

(三)服务于乡镇村湾公共事业

钟祥市着力强化基层综合性文化服务中心的综合性服务功能,将文化服务功能与党员教育、科技普及、普法教育、职业培训、体育健身、卫生保健等公共服务职能结合起来,明确公共服务的项目、数量和质量,确保服务供给与群众需求有效对接,使基层综合性文化服务中心成为村级和社区公共服务的重要阵地。为了方便村民的生产生活,当地以文化为主体元素,打造文化与科技、旅游、创意、电商、互联网等产业的跨业态融合,形成以文化为核心驱动力的发展新模式。在全民艺术普及、全民阅读、全民健身的基础上,积极开展法治文化教育、科学普及、防病治病、养生保健、防灾减灾、知识技能和就业技能培训等,传播科学文化知识,提高群众综合素质。东桥镇文化站创办远程教育培训,推进"送文化"向"种文化"转变。有效配合当地党委、政府做好其他公共服务,与村民自治、居民自治等基层社会治理体系相结合,开展就业社保、养老助残、妇儿关爱、人口管理等其他公共服务和社会管理工作,推广一站式、窗口式、网络式综合服务,简化办事流程,集中为群众提供便捷高效的服务,真正把综合性文化服务中心建成服务基层、惠及百姓的民心工程。

(四)服务于乡村文化旅游

钟祥市因地制宜、因时制宜、因事制宜,在综合性文化服务中心建设过程中进行多维融合,将沉淀多年的地方民俗文化标本活化为现代公共文化资源,着力打造"一镇一品"特色文化品牌,积极发展与公共文化服务相关的旅游休闲产业,培育和促进多层次多业态文化消费和服务,满足人民群众多样化的文化消费需求。石牌镇急公好义的"豆腐文化"、柴湖镇亲如一家的"移民文化"、东桥镇恢弘大气的"书画文化"、九里乡特色鲜明的"回民文化"、客店镇游人如织的"乡愁文化",均吸引了越来越多的省内外游客,形成新型地域文化生态链。"长寿文化节""紫薇花文化旅游节""显陵'三月三'庙会""莫愁村百姓舞台周周乐""余秀华诗会""青少年足球赛"等特色文体活动,在丰富群众精神文化生活的同时,大幅提升了钟祥的知名度和美誉度。长寿之乡、帝王之乡、足球之乡、莫愁故里、乡土作家群等文化品牌日渐享誉全国。

许多村级综合性文化服务中心就势造景、就地取材、就近创业,发展乡村文化旅游。如九里乡杨桥村展示回族民风民俗的农俗博物馆、客店镇南庄村"千年对节"婚俗文化广场、客店镇明灯村用闲置农具改造成的农事体验站、赵泉河村"封神文化"主题游、杨庙村"孝善文化"景观,以身边人讲身边事、身边事教身边人的方式,既美化了环境,教育了群众,又凸显了地方文化元素中的旅游因子,有力推进了文明村镇、文明社区创建和乡贤文化建设,给游人以全新的视觉冲击和心灵感受。

B.15
湖北地区公共图书馆全民阅读推广活动报告

夏梦思 汪烁*

摘 要： 2014~2016年，"倡导全民阅读"连续三年被写入政府工作报告。2017年，"大力推动全民阅读，加强科学普及"出现在政府工作报告中。在此形势下，湖北地区公共图书馆不断探索，合力打造了"长江读书节"这一阅读推广品牌。"长江读书节"以湖北省图书馆为依托，以全省各级公共图书馆为主阵地，联合各全民阅读推广机构、民间读书会等单位团体，集中开展了一系列人性化、多元化的阅读推广活动。本文以"长江读书节"为例，简析其主要内容及特点，深入探究湖北地区公共图书馆全民阅读推广活动的实际意义。

关键词： 湖北 全民阅读 长江读书节 公共图书馆

一 国内外全民阅读概况

（一）国外全民阅读概况

1995年，联合国教科文组织将塞万提斯、莎士比亚、维加3位文学大

---

* 夏梦思，女，湖北省图书馆馆员；汪烁，女，湖北大学行政管理专业硕士研究生，湖北大学文明城市发展研究院调研员。

师的辞世纪念日4月23日,定为每年的"世界图书和出版日"。

英国发起了世界上第一个专为学龄前儿童提供阅读指导服务的全球性计划——"阅读起跑线"(Bookstart)计划,以让儿童在阅读中受益、享受乐趣为原则,①自1992年开始推广,主要包括"阅读起跑线"婴儿包(Bookstart Baby Pack)、"阅读起跑线"高级包(Bookstart Plus Pack)、"阅读起跑线"百宝箱(My Bookstart Treasure Box)等内容。

德国于1988年成立了阅读促进基金会,其不仅是德国推广阅读的核心机构,也是欧洲最大的阅读基金会,它的名誉主席一直由历届德国总统担任。②德国促进阅读基金会设有证监会,下设几个重点项目部门管理日常活动,如家庭和幼儿园项目部、少年和学校项目部、科研项目部、公关部等。德国阅读促进基金会定时提供推荐书目,家长、教师、志愿者都可以根据书单为孩子挑选书目,同时,该基金会与《时代周刊》联合发起了全国朗读日活动,即将每年11月中的一天定为全国朗读日。

韩国以国家名义发行"世界阅读日"邮票,推广阅读和版权知识。每年4月23日,举办免费给学校送书、慈善拍卖、图书捐赠等活动。2004年还专门为"世界阅读日"出版一本向未成年人介绍版权知识的故事书。

(二)国内全民阅读情况

2014~2016年,"倡导全民阅读"连续三年被写入政府工作报告。调查显示,2015年我国成年国民综合阅读率为79.6%,较2014年上升1%;人均纸质阅读4.58本,较2014年增加0.02本;图书阅读率为58.4%,较2014年上升0.4%;报纸阅读率为45.7%,较2014年下降9.4%;期刊阅读率为34.6%,较2014年下降5.7%;数字化方式阅读率为64.0%,较2014年上升5.9%,其中人均手机阅读时间每天62.21分钟,较2014年增加28.39分钟。

以上数据显示,国民阅读需求日趋旺盛,阅读正在逐渐受到国民重视,

---

① 陈永娴:《阅读,从娃娃抓起——英国"阅读起跑线"(Bookstart)计划》,《图书馆理论与实践》2008年第1期。
② 王达:《德国促进阅读基金会的推广阅读实践》,《山东图书馆学刊》2014年第4期。

数字化阅读成为新的趋势。① 2017年,"大力推动全民阅读,加强科学普及"出现在政府工作报告中。从过去三年的"倡导"升级为"大力推动",足见国家对"全民阅读"的重视程度。

二 湖北地区全民阅读概况

(一)阅读推广阵地稳固

湖北地区共有公共图书馆112家,其中省级1家,市州级20家,区级91家,全省公共图书馆全民阅读推广活动层次丰富,地域特色鲜明。讲座类阅读推广活动有湖北省图书馆长江讲坛、宜昌市图书馆三峡文化讲坛、孝感市图书馆澴川文化讲堂、襄阳市图书馆汉江讲坛、十堰市图书馆十堰讲坛、荆州市图书馆楚都讲坛、荆门市图书馆象山讲坛、黄石市图书馆国学讲堂等;少儿类阅读推广活动有"童之趣"书香阅读季、"童之趣"杯征文大赛、"国学童趣"风采交流活动、"小太阳读书节"系列活动、"小皮匠"悦读园、"蒲公英书吧"系列活动等;展览阅读推广活动有全民阅读活动成果展、"书香中国"图片展、"书香荆楚·文化盛宴"主题展览等;数字类阅读推广活动有"我与数字图书馆"征文大赛、数字图书馆体验活动、个人主题数字图书馆建库大赛等;无障碍阅读类阅读推广活动有草根梦想空间、"阳光直播室"、"让书飞翔"图书漂流活动、"闭上眼睛看电影"等。

(二)"长江读书节"整合资源

2016年,为了整合湖北省公共图书馆资源,省委宣传部与省文化厅共同指导创建了"长江读书节"全民阅读推广品牌,计划在2016~2020年逐年重点开展系列阅读推广活动,让全省人民共享图书馆事业发展成果。通过

---

① 《第十三次全国国民阅读调查结果公布》,http://news.xinhuanet.com/politics/2016 - 04/19/c_ 128907616.htm。

系统策划，该品牌以湖北省图书馆为依托，联合全省各级公共图书馆、全民阅读推广机构、民间读书会等单位团体，贯彻落实《湖北省全民阅读促进办法》，集中开展一系列人性化、多元化的阅读推广活动，指导帮扶基层图书馆、乡镇文化站、社区图书室等建设全民阅读科学体系，优化实体图书馆和数字图书馆的资源配置和服务质量，巩固图书馆在全民阅读中的主阵地作用，树立图书馆良好的社会形象，吸引更多的人走进图书馆、利用图书馆，帮助广大人民群众提高科学文化素质。

三 "长江读书节"形成机制探究

（一）各级领导高度重视

"长江读书节"自创意萌生到正式启动，一直受到各级领导的高度重视。2015年12月，湖北省图书馆下文正式成立"长江读书节"指导委员会，并抽调专人设立办公室。2016年4月，湖北省文化厅正式印发"长江读书节"指导委员会成员名单。2016年5月6日，"长江读书节"由湖北省政府副省长郭生练宣布正式启动。

随着活动的深入开展，各级领导也愈加重视。2016年5月9日，时任湖北省委常委、宣传部部长梁伟年在《湖北日报》第七版发布的《首届长江读书节精彩启幕》中做出批示："要把首届长江读书节扎实、开放地办好，办出成果、办出品牌。以后每年一届办下去，打造人与书、人与全媒体书多形式、多途径阅读的新格局，为增加全民阅读量，为提高全民特别是青少年的文明素养多做贡献！"5月16日，湖北省文化厅党组书记、厅长雷文洁对"长江读书节"的举办做出专门批示，要求扎实开展活动，及时总结经验，打造读书品牌。

（二）创新理论强力支撑

首届"长江读书节"的举办有着深厚的理论根基，应充分利用阵地优

势,贯彻创新理念。

一是机制创新。突破行政区划樊篱,布局全省各级公共图书馆阅读推广这盘大棋,将大馆的优势资源与基层共享,集中与分散相结合,形成规模效应。省图书馆将邀请百家讲坛嘉宾开展"长江讲坛"基层巡讲活动,为37个贫困地区汽车图书馆配送图书和实用数字资源,联合全省公共图书馆开展"文化扶贫"大行动和"九走进"综合服务等活动。

二是模式创新。构筑"图书馆+"模式,在阅读供给侧中注重协作共享。采用图书馆+书店、咖啡吧、社区图书室、民间读书会、智能技术、微信社交等方式,为读者提供精准阅读资源,使阅读服务便捷化、公平化和均等化,形成资源共享、平台互联、服务实效的阅读体系,让大众摆脱"图书馆就是借还书的地方"这个固有的认识,使图书馆的服务空间更加广阔,让更多的人利用图书馆,熟知图书馆的资源、服务、活动、空间与设施,更大限度地发挥图书馆的功能。

三是传播手段创新。借助数字化技术,构建互联网、移动互联网、广播电视网"三网合一"平台,形成线上线下参与式、互动式、共享式阅读新格局。如开展"共读一本书 接龙写书评"活动,通过在省图书馆门户网站和微信平台上传100本经典图书,开展扫码阅读、写书评、攒积分活动,提高大众阅读的积极性。①

(三)精准抓抢历史机遇

在国家层面,2006年,中宣部、原国家新闻出版总署等11个部委在"世界读书日"前夕,共同倡导并联合发起全国范围内的全民阅读活动。2011年,党的十七届六中全会首次在决议中写入"开展全民阅读活动",标志着全民阅读工作正式成为中央部署的一项重要工作。2012年,党的十八大报告历史性地写入"开展全民阅读活动"。2016年,"十三五"规划纲要

---

① 《首届"长江读书节"启动》,http://www.mcprc.gov.cn/whzx/qgwhxxlb/hubei/201605/t20160510_461752.html。

首次提出"推动全民阅读"。

在省级层面,2012年,湖北省委、省政府按照党中央部署,确定将每年4月定为"书香荆楚·文化湖北"全民读书月,在全省上下掀起全民读书热潮。湖北省委书记李鸿忠更是身体力行、带头读书,并且连续五年向全省干部群众推荐书籍。2015年,《湖北省全民阅读促进办法》颁布并于3月1日起实施,这也是全国首部关于全民阅读的地方政府规章,标志着湖北全民阅读发展正式进入法制化、规范化的轨道。2016年开始,湖北省全面实施"全民阅读三年行动计划",提出居民综合阅读率、阅读总指数、公共服务指数等指标明显提高的新目标。

"长江读书节"抓住了推广全民阅读的最佳机遇,它的启动不仅是全省文化主管部门和全省各级公共图书馆开展全民阅读活动深入基层、深入群众的集中大行动,更是"十三五"开局之年湖北省百家公共图书馆向全省人民献出的一份文化盛宴。

四 "长江读书节"特色推广成果

(一)内容丰富,参与人数众多

首届"长江读书节"举办期间,全省112家公共图书馆大联动,开展各类活动2571场,受益人次达576.2万。《中国文化报》《湖北文化》《图书馆报》《湖北日报》等主流媒体刊登、转载"长江读书节"相关活动报道达550余篇次。

湖北省各级公共图书馆共开展讲座335场,参与听众约11.92万人。湖北省图书馆"长江讲坛"开展基层巡讲,走进十堰、襄阳、孝感、荆门、黄石、荆州、宜昌、黄冈、恩施等市(州)图书馆。湘鄂赣皖四省公共图书馆联盟共同举办2016年名家解读地方戏曲文化活动,走进合肥、南昌、长沙、武汉等地。

湖北省各级公共图书馆举办展览110场,服务读者约38万人。仅"世

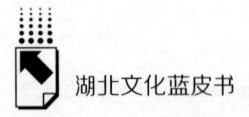

界读书日"主题展览就有21场,覆盖武汉、宜昌、十堰、黄冈、黄石、荆门、孝感等各地读者近3万人。

百辆汽车图书馆走遍城市乡村,让文化扶贫落到实处。在"长江读书节"启动仪式上,湖北省图书馆向红安、恩施、南漳、保康、谷城等37个贫困县的汽车图书馆捐赠图书37万册,百辆汽车图书馆开展活动1066场,受惠人次超过34万。

湖北各级公共图书馆共举办少儿读书活动587场,有52.1万人参与活动。其中,湖北省图书馆第十三届"童之趣"少儿读书节举办的阅读活动,有20余万人参与其中。各馆少儿品牌活动广泛开展,如武汉图书馆"小图爱阅"、武汉市少年儿童图书馆"'小种子'流动阅读推广"活动、宜昌市图书馆"快乐小屋"等,这些活动成为各地图书馆开展未成年人阅读推广活动的文化惠民平台和孩子们阅读指导的风向标。

湖北省各级公共图书馆携手各阅读团体、数字资源商和新媒体宣传机构共同谋划,举办成人特色阅读活动260场,约40万人受惠。黄石、鄂州、襄阳、宜昌、孝感、随州、恩施及神农架等地的公共图书馆借助"长江讲坛"直播平台对端午演诵会进行同步直播;"好书共读"不仅为读者提供电子书的全文阅读,还提供与书相关的电影、讲座、听书、书评等内容;"闭上眼睛看电影""阳光直播室"等系列活动,让正常人"从心"理解和帮助残障人士阅读。

湖北省各级公共图书馆共举办数字阅读推广活动213场,受惠人次达400.2万。"长江读书节"通过网页、微信、APP三大平台引领全民阅读数字化的时代潮流,三大数字平台点击率达58.56万次。

(二)广寻深挖,基层典型突出

根据《2016年"长江读书节"实施方案》,2016年7~9月,"长江读书节"在全省启动了"十佳藏书之家""十佳捐书人""十佳读书创业之星""十佳读书之星""十佳图书馆志愿者""十佳阅读推广人""十佳基层阅读推广组织奖""十佳书评"八大评选活动。十佳系列评选活动共收到来自湖北省图书馆、十堰市图书馆、襄阳市图书馆、荆门市图书馆等19家图书馆报送的十佳申报材料291份。其中,十佳藏书之家30个、十佳捐书人15人、十佳读书创业之星24人、十佳读书之星28人、十佳图书馆志愿者24人、十佳阅读推广人34人、十佳基层阅读推广组织43家、十佳书评93篇。网络投票阶段,共收到读者投票120余万次,各地参评积极性高。

本次评选侧重于面向基层、突出一线、注重实绩。评选过程中发掘了一批突出的阅读推广模范人物,如:拥有3万册藏书的李城外;为救图书险些丧命的董乐生;通过阅读成功创业的女大学生申云;从农民成长为图书策划人的刘正权;捐书总价值达到15万元的朱葆和;2015年以来参加图书馆无偿服务累计满20次、义务服务2000多小时的叶华程;创建了孝感本地"九思文化读书会"QQ群、群友1360多人的舒俊等。他们的事迹更加贴近生活、贴近群众,对他们的发掘与宣传,更具有说服力和带动性。

(三)旗帜引领,阅读大使带头

"政府部门倡导、社会单位支持和专家学者指导"是办好读书节活动的重要组织形式。[①] 首届"长江读书节"共邀请11位名家担任阅读大使,他们在各个领域都有一定的影响力,对于阅读推广事业持续关注并有独到的见解。

湖北省社会科学院副院长刘玉堂呼吁大家早读书、多读书、读好书;武汉大学马克思主义学院教授沈壮海希望阅读能走进越来越多人的日常生活,在阅读中打开观察世界的眼界和包容万物的胸怀;中国科学院院士杨叔子畅想"无边知识纷纷出,不尽长江滚滚来";省戏曲艺术剧院院长杨俊感恩阅读带来的自信与踏实,能帮助人找到本真的自己;著名剧作家沈虹光强调阅读就该平民化,专业单位要发挥专业力量;著名出版人周百义认为阅读对国家、对民族、对所有人都是件好事,推广阅读,泽被后世;武汉大学哲学院

---

① 周燕妮:《"倡导全民读书,建设阅读社会"——以近年来我国各地读书节活动为例》,《第十届海峡两岸图书资讯学学术研讨会论文集》,2010。

教授郭齐勇坚信经典教育是坚定中国文化主体性的常道的教育；省作家协会副主席徐鲁指明应阅读那些有根基、能为一代代中国人的精神底色增添厚度的书；著名历史学家章开沅期待年轻人多读有益的书，以促进自身完善与造福社会；第三届全国道德模范董明感慨人生是一场不忘初心的修行，希望我们在书的海洋里为爱、为梦想修行、升华；省文联主席熊召政深信君子不可一日无书，"书香中国"不但是美好的愿望，也是每一位读书人身体力行的目标。

五 "长江读书节"未来发展方向

首届"长江读书节"的实施方案中，对于活动的保障措施提出了明确的要求，但是各地在实施过程中还有不到位的地方，因此未来要注意加强以下几方面的工作。

一是加强经费保障。各级文化行政部门在专项经费不足的情况下，图书馆可以会同参与读书节活动的有关单位通过社会招商、引资的办法获得充分的赞助和投资。①

二是突出品牌建设，启动全省公共图书馆阅读推广品牌活动评选和推介工作。其中，要重点策划"十佳荆楚图书"的宣传推广活动；要以"十佳演诵之星"全省大赛为抓手，重点落实深入开展经典诵读的工作；继续推进汽车图书馆文化扶贫工作；积极探索数字图书馆服务工作；帮助基层图书馆品牌服务上台阶。

三是加强协作协调，以双赢和共享的模式集结各阅读推广机构和团体的力量。节办要与全阅办、出版社、书店、民间阅读推广组织，以及获得十佳藏书之家等奖项的先进个人、团体加强合作，推出更多读者喜闻乐见的阅读活动，营造和搭建图书馆与读者之间的交流平台，让更多的读者成为阅读推

---

① 王新建：《谈图书馆的全民读书节》，《2013鲁豫皖赣新五省图书馆学会学术年会精选论文集》，2013。

广的使者。

四是加强理论研究，联合一些基础好的市州馆，共同研讨"讲阅展演+数"的模式；调研长江沿线公共图书馆阅读推广活动，购买阅读活动统计、分析软件，在日常数据统计与分析的基础上，撰写湖北省公共图书馆阅读调查报告。

五是加强宣传推介，扩大公共图书馆在社会中的知晓度和影响力，更大范围地凝聚力量。继续与《中国文化报》《图书馆报》《湖北文化》《湖北日报》等主流媒体合作，让媒体宣传形成常态，形成周周有活动、周周有报道的良好氛围。同时，注重新媒体的开发利用，形成全媒体宣传格局。

Abstract

Culture is to build in a person's heart. It is the construction process from history to the future unconsciously, not a product that can be built on any assembly line. It is difficult to have an immediate impact so that we will see the results for a long time. The production of any major cultural achievements comes from the accumulation of time and soul.

In 2015, it is the final year of the "Twelfth Five-Year Plan" for national economic and social development. During "Twelfth Five – Year Plan", the subjects of culture development at various levels in Hubei are to work hard and to innovate under the guidance of the central policy, under the leadership of the provincial governments, with high cultural self-confidence and cultural awareness, based on the theme of the great rejuvenation of China. They have struggled to write the cultural chapter of the Chinese dream using persistent determination and efforts, and have pushed the local culture of Hubei province to blossom in 2015, in order to lay a solid foundation for the success of the "Thirteenth Five-Year Plan".

In 2016, it is the first year of the "Thirteenth Five-Year Plan" for national economic and social development. On the basis of the "Twelfth Five-Year Plan", focusing on the concepts of Innovation, Coordination, Green, Opening, shared development and the strategic layout of "the Four-Pronged Comprehensive", the government of Hubei province puts forward the development goal of "building a moderately prosperous society in the central region firstly". And they have put forward the goal of "stepping into the strong cultural province" with high cultural self-confidence and cultural awareness. The subjects of culture development at various levels in Hubei continue to adhere to the principle of improving quality, upgrading efficiency, taking quality as a handsome, and paying both attention to the quality and quantity with a strong sense of urgency, responsibility and mission.

They have devoted all efforts to promote the development of a strong cultural province and a good start to the "Thirteenth Five-Year Plan" has made.

The *The Blue Book of Hubei Culture Development* compiled by the Institute of Higher Humanities of Hubei University、the center of Chinese culture development for the coordination of innovation focuses on one theme every year in order to dedicate to the development of Hubei culture reform. The theme of *The Blue Book of Hubei Culture Development 2016 – 2017* is to analyze and summarize of the development of Hubei culture in the period of the "Twelfth Five-Year Plan", and compares it to the development goal of Hubei culture reform during the "Thirteenth Five-Year Plan" period on the time node of the "Twelfth Five-Year Plan" and the "Thirteenth Five-Year Plan", in order to provide some thoughts and reference for promoting "the first step in realizing cultural well-off" and "stepping into the ranks of culturally powerful province".

Contents

I General Report

B.1 General Report of Hubei Culture Development
Report (2015 -2016)   Liu Weiwei / 001

    1. The culture development of Hubei During
       the "Twelfth Five-Year Plan"   / 002

    2. The target tasks of Hubei's culture development during
       the "Thirteenth Five-Year Plan"   / 019

    3. The historic mission of Hubei's cultural work during
       the "Thirteenth Five-Year Plan"   / 022

    4. Summary   / 027

Abstract: Culture is the highest measure of development. In the period of 2016, cultural undertakings of Hubei Province with new developments is reflected in the successful completion of the task, "the Twelfth Five-Year Plan", the scientific decision of "the Thirteenth Five-Year Goal", and the development goals proposed, "the first to achieve the cultural well-off goal" and "Big Cultural Province", as well as reflected in the development strategies of "One Belt One Road" and "the Economic Belt along the Yangtze River". This report stands at the junction of the two five-year plan, and "the Twelfth Five-Year Plan" is carefully sorted out. Additionally, "the Thirteenth Five-Year Plan" is carefully interpreted, and the situation of the current cultural development is carefully analyzed, while some questions is put forward.

Keywords: Hubei; Culture Development; Cultural Province

II Segment Reports

B.2 A Report on the Development of Cultural Undertakings in Hubei Province (2015 -2016)

Li Rongjuan, Xiao Changbin and Zheng Haijun / 028

Abstract: As the reform of cultural system is accelerated, the cultural industry of Hubei Province have made great progress in 2015. The capacity of cultural service centers has been improved steadily, the scale of public cultural service institutions has been expanding, and the investment of cultural industry has been increasing. Meanwhile, the public cultural facilities have been increasing day by day. The development of cultural industry is good. For example, there was a large number of literary and artistic creation, whose theme is "China Dream". In 2015, with the guidance of the provincial government, our province's system construction capacity of public cultural service continues to increase, while the construction of the public cultural service system demonstration area makes a smooth progress. As a consequence, the cultural industry develops vigorously, the cultural market is regulated orderly, foreign cultural exchanges are increasingly active, and an increasing number of people receive the cultural sense of achievement. Besides, both non-heritage protection and inheritance work have also achieved remarkable success. However, there still exist the imbalance of the level of cultural input and that of economic growth. And the construction of public cultural service system is not perfect. Our province should be targeted to fill the short board, to co-ordinate and promote the cultural industry, and to speed up the construction of a large cultural province.

Keywords: Hubei; Cultural Undertakings; Cultural Industry; Cultural Senice

B. 3　A Report on the Development of Cultural Production in Hubei Province (2015 -2016)

　　　　　　　　　　　　　　　Zheng Haijun, Fang Xiaorong / 051

Abstract: There are a great varieties of forms and the artistic creation is active in Hubei Province in 2015. The second arts festival and the sixth chu opera art festival of Hubei are held successively, and the literary works of "China Dream" are created wonderfully. Ramming the drama culture of hubei is down from the aspects of system construction, personnel training and so on. Several huimin performances are carried out regarding the people as the core. And the record of major art projects is very good. But now, the problems of low artistic quality, talent shortage, lack of planning conception, policy implementation also serious in the process of artistic creation. Therefore, team construction, personnel training and so on are needed to be done to make efforts to further development of the art.

Keywords: Hubei; Literary and Artistic Creation; Literary and Artistic Production

B. 4　A Development Report of Construction of Public Culture Service System in Hubei Province (2015 -2016)

　　　　　　　　　　　　　　　Sun Youxiang, Yang Zhirong / 060

Abstract: In the period of 2015, the construction of public cultural service in Hubei Province has made great progress in the implementation of leading responsibility, the promotion of coordination mechanism, the investment of public cultural construction, the pilot and demonstration, the implementation of Huimin Project, the construction of talent team and the improvement of laws and regulations. Meanwhile, there exist some problems, such as the lack of cultural consciousness, the imperfect development mechanism of cultural undertakings, inadequate service facilities and some project drawbacks, incomplete performance management mode, and insufficient integration of public cultural resources. Therefore, it is necessary to strengthen the construction of eight systems, including standards, infrastructure, production supply, digital services, financial resources, personnel, non-genetic inheritance, and policies and regulations, which can help to promote the construction of public cultural service in Hubei Province.

Keywords: Hubei; Public Culture; Service System

B.5 A Report on the Utilization and Development of Cultural Heritage Protection in Hubei Province (2015 −2016)

Wu Chengguo, Tang Qiangsong / 071

Abstract: In the period of 2016, the cultural heritage enterprise of Hubei has made great progress. It mainly displays in the following respects: the foundation work has been further strengthened; the cultural heritage project has achieved great results; the safety of cultural relics has further improved; the ability of cultural heritage to serve the society has been enhanced; the external influence of "Jing Chu" traditional culture has been increased. However, there are still some short boards or weak links, such as the less investment of local government, the insufficient multi-sector coordination, the optimistic security situation and the unreasonable utilization. Our next step is to make relentless efforts to perfect the laws system, implement each side's responsibility, stimulate innovation vitality and carry out major projects.

Keywords: Hubei; Cultural Heritage; Protection; Utilization; Inheritance and Development

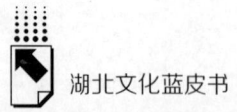

B.6 A Report on Hubei's Cultural Exchanges with Foreign Countries and Hong Kong, Macao and Taiwan (2015 -2016)   *Liu Wenxiang, Ren Jun and Dong Sihan* / 084

Abstract: In the period of 2016, the foreign cultural exchange work of Hubei Province actively cooperated with the national diplomatic overall situation, actively participated in national major cultural exchange brands, widened the platform cultural exchanges, and innovatively perfected the foreign cultural exchange brands. Therefore, it has promoted the coordinated development between "Come Out" and "Bring In", which has effectively served the national development strategy and helped the economic and social development of the whole province.

Keywords: Hubei; Hong Kong, Macao and Taiwan; Cultural Exchange

B.7 A Report on the Development of Hubei's Press and Publication, Radio and Television (2015 -2016)
   Zhang Min, Luo Yabo / 100

Abstract: In the period of 2016, Hubei Province has worked hard to promote the development of Press and Publication, Radio and Television, which has achieved many good results. In this year, the ability to guide public opinion has been strengthened, the pace of media convergence has been accelerated, the quality of public service has been improved a lot, the strength of industrial development has been expanding and the level of legal management has been raised. In a word, the development of Hubei Province's press and publication, radio and TV shows a good posture of competing to improve quality and upgrading to increase efficiency. But there are still some following problems in it: the convergence of the traditional media and the new media is not enough; the convergence of the unique content products is lack; the level of digitalization, networking and intellectualization is still low; the level of industrial scale and intensification is not high. Therefore, it is necessary to strengthen institutional and mechanism construction in terms of strengthening publicity and flourishing high-quality goods, which can promote the rapid development of Hubei's press and publication, radio and TV industry.

Keywords: Hubei; Press, Publication, Radio, Film and Television; Media; Public Service

Ⅲ Special Reports

B. 8　A Research of Cultural Input Level in "Thirteenth Five-Year Plan" Period of Hubei Province

Chen Jinxiang, Zheng Haijun and Li Guodong / 118

Abstract: In recent years, although the cultural cause of Hubei Province has shown the scale of public culture service, the cultural infrastructure has improved markedly, the innovation promotes the public cultural service, the cultural investment, the cultural cause and the per capita cost of several indicators also maintain a sustained growth. But by comparing the macroscopic contrast between Hubei province and the other provinces of the country and the microcosmic contrast of the cultural inputs in the provinces and cities, there are still many shortcomings in the development of cultural undertakings in Hubei province, lacking the rigid constraint mechanism of continuous growth of cultural investment. The safeguard mechanism of public culture finance investment is imperfect, the cultural cause development history owes more, the Public culture authority and the expense responsibility match the reasonable sharing mechanism still imperfect, the public culture investment responsibility appraisal mechanism is not perfect and so on bottleneck restricts the development of Hubei culture undertaking, Hubei's cultural development urgently needs to break the bureau.

Following the basic idea of "completing the short plate, increasing the total amount, opening up the business and strengthening the examination", Hubei province should focus on establishing the stable growth mechanism of public culture investment; aiming at the imbalance of regional inputs, the application of tilt protection, the positive introduction of social forces, widening the channel of capital investment, optimizing the sharing mechanism of provincial finance and local finance; establishing a perfect public culture investment appraisal and incentive mechanism, increasing the supervision of the investment funds of culture, and improving the efficiency of fund use.

Keywords: Hubei; Cultural Undertakings; Cultural Input

B.9 A Report on Public Cultural Construction of County in Hubei Province *Qing Jing, Li Rongjuan* / 146

Abstract: Public cultural construction of county provides strong spiritual motive and intellectual support for economic construction and social development in county area. Public cultural construction of county has great significance to build a harmonious socialist society. This paper researches on the present situation of public cultural construction in Hubei province, makes differential analysis on different levels of public cultural construction, and puts forward some suggestions to improve the level of public cultural construction in county area.

Keywords: County; Public Cultural Construction; Hubei Province

B.10 A Study on the Prosperity and Development of Hubei Popular Literature *Zhang Ruzhi* / 164

Abstract: Popular literature is the product of the times. Especially at present, in the new period of building a well-off society in an all-round way, popular literature and art has become a necessity in people's life. It is an important content of "cultural well-off" and an important foundation for protecting the people's livelihood. Therefore, Xi Jinping, the General Secretary of our state pointed out at the symposium on literary and art work that "the socialist literature and art will inevitably serve the people as a noble mission and regard developing the people's art as the main task." In order to carry out the spirit of the speech of General Secretary Xi Jinping and promote the prosperity and development of popular culture in Hubei and promote the first realization of a well-off society, this article is based on Hubei Province and looks around the world, and then makes an in-depth study on the public literature and art, puts forward to promote the development of popular culture in Hubei countermeasures.

Keywords: Hubei; Mass Literature and Art; Well-to-do Culture

B. 11   The Development and Reflection about the
Hubei Museum   *Yu Ping, Peng Fang* / 186

Abstract: Recently, with the vigorous development of the nationwide museums, Hubei provincial museum is in high-speed development of the fast lane, relying on it's profound cultural heritage and rich cultural resources. Hubei provincial museum has made remarkable achievements in perspectives: the constructing Public Culture Service System, the improving of the Museum system, the enhancing of the Public Service Capacity and the protection of the culture of science and technology. At the same time, there still exist some deficiencies, such as the unbalanced regional development and the lack of vitality, the talent insufficiency and low mass participation. This report also puts forward some opinions and suggestions on Hubei Provincial Museum standardization construction, how to stimulate the vitality of the museum and encourage the social forces to participate in the museum.

Keywords: Hubei; Museum; The Protection of Culture Relics; Service Level

B. 12 Taking Fully Advantage of County-Level Broadcasting Station, a Local Mainstream Media

Luo Yabo, Wen Yuanlun and Liu Chunzi / 207

Abstract: The county-level broadcasting station is the most basic unit in the Chinese Broadcast and Television System. It is also a major publicity tool of the Communist Party of China and Government to face the masses of the people below the County Level. In recent years, the county-level broadcasting station has sunk into a difficult position because of its financing, equipment, employees, policies and so on, which urgently needs to solve crisis and realize a sustainable development through transformation development and competitiveness improvement.

Keywords: Hubei; The County-Level Broadcasting Station; Propaganda

B. 13 The Xinzhou's Construction Pattern of Cultural Centre's General-Branch System

Xiao Zhengli, Chen Qingping and Wang Jianzhong / 218

Abstract: In the process of constructing modern public cultural service system, Xinzhou district of Wuhan City, with the years of building Xinzhou District cultural centre's general-branch Library, constantly innovate its operating mechanism and established the unified personnel system, the unified revenue and expenditure system, the unified management of positions, the unified arrangements for activities, the unified allocation of resources, the unified service standards and the unified evaluation of performance, thus formed a cultural centre's general-branch construction pattern that has the peculiarity of "long-term set, long-term operation, efficient service, overall development". The practice has proved that the xinzhou's pattern of cultural centre's general-branch system is conducive to the implementation of the party and the government's cultural social benefiting policy and the masses can Participate in various cultural activities nearby and comfortably.

It's also conducive to the protection of the citizen's public cultural rights and promote the overall development of modern public cultural service system.

Keywords: Cultural Centers; General-Branch System; Xinzhou Pattern

B.14 Construction of the Basic Comprehensive Cultural Services Center in Zhongxiang

Pan Xiaoliang, Xiao Zhengli / 227

Abstract: In the process of creating a demonstration area of the public cultural service system in hubei province, Zhongxiang builds a multi-level comprehensive cultural service center as a carrier, on the one hand, the system of public cultural services in the city is fully constructed through the reform of the basic public cultural system and the innovation of the service mechanism. On the other hand, It has formed the Zhongxiang pattern of the grass-roots comprehensive cultural service center, which is dominated by the government, coordinated by the department, social participation and service.

Keywords: Substratum; Cultural Services; Zhongxiang Model

B.15 A Report on Universal Reading Campaigns of Public Libraries in Hubei Province

Xia Mengsi, Wang Shuo / 238

Abstract: From 2014 to 2016, "the Universal Reading Campaign" was written into the government work report for three consecutive years. In 2017, "vigorously promoting universal reading, strengthening scientific popularization" appears in the government work report. Under this circumstance, the regional public libraries continue to explore, and together create a brand called "the Yangtze River Reading Festival". "The Yangtze River Reading Festival" is based on Hubei Province Library, and all levels of public library in the province are based positions. The joint of national reading and promotion agencies, civil society and other units focuses on a series of human and diversified reading promotion activities. This paper takes "the Yangtze River Reading Festival" as an example, briefly analyzes its main content and characteristics, and deeply reveals the practical significance of universal reading campaigns of public libraries in Hubei province.

Keywords: Hubei; Universal Reading; Yangtze River Reading Festival; Public Libraries

社会科学文献出版社　　　　　　　　　　　　　　**皮书系列**

❖ 皮书起源 ❖

"皮书"起源于十七、十八世纪的英国，主要指官方或社会组织正式发表的重要文件或报告，多以"白皮书"命名。在中国，"皮书"这一概念被社会广泛接受，并被成功运作、发展成为一种全新的出版形态，则源于中国社会科学院社会科学文献出版社。

❖ 皮书定义 ❖

皮书是对中国与世界发展状况和热点问题进行年度监测，以专业的角度、专家的视野和实证研究方法，针对某一领域或区域现状与发展态势展开分析和预测，具备原创性、实证性、专业性、连续性、前沿性、时效性等特点的公开出版物，由一系列权威研究报告组成。

❖ 皮书作者 ❖

皮书系列的作者以中国社会科学院、著名高校、地方社会科学院的研究人员为主，多为国内一流研究机构的权威专家学者，他们的看法和观点代表了学界对中国与世界的现实和未来最高水平的解读与分析。

❖ 皮书荣誉 ❖

皮书系列已成为社会科学文献出版社的著名图书品牌和中国社会科学院的知名学术品牌。2016年，皮书系列正式列入"十三五"国家重点出版规划项目；2012~2016年，重点皮书列入中国社会科学院承担的国家哲学社会科学创新工程项目；2017年，55种院外皮书使用"中国社会科学院创新工程学术出版项目"标识。

中国皮书网

发布皮书研创资讯，传播皮书精彩内容
引领皮书出版潮流，打造皮书服务平台

栏目设置

关于皮书：何谓皮书、皮书分类、皮书大事记、皮书荣誉、
皮书出版第一人、皮书编辑部

最新资讯：通知公告、新闻动态、媒体聚焦、网站专题、视频直播、下载专区

皮书研创：皮书规范、皮书选题、皮书出版、皮书研究、研创团队

皮书评奖评价：指标体系、皮书评价、皮书评奖

互动专区：皮书说、皮书智库、皮书微博、数据库微博

所获荣誉

2008年、2011年，中国皮书网均在全国新闻出版业网站荣誉评选中获得"最具商业价值网站"称号；

2012年，获得"出版业网站百强"称号。

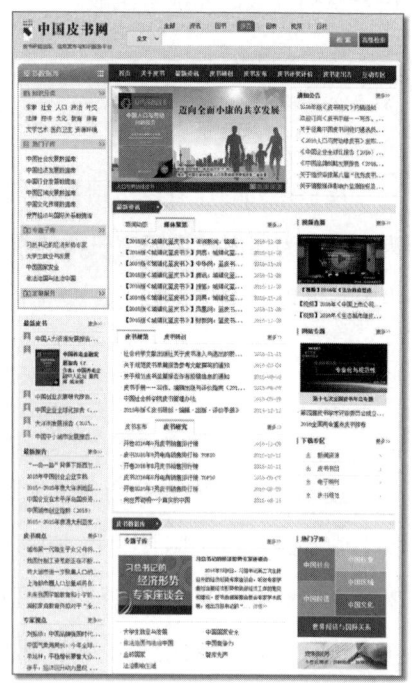

网库合一

2014年，中国皮书网与皮书数据库端口合一，实现资源共享。更多详情请登录www.pishu.cn。

权威报告·热点资讯·特色资源

皮书数据库
ANNUAL REPORT(YEARBOOK) DATABASE

当代中国与世界发展高端智库平台

所获荣誉

- 2016年，入选"国家'十三五'电子出版物出版规划骨干工程"
- 2015年，荣获"搜索中国正能量 点赞2015""创新中国科技创新奖"
- 2013年，荣获"中国出版政府奖·网络出版物奖"提名奖
- 连续多年荣获中国数字出版博览会"数字出版·优秀品牌"奖

成为会员

通过网址www.pishu.com.cn或使用手机扫描二维码进入皮书数据库网站，进行手机号码验证或邮箱验证即可成为皮书数据库会员（建议通过手机号码快速验证注册）。

会员福利

- 使用手机号码首次注册会员可直接获得100元体验金，不需充值即可购买和查看数据库内容（仅限使用手机号码快速注册）。
- 已注册用户购书后可免费获赠100元皮书数据库充值卡。刮开充值卡涂层获取充值密码，登录并进入"会员中心"—"在线充值"—"充值卡充值"，充值成功后即可购买和查看数据库内容。

数据库服务热线：400-008-6695
数据库服务QQ：2475522410
数据库服务邮箱：database@ssap.cn
图书销售热线：010-59367070/7028
图书服务QQ：1265056568
图书服务邮箱：duzhe@ssap.cn

社会科学文献出版社 皮书系列
卡号：942682924513
密码：

S 子库介绍
Sub-Database Introduction

中国经济发展数据库

涵盖宏观经济、农业经济、工业经济、产业经济、财政金融、交通旅游、商业贸易、劳动经济、企业经济、房地产经济、城市经济、区域经济等领域，为用户实时了解经济运行态势、把握经济发展规律、洞察经济形势、做出经济决策提供参考和依据。

中国社会发展数据库

全面整合国内外有关中国社会发展的统计数据、深度分析报告、专家解读和热点资讯构建而成的专业学术数据库。涉及宗教、社会、人口、政治、外交、法律、文化、教育、体育、文学艺术、医药卫生、资源环境等多个领域。

中国行业发展数据库

以中国国民经济行业分类为依据，跟踪分析国民经济各行业市场运行状况和政策导向，提供行业发展最前沿的资讯，为用户投资、从业及各种经济决策提供理论基础和实践指导。内容涵盖农业，能源与矿产业，交通运输业，制造业，金融业，房地产业，租赁和商务服务业，科学研究，环境和公共设施管理，居民服务业，教育，卫生和社会保障，文化、体育和娱乐业等100余个行业。

中国区域发展数据库

对特定区域内的经济、社会、文化、法治、资源环境等领域的现状与发展情况进行分析和预测。涵盖中部、西部、东北、西北等地区，长三角、珠三角、黄三角、京津冀、环渤海、合肥经济圈、长株潭城市群、关中—天水经济区、海峡经济区等区域经济体和城市圈，北京、上海、浙江、河南、陕西等34个省份及中国台湾地区。

中国文化传媒数据库

包括文化事业、文化产业、宗教、群众文化、图书馆事业、博物馆事业、档案事业、语言文字、文学、历史地理、新闻传播、广播电视、出版事业、艺术、电影、娱乐等多个子库。

世界经济与国际关系数据库

以皮书系列中涉及世界经济与国际关系的研究成果为基础，全面整合国内外有关世界经济与国际关系的统计数据、深度分析报告、专家解读和热点资讯构建而成的专业学术数据库。包括世界经济、国际政治、世界文化与科技、全球性问题、国际组织与国际法、区域研究等多个子库。

法律声明

"皮书系列"(含蓝皮书、绿皮书、黄皮书)之品牌由社会科学文献出版社最早使用并持续至今,现已被中国图书市场所熟知。"皮书系列"的LOGO（ ）与"经济蓝皮书""社会蓝皮书"均已在中华人民共和国国家工商行政管理总局商标局登记注册。"皮书系列"图书的注册商标专用权及封面设计、版式设计的著作权均为社会科学文献出版社所有。未经社会科学文献出版社书面授权许可,任何使用与"皮书系列"图书注册商标、封面设计、版式设计相同或者近似的文字、图形或其组合的行为均系侵权行为。

经作者授权,本书的专有出版权及信息网络传播权为社会科学文献出版社享有。未经社会科学文献出版社书面授权许可,任何就本书内容的复制、发行或以数字形式进行网络传播的行为均系侵权行为。

社会科学文献出版社将通过法律途径追究上述侵权行为的法律责任,维护自身合法权益。

欢迎社会各界人士对侵犯社会科学文献出版社上述权利的侵权行为进行举报。电话:010-59367121,电子邮箱:fawubu@ssap.cn。

社会科学文献出版社

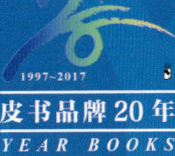

皮书系列

2017年

智库成果出版与传播平台

社会科学文献出版社
SOCIAL SCIENCES ACADEMIC PRESS (CHINA)

図書索引

2017年

社长致辞

2017年正值皮书品牌专业化二十周年之际,世界每天都在发生着让人眼花缭乱的变化,而唯一不变的,是面向未来无数的可能性。作为个体,如何获取专业信息以备不时之需?作为行政主体或企事业主体,如何提高决策的科学性让这个世界变得更好而不是更糟?原创、实证、专业、前沿、及时、持续,这是1997年"皮书系列"品牌创立的初衷。

1997~2017,从最初一个出版社的学术产品名称到媒体和公众使用频率极高的热点词语,从专业术语到大众话语,从官方文件到独特的出版型态,作为重要的智库成果,"皮书"始终致力于成为海量信息时代的信息过滤器,成为经济社会发展的记录仪,成为政策制定、评估、调整的智力源,社会科学研究的资料集成库。"皮书"的概念不断延展,"皮书"的种类更加丰富,"皮书"的功能日渐完善。

1997~2017,皮书及皮书数据库已成为中国新型智库建设不可或缺的抓手与平台,成为政府、企业和各类社会组织决策的利器,成为人文社科研究最基本的资料库,成为世界系统完整及时认知当代中国的窗口和通道!"皮书"所具有的凝聚力正在形成一种无形的力量,吸引着社会各界关注中国的发展,参与中国的发展。

二十年的"皮书"正值青春,愿每一位皮书人付出的年华与智慧不辜负这个时代!

社会科学文献出版社社长
中国社会学会秘书长

2016年11月

社会科学文献出版社简介

社会科学文献出版社成立于1985年，是直属于中国社会科学院的人文社会科学学术出版机构。成立以来，社科文献出版社依托于中国社会科学院和国内外人文社会科学界丰厚的学术出版和专家学者资源，始终坚持"创社科经典，出传世文献"的出版理念、"权威、前沿、原创"的产品定位以及学术成果和智库成果出版的专业化、数字化、国际化、市场化的经营道路。

社科文献出版社是中国新闻出版业转型与文化体制改革的先行者。积极探索文化体制改革的先进方向和现代企业经营决策机制，社科文献出版社先后荣获"全国文化体制改革工作先进单位"、中国出版政府奖·先进出版单位奖，中国社会科学院先进集体、全国科普工作先进集体等荣誉称号。多人次荣获"第十届韬奋出版奖""全国新闻出版行业领军人才""数字出版先进人物""北京市新闻出版广电行业领军人才"等称号。

社科文献出版社是中国人文社会科学学术出版的大社名社，也是以皮书为代表的智库成果出版的专业强社。年出版图书2000余种，其中皮书350余种，出版新书字数5.5亿字，承印与发行中国社科院院属期刊72种，先后创立了皮书系列、列国志、中国史话、社科文献学术译库、社科文献学术文库、甲骨文书系等一大批既有学术影响又有市场价值的品牌，确立了在社会学、近代史、苏东问题研究等专业学科及领域出版的领先地位。图书多次荣获中国出版政府奖、"三个一百"原创图书出版工程、"五个'一'工程奖"、"大众喜爱的50种图书"等奖项，在中央国家机关"强素质·做表率"读书活动中，入选图书品种数位居各大出版社之首。

社科文献出版社是中国学术出版规范与标准的倡议者与制定者，代表全国50多家出版社发起实施学术著作出版规范的倡议，承担学术著作规范国家标准的起草工作，率先编撰完成《皮书手册》对皮书品牌进行规范化管理，并在此基础上推出中国版芝加哥手册——《SSAP学术出版手册》。

社科文献出版社是中国数字出版的引领者，拥有皮书数据库、列国志数据库、"一带一路"数据库、减贫数据库、集刊数据库等4大产品线11个数据库产品，机构用户达1300余家，海外用户百余家，荣获"数字出版转型示范单位""新闻出版标准化先进单位""专业数字内容资源知识服务模式试点企业标准化示范单位"等称号。

社科文献出版社是中国学术出版走出去的践行者。社科文献出版社海外图书出版与学术合作业务遍及全球40余个国家和地区并于2016年成立俄罗斯分社，累计输出图书500余种，涉及近20个语种，累计获得国家社科基金中华学术外译项目资助76种、"丝路书香工程"项目资助60种、中国图书对外推广计划项目资助71种以及经典中国国际出版工程资助28种，被商务部认定为"2015-2016年度国家文化出口重点企业"。

如今，社科文献出版社拥有固定资产3.6亿元，年收入近3亿元，设置了七大出版分社、六大专业部门，成立了皮书研究院和博士后科研工作站，培养了一支近400人的高素质与高效率的编辑、出版、营销和国际推广队伍，为未来成为学术出版的大社、名社、强社，成为文化体制改革与文化企业转型发展的排头兵奠定了坚实的基础。

经 济 类

经济类皮书涵盖宏观经济、城市经济、大区域经济，提供权威、前沿的分析与预测

经济蓝皮书
2017年中国经济形势分析与预测

李扬 / 主编　2017年1月出版　定价：89.00元

◆ 本书为总理基金项目，由著名经济学家李扬领衔，联合中国社会科学院等数十家科研机构、国家部委和高等院校的专家共同撰写，系统分析了2016年的中国经济形势并预测2017年中国经济运行情况。

中国省域竞争力蓝皮书
中国省域经济综合竞争力发展报告（2015~2016）

李建平　李闽榕　高燕京 / 主编　2017年5月出版　定价：198.00元

◆ 本书融多学科的理论为一体，深入追踪研究了省域经济发展与中国国家竞争力的内在关系，为提升中国省域经济综合竞争力提供有价值的决策依据。

城市蓝皮书
中国城市发展报告 No.10

潘家华　单菁菁 / 主编　2017年9月出版　估价：89.00元

◆ 本书是由中国社会科学院城市发展与环境研究中心编著的，多角度、全方位地立体展示了中国城市的发展状况，并对中国城市的未来发展提出了许多建议。该书有强烈的时代感，对中国城市发展实践有重要的参考价值。

皮书系列重点推荐

经济类

人口与劳动绿皮书
中国人口与劳动问题报告 No.18
蔡昉 张车伟 / 主编　2017年10月出版　估价：89.00元

◆ 本书为中国社会科学院人口与劳动经济研究所主编的年度报告，对当前中国人口与劳动形势做了比较全面和系统的深入讨论，为研究中国人口与劳动问题提供了一个专业性的视角。

世界经济黄皮书
2017年世界经济形势分析与预测
张宇燕 / 主编　2017年1月出版　定价：89.00元

◆ 本书由中国社会科学院世界经济与政治研究所的研究团队撰写，2016年世界经济增速进一步放缓，就业增长放慢。世界经济面临许多重大挑战同时，地缘政治风险、难民危机、大国政治周期、恐怖主义等问题也仍然在影响世界经济的稳定与发展。预计2017年按PPP计算的世界GDP增长率约为3.0%。

国际城市蓝皮书
国际城市发展报告（2017）
屠启宇 / 主编　2017年2月出版　定价：79.00元

◆ 本书作者以上海社会科学院从事国际城市研究的学者团队为核心，汇集同济大学、华东师范大学、复旦大学、上海交通大学、南京大学、浙江大学相关城市研究专业学者。立足动态跟踪介绍国际城市发展时间中，最新出现的重大战略、重大理念、重大项目、重大报告和最佳案例。

金融蓝皮书
中国金融发展报告（2017）
王国刚 / 主编　2017年2月出版　定价：79.00元

◆ 本书由中国社会科学院金融研究所组织编写，概括和分析了2016年中国金融发展和运行中的各方面情况，研讨和评论了2016年发生的主要金融事件，有利于读者了解掌握2016年中国的金融状况，把握2017年中国金融的走势。

经济类 | 皮书系列 重点推荐

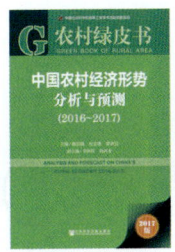

农村绿皮书
中国农村经济形势分析与预测（2016～2017）

魏后凯 杜志雄 黄秉信/主编　2017年4月出版　估价：89.00元

◆ 本书描述了2016年中国农业农村经济发展的一些主要指标和变化，并对2017年中国农业农村经济形势的一些展望和预测，提出相应的政策建议。

西部蓝皮书
中国西部发展报告（2017）

徐璋勇/主编　2017年7月出版　估价：89.00元

◆ 本书由西北大学中国西部经济发展研究中心主编，汇集了源自西部本土以及国内研究西部问题的权威专家的第一手资料，对国家实施西部大开发战略进行年度动态跟踪，并对2017年西部经济、社会发展态势进行预测和展望。

经济蓝皮书·夏季号
中国经济增长报告（2016～2017）

李扬/主编　2017年9月出版　估价：98.00元

◆ 中国经济增长报告主要探讨2016~2017年中国经济增长问题，以专业视角解读中国经济增长，力求将其打造成一个研究中国经济增长、服务宏微观各级决策的周期性、权威性读物。

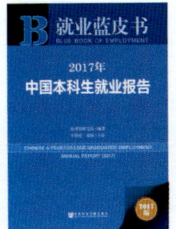

就业蓝皮书
2017年中国本科生就业报告

麦可思研究院/编著　2017年6月出版　估价：98.00元

◆ 本书基于大量的数据和调研，内容翔实，调查独到，分析到位，用数据说话，对中国大学生就业及学校专业设置起到了很好的建言献策作用。

皮书系列
重点推荐

社会政法类

社会政法类

社会政法类皮书聚焦社会发展领域的热点、难点问题，提供权威、原创的资讯与视点

社会蓝皮书
2017年中国社会形势分析与预测

李培林　陈光金　张翼 / 主编　2016年12月出版　定价：89.00元

◆ 本书由中国社会科学院社会学研究所组织研究机构专家、高校学者和政府研究人员撰写，聚焦当下社会热点，对2016年中国社会发展的各个方面内容进行了权威解读，同时对2017年社会形势发展趋势进行了预测。

法治蓝皮书
中国法治发展报告 No.15（2017）

李林　田禾 / 主编　2017年3月出版　定价：118.00元

◆ 本年度法治蓝皮书回顾总结了2016年度中国法治发展取得的成就和存在的不足，对中国政府、司法、检务透明度进行了跟踪调研，并对2017年中国法治发展形势进行了预测和展望。

社会体制蓝皮书
中国社会体制改革报告 No.5（2017）

龚维斌 / 主编　2017年3月出版　定价：89.00元

◆ 本书由国家行政学院社会治理研究中心和北京师范大学中国社会管理研究院共同组织编写，主要对2016年社会体制改革情况进行回顾和总结，对2017年的改革走向进行分析，提出相关政策建议。

社会政法类　　皮书系列 重点推荐

社会心态蓝皮书
中国社会心态研究报告（2017）

王俊秀　杨宜音/主编　2017年12月出版　估价：89.00元

◆ 本书是中国社会科学院社会学研究所社会心理研究中心"社会心态蓝皮书课题组"的年度研究成果，运用社会心理学、社会学、经济学、传播学等多种学科的方法进行了调查和研究，对于目前中国社会心态状况有较广泛和深入的揭示。

生态城市绿皮书
中国生态城市建设发展报告（2017）

刘举科　孙伟平　胡文臻/主编　2017年7月出版　估价：118.00元

◆ 报告以绿色发展、循环经济、低碳生活、民生宜居为理念，以更新民众观念、提供决策咨询、指导工程实践、引领绿色发展为宗旨，试图探索一条具有中国特色的城市生态文明建设新路。

城市生活质量蓝皮书
中国城市生活质量报告（2017）

中国经济实验研究院/主编　2017年7月出版　估价：89.00元

◆ 本书对全国35个城市居民的生活质量主观满意度进行了电话调查，同时对35个城市居民的客观生活质量指数进行了计算，为中国城市居民生活质量的提升，提出了针对性的政策建议。

公共服务蓝皮书
中国城市基本公共服务力评价（2017）

钟君　刘志昌　吴正昊/主编　2017年12月出版　估价：89.00元

◆ 中国社会科学院经济与社会建设研究室与华图政信调查组成联合课题组，从2010年开始对基本公共服务力进行研究，研创了基本公共服务力评价指标体系，为政府考核公共服务与社会管理工作提供了理论工具。

行业报告类

行业报告类皮书立足重点行业、新兴行业领域,提供及时、前瞻的数据与信息

企业社会责任蓝皮书
中国企业社会责任研究报告(2017)

黄群慧 钟宏武 张蒽 翟利峰/著　2017年10月出版　估价:89.00元

◆ 本书剖析了中国企业社会责任在2016~2017年度的最新发展特征,详细解读了省域国有企业在社会责任方面的阶段性特征,生动呈现了国内外优秀企业的社会责任实践。对了解中国企业社会责任履行现状、未来发展,以及推动社会责任建设有重要的参考价值。

新能源汽车蓝皮书
中国新能源汽车产业发展报告(2017)

中国汽车技术研究中心　日产(中国)投资有限公司
东风汽车有限公司/编著　2017年7月出版　估价:98.00元

◆ 本书对中国2016年新能源汽车产业发展进行了全面系统的分析,并介绍了国外的发展经验。有助于相关机构、行业和社会公众等了解中国新能源汽车产业发展的最新动态,为政府部门出台新能源汽车产业相关政策法规、企业制定相关战略规划,提供必要的借鉴和参考。

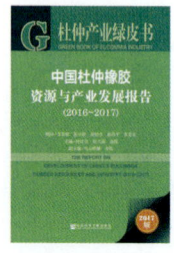

杜仲产业绿皮书
中国杜仲橡胶资源与产业发展报告(2016~2017)

杜红岩　胡文臻　俞锐/主编　2017年4月出版　估价:85.00元

◆ 本书对2016年杜仲产业的发展情况、研究团队在杜仲研究方面取得的重要成果、部分地区杜仲产业发展的具体情况、杜仲新标准的制定情况等进行了较为详细的分析与介绍,使广大关心杜仲产业发展的读者能够及时跟踪产业最新进展。

企业蓝皮书

中国企业绿色发展报告 No.2（2017）

李红玉 朱光辉 / 主编　2017 年 8 月出版　估价：89.00 元

◆ 本书深入分析中国企业能源消费、资源利用、绿色金融、绿色产品、绿色管理、信息化、绿色发展政策及绿色文化方面的现状，并对目前存在的问题进行研究，剖析因果，谋划对策，为企业绿色发展提供借鉴，为中国生态文明建设提供支撑。

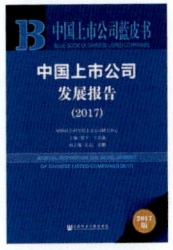

中国上市公司蓝皮书

中国上市公司发展报告（2017）

张平　王宏淼 / 主编　2017 年 10 月出版　估价：98.00 元

◆ 本书由中国社会科学院上市公司研究中心组织编写的，着力于全面、真实、客观反映当前中国上市公司财务状况和价值评估的综合性年度报告。本书详尽分析了 2016 年中国上市公司情况，特别是现实中暴露出的制度性、基础性问题，并对资本市场改革进行了探讨。

资产管理蓝皮书

中国资产管理行业发展报告（2017）

智信资产管理研究院 / 编著　2017 年 6 月出版　估价：89.00 元

◆ 中国资产管理行业刚刚兴起，未来将成为中国金融市场最有看点的行业。本书主要分析了 2016 年度资产管理行业的发展情况，同时对资产管理行业的未来发展做出科学的预测。

体育蓝皮书

中国体育产业发展报告（2017）

阮伟　钟秉枢 / 主编　2017 年 12 月出版　估价：89.00 元

◆ 本书运用多种研究方法，在体育竞赛业、体育用品业、体育场馆业、体育传媒业等传统产业研究的基础上，并对 2016 年体育领域内的各种热点事件进行研究和梳理，进一步拓宽了研究的广度、提升了研究的高度、挖掘了研究的深度。

国际问题类

国际问题类皮书关注全球重点国家与地区，提供全面、独特的解读与研究

美国蓝皮书
美国研究报告（2017）

郑秉文　黄平／主编　2017年6月出版　估价：89.00元

◆ 本书是由中国社会科学院美国研究所主持完成的研究成果，它回顾了美国2016年的经济、政治形势与外交战略，对2017年以来美国内政外交发生的重大事件及重要政策进行了较为全面的回顾和梳理。

日本蓝皮书
日本研究报告（2017）

杨伯江／主编　2017年5月出版　估价：89.00元

◆ 本书对2016年日本的政治、经济、社会、外交等方面的发展情况做了系统介绍，对日本的热点及焦点问题进行了总结和分析，并在此基础上对该国2017年的发展前景做出预测。

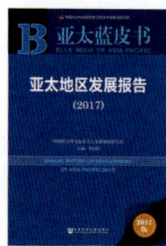

亚太蓝皮书
亚太地区发展报告（2017）

李向阳／主编　2017年4月出版　估价：89.00元

◆ 本书是中国社会科学院亚太与全球战略研究院的集体研究成果。2017年的"亚太蓝皮书"继续关注中国周边环境的变化。该书盘点了2016年亚太地区的焦点和热点问题，为深入了解2016年及未来中国与周边环境的复杂形势提供了重要参考。

德国蓝皮书

德国发展报告（2017）

郑春荣 / 主编　2017年6月出版　估价：89.00元

◆ 本报告由同济大学德国研究所组织编撰，由该领域的专家学者对德国的政治、经济、社会文化、外交等方面的形势发展情况，进行全面的阐述与分析。

日本经济蓝皮书

日本经济与中日经贸关系研究报告（2017）

张季风 / 编著　2017年5月出版　估价：89.00元

◆ 本书系统、详细地介绍了2016年日本经济以及中日经贸关系发展情况，在进行了大量数据分析的基础上，对2017年日本经济以及中日经贸关系的大致发展趋势进行了分析与预测。

俄罗斯黄皮书

俄罗斯发展报告（2017）

李永全 / 编著　2017年7月出版　估价：89.00元

◆ 本书系统介绍了2016年俄罗斯经济政治情况，并对2016年该地区发生的焦点、热点问题进行了分析与回顾；在此基础上，对该地区2017年的发展前景进行了预测。

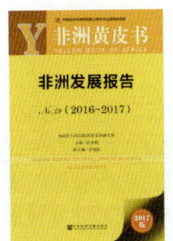

非洲黄皮书

非洲发展报告No.19（2016~2017）

张宏明 / 主编　2017年8月出版　估价：89.00元

◆ 本书是由中国社会科学院西亚非洲研究所组织编撰的非洲形势年度报告，比较全面、系统地分析了2016年非洲政治形势和热点问题，探讨了非洲经济形势和市场走向，剖析了大国对非洲关系的新动向；此外，还介绍了国内非洲研究的新成果。

地方发展类

地方发展类皮书关注中国各省份、经济区域，提供科学、多元的预判与资政信息

北京蓝皮书
北京公共服务发展报告（2016~2017）

施昌奎/主编　2017年3月出版　定价：79.00元

◆ 本书是由北京市政府职能部门的领导、首都著名高校的教授、知名研究机构的专家共同完成的关于北京市公共服务发展与创新的研究成果。

河南蓝皮书
河南经济发展报告（2017）

张占仓　完世伟/主编　2017年4月出版　估价：89.00元

◆ 本书以国内外经济发展环境和走向为背景，主要分析当前河南经济形势，预测未来发展趋势，全面反映河南经济发展的最新动态、热点和问题，为地方经济发展和领导决策提供参考。

广州蓝皮书
2017年中国广州经济形势分析与预测

庾建设　陈浩钿　谢博能/主编　2017年7月出版　估价：85.00元

◆ 本书由广州大学与广州市委政策研究室、广州市统计局联合主编，汇集了广州科研团体、高等院校和政府部门诸多经济问题研究专家、学者和实际部门工作者的最新研究成果，是关于广州经济运行情况和相关专题分析、预测的重要参考资料。

 文化传媒类

文化传媒类

文化传媒类皮书透视文化领域、文化产业，探索文化大繁荣、大发展的路径

新媒体蓝皮书

中国新媒体发展报告No.8（2017）

唐绪军/主编　2017年6月出版　估价：89.00元

◆ 本书是由中国社会科学院新闻与传播研究所组织编写的关于新媒体发展的最新年度报告，旨在全面分析中国新媒体的发展现状，解读新媒体的发展趋势，探析新媒体的深刻影响。

移动互联网蓝皮书

中国移动互联网发展报告（2017）

官建文/主编　　2017年6月出版　　估价：89.00元

◆ 本书着眼于对2016年度中国移动互联网的发展情况做深入解析，对未来发展趋势进行预测，力求从不同视角、不同层面全面剖析中国移动互联网发展的现状、年度突破及热点趋势等。

传媒蓝皮书

中国传媒产业发展报告（2017）

崔保国/主编　2017年5月出版　估价：98.00元

◆ "传媒蓝皮书"连续十多年跟踪观察和系统研究中国传媒产业发展。本报告在对传媒产业总体以及各细分行业发展状况与趋势进行深入分析基础上，对年度发展热点进行跟踪，剖析新技术引领下的商业模式，对传媒各领域发展趋势、内体经营、传媒投资进行解析，为中国传媒产业正在发生的变革提供前瞻性参考。

经济类

"三农"互联网金融蓝皮书
中国"三农"互联网金融发展报告（2017）
著（编）者：李勇坚 王弢　2017年8月出版 / 估价：98.00元
PSN B-2016-561-1/1

G20国家创新竞争力黄皮书
二十国集团（G20）国家创新竞争力发展报告（2016~2017）
著（编）者：李建平 李闽榕 赵新力　周天勇
2017年8月出版 / 估价：158.00元
PSN Y-2011-229-1/1

产业蓝皮书
中国产业竞争力报告（2017）No.7
著（编）者：张其仔　2017年12月出版 / 估价：98.00元
PSN B-2010-175-1/1

城市创新蓝皮书
中国城市创新报告（2017）
著（编）者：周天勇 旷建伟　2017年11月出版 / 估价：89.00元
PSN B-2013-340-1/1

城市蓝皮书
中国城市发展报告 No.10
著（编）者：潘家华 单菁菁　2017年9月出版 / 估价：89.00元
PSN B-2007-091-1/1

城乡一体化蓝皮书
中国城乡一体化发展报告（2016~2017）
著（编）者：汝信 付崇兰　2017年7月出版 / 估价：85.00元
PSN B-2011-226-1/2

城镇化蓝皮书
中国新型城镇化健康发展报告（2017）
著（编）者：张占斌　2017年8月出版 / 估价：89.00元
PSN B-2014-396-1/1

创新蓝皮书
创新型国家建设报告（2016~2017）
著（编）者：詹正茂　2017年12月出版 / 估价：89.00元
PSN B-2009-140-1/1

创业蓝皮书
中国创业发展报告（2016~2017）
著（编）者：黄群慧 赵卫星 钟宏武等
2017年11月出版 / 估价：89.00元
PSN B-2016-578-1/1

低碳发展蓝皮书
中国低碳发展报告（2016~2017）
著（编）者：齐晔 张希良　2017年3月出版 / 估价：98.00元
PSN B-2011-223-1/1

低碳经济蓝皮书
中国低碳经济发展报告（2017）
著（编）者：薛进军 赵忠秀　2017年6月出版 / 估价：85.00元
PSN B-2011-194-1/1

东北蓝皮书
中国东北地区发展报告（2017）
著（编）者：姜晓秋　2017年2月出版 / 定价：79.00元
PSN B-2006-067-1/1

发展与改革蓝皮书
中国经济发展和体制改革报告No.8
著（编）者：邹东涛 王再文　2017年4月出版 / 估价：98.00元
PSN B-2008-122-1/1

工业化蓝皮书
中国工业化进程报告（2017）
著（编）者：黄群慧　2017年12月出版 / 估价：158.00元
PSN B-2007-095-1/1

管理蓝皮书
中国管理发展报告（2017）
著（编）者：张晓东　2017年10月出版 / 估价：98.00元
PSN B-2014-416-1/1

国际城市蓝皮书
国际城市发展报告（2017）
著（编）者：屠启宇　2017年2月出版 / 定价：79.00元
PSN B-2012-260-1/1

国家创新蓝皮书
中国创新发展报告（2017）
著（编）者：陈劲　2017年12月出版 / 估价：89.00元
PSN B-2014-370-1/1

金融蓝皮书
中国金融发展报告（2017）
著（编）者：王国刚　2017年2月出版 / 定价：79.00元
PSN B-2004-031-1/6

京津冀金融蓝皮书
京津冀金融发展报告（2017）
著（编）者：王爱俭 李向前
2017年4月出版 / 估价：89.00元
PSN B-2016-528-1/1

京津冀蓝皮书
京津冀发展报告（2017）
著（编）者：文魁 祝尔娟　2017年4月出版 / 估价：89.00元
PSN B-2012-262-1/1

经济蓝皮书
2017年中国经济形势分析与预测
著（编）者：李扬　2017年1月出版 / 定价：89.00元
PSN B-1996-001-1/1

经济蓝皮书·春季号
2017年中国经济前景分析
著（编）者：李扬　2017年6月出版 / 估价：89.00元
PSN B-1999-008-1/1

经济蓝皮书·夏季号
中国经济增长报告（2016~2017）
著（编）者：李扬　2017年9月出版 / 估价：98.00元
PSN B-2010-176-1/1

经济信息绿皮书
中国与世界经济发展报告（2017）
著（编）者：杜平　2017年12月出版 / 定价：89.00元
PSN G-2003-023-1/1

就业蓝皮书
2017年中国本科生就业报告
著（编）者：麦可思研究院　2017年6月出版 / 估价：98.00元
PSN B-2009-146-1/2

经济类 — 皮书系列 2017全品种

就业蓝皮书
2017年中国高职高专生就业报告
著(编)者：麦可思研究院　2017年6月出版 / 估价：98.00元
PSN B-2015-472-2/2

科普能力蓝皮书
中国科普能力评价报告（2017）
著(编)者：李富 强李群　2017年8月出版 / 估价：89.00元
PSN B-2016-556-1/1

临空经济蓝皮书
中国临空经济发展报告（2017）
著(编)者：连玉明　2017年9月出版 / 估价：89.00元
PSN B-2014-421-1/1

农村绿皮书
中国农村经济形势分析与预测（2016~2017）
著(编)者：魏后凯 杜志雄 黄秉信
2017年4月出版 / 估价：89.00元
PSN G-1998-003-1/1

农业应对气候变化蓝皮书
气候变化对中国农业影响评估报告 No.3
著(编)者：矫梅燕　2017年8月出版 / 估价：98.00元
PSN B-2014-413-1/1

气候变化绿皮书
应对气候变化报告（2017）
著(编)者：王伟光 郑国光　2017年6月出版 / 估价：89.00元
PSN G-2009-144-1/1

区域蓝皮书
中国区域经济发展报告（2016~2017）
著(编)者：赵弘　2017年6月出版 / 估价：89.00元
PSN B-2004-034-1/1

全球环境竞争力绿皮书
全球环境竞争力报告（2017）
著(编)者：李建平 李闽榕 王金南
2017年12月出版 / 估价：198.00元
PSN G-2013-363-1/1

人口与劳动绿皮书
中国人口与劳动问题报告 No.18
著(编)者：蔡昉 张车伟　2017年11月出版 / 估价：89.00元
PSN G-2000-012-1/1

商务中心区蓝皮书
中国商务中心区发展报告 No.3（2016）
著(编)者：李国红 单菁菁　2017年4月出版 / 估价：89.00元
PSN B-2015-444-1/1

世界经济黄皮书
2017年世界经济形势分析与预测
著(编)者：张宇燕　2017年1月出版 / 定价：89.00元
PSN Y-1999-006-1/1

世界旅游城市绿皮书
世界旅游城市发展报告（2017）
著(编)者：宋宇　2017年4月出版 / 估价：128.00元
PSN G-2004-400-1/1

土地市场蓝皮书
中国农村土地市场发展报告（2016~2017）
著(编)者：李光荣　2017年4月出版 / 估价：89.00元
PSN B-2016-527-1/1

西北蓝皮书
中国西北发展报告（2017）
著(编)者：高建龙　2017年4月出版 / 估价：89.00元
PSN B-2012-261-1/1

西部蓝皮书
中国西部发展报告（2017）
著(编)者：徐璋勇　2017年7月出版 / 估价：89.00元
PSN B-2005-039-1/1

新型城镇化蓝皮书
新型城镇化发展报告（2017）
著(编)者：李伟 宋敏 沈体雁　2017年4月出版 / 估价：98.00元
PSN B-2014-431-1/1

新兴经济体蓝皮书
金砖国家发展报告（2017）
著(编)者：林跃勤 周文　2017年12月出版 / 估价：89.00元
PSN B-2011-195-1/1

长三角蓝皮书
2017年新常态下深化一体化的长三角
著(编)者：王庆五　2017年12月出版 / 估价：88.00元
PSN B-2005-038-1/1

中部竞争力蓝皮书
中国中部经济社会竞争力报告（2017）
著(编)者：教育部人文社会科学重点研究基地
　　　　　南昌大学中国中部经济社会发展研究中心
2017年12月出版 / 估价：89.00元
PSN B-2012-276-1/1

中部蓝皮书
中国中部地区发展报告（2017）
著(编)者：宋亚平　2017年12月出版 / 估价：88.00元
PSN B-2007-089-1/1

中国省域竞争力蓝皮书
中国省域经济综合竞争力发展报告（2017）
著(编)者：李建平 李闽榕 高燕京
2017年2月出版 / 定价：198.00元
PSN B-2007-088-1/1

中三角蓝皮书
长江中游城市群发展报告（2017）
著(编)者：秦尊文　2017年9月出版 / 估价：89.00元
PSN B-2014-417-1/1

中小城市绿皮书
中国中小城市发展报告（2017）
著(编)者：中国城市经济学会中小城市经济发展委员会
　　　　　中国城镇化促进会中小城市发展委员会
　　　　　《中国中小城市发展报告》编纂委员会
　　　　　中小城市发展战略研究院
2017年11月出版 / 估价：128.00元
PSN G-2010-161-1/1

中原蓝皮书
中原经济区发展报告（2017）
著(编)者：李英杰　2017年6月出版 / 估价：88.00元
PSN B-2011-192-1/1

自贸区蓝皮书
中国自贸区发展报告（2017）
著(编)者：王力　2017年7月出版 / 估价：89.00元
PSN B-2016-559-1/1

社会政法类

北京蓝皮书
中国社区发展报告（2017）
著（编）者：于燕燕　　2017年4月出版 / 估价：89.00元
PSN B-2007-083-5/8

殡葬绿皮书
中国殡葬事业发展报告（2017）
著（编）者：李伯森　　2017年4月出版 / 估价：158.00元
PSN G-2010-180-1/1

城市管理蓝皮书
中国城市管理报告（2016~2017）
著（编）者：刘林　刘永水　2017年5月出版 / 估价：158.00元
PSN B-2013-336-1/1

城市生活质量蓝皮书
中国城市生活质量报告（2017）
著（编）者：中国经济实验研究院
2018年7月出版 / 估价：89.00元
PSN B-2013-326-1/1

城市政府能力蓝皮书
中国城市政府公共服务能力评估报告（2017）
著（编）者：何艳玲　　2017年4月出版 / 估价：89.00元
PSN B-2013-338-1/1

慈善蓝皮书
中国慈善发展报告（2017）
著（编）者：杨团　　2017年6月出版 / 估价：89.00元
PSN B-2009-142-1/1

党建蓝皮书
党的建设研究报告No.2（2017）
著（编）者：崔建民　陈东平　2017年4月出版 / 估价：89.00元
PSN B-2016-524-1/1

地方法治蓝皮书
中国地方法治发展报告No.3（2017）
著（编）者：李林　田禾　2017年4月出版 / 估价：108.00元
PSN B-2015-442-1/1

法治蓝皮书
中国法治发展报告No.15（2017）
著（编）者：李林　田禾　2017年3月出版 / 定价：118.00元
PSN B-2004-027-1/1

法治政府蓝皮书
中国法治政府发展报告（2017）
著（编）者：中国政法大学法治政府研究院
2017年4月出版 / 估价：98.00元
PSN B-2015-502-1/2

法治政府蓝皮书
中国法治政府评估报告（2017）
著（编）者：中国政法大学法治政府研究院
2017年11月出版 / 估价：98.00元
PSN B-2016-577-2/2

法治蓝皮书
中国法院信息化发展报告No.1（2017）
著（编）者：李林　田禾　2017年2月出版 / 定价：108.00元
PSN B-2017-604-3/3

反腐倡廉蓝皮书
中国反腐倡廉建设报告No.7
著（编）者：张英伟　　2017年12月出版 / 估价：89.00元
PSN B-2012-259-1/1

非传统安全蓝皮书
中国非传统安全研究报告（2016~2017）
著（编）者：余潇枫　魏志江　2017年6月出版 / 估价：89.00元
PSN B-2012-273-1/1

妇女发展蓝皮书
中国妇女发展报告No.7
著（编）者：王金玲　　2017年9月出版 / 估价：148.00元
PSN B-2006-069-1/1

妇女教育蓝皮书
中国妇女教育发展报告No.4
著（编）者：张李玺　　2017年10月出版 / 估价：78.00元
PSN B-2008-121-1/1

妇女绿皮书
中国性别平等与妇女发展报告（2017）
著（编）者：谭琳　　2017年12月出版 / 估价：99.00元
PSN G-2006-073-1/1

公共服务蓝皮书
中国城市基本公共服务力评价（2017）
著（编）者：钟君　刘志昌　吴正昊　2017年12月出版 / 估价：89.0
PSN B-2011-214-1/1

公民科学素质蓝皮书
中国公民科学素质报告（2016~2017）
著（编）者：李群　陈雄　马宗文
2017年4月出版 / 估价：89.00元
PSN B-2014-379-1/1

公共关系蓝皮书
中国公共关系发展报告（2017）
著（编）者：柳斌杰　　2017年11月出版 / 估价：89.00元
PSN B-2016-580-1/1

公益蓝皮书
中国公益慈善发展报告（2017）
著（编）者：朱健刚　　2018年4月出版 / 估价：118.00元
PSN B-2012-283-1/1

国际人才蓝皮书
中国国际移民报告（2017）
著（编）者：王辉耀　　2017年4月出版 / 估价：89.00元
PSN B-2012-304-3/4

国际人才蓝皮书
中国留学发展报告（2017）No.5
著（编）者：王辉耀　苗绿　2017年10月出版 / 估价：89.00元
PSN B-2012-244-2/4

海洋社会蓝皮书
中国海洋社会发展报告（2017）
著（编）者：崔凤　宋宁而　2017年7月出版 / 估价：89.00元
PSN B-2015-478-1/1

社会政法类 — 皮书系列 2017全品种

行政改革蓝皮书
中国行政体制改革报告（2017）No.6
著(编)者：魏礼群　2017年5月出版 / 估价：98.00元
PSN B-2011-231-1/1

华侨华人蓝皮书
华侨华人研究报告（2017）
著(编)者：贾益民　2017年12月出版 / 估价：128.00元
PSN B-2011-204-1/1

环境竞争力绿皮书
中国省域环境竞争力发展报告（2017）
著(编)者：李建平　李闽榕　王金南
2017年11月出版 / 估价：198.00元
PSN G-2010-165-1/1

环境绿皮书
中国环境发展报告（2017）
著(编)者：刘鉴强　2017年4月出版 / 估价：89.00元
PSN G-2006-048-1/1

基金会蓝皮书
中国基金会发展报告（2016~2017）
著(编)者：中国基金会发展报告课题组
2017年4月出版 / 估价：85.00元
PSN B-2013-368-1/1

基金会绿皮书
中国基金会发展独立研究报告（2017）
著(编)者：基金会中心网　中央民族大学基金会研究中心
2017年6月出版 / 估价：88.00元
PSN G-2011-213-1/1

基金会透明度蓝皮书
中国基金会透明度发展研究报告（2017）
著(编)者：基金会中心网　清华大学廉政与治理研究中心
2017年12月出版 / 估价：89.00元
PSN B-2015-509-1/1

家庭蓝皮书
中国"创建幸福家庭活动"评估报告（2017）
国务院发展研究中心"创建幸福家庭活动评估"课题组著
2017年8月出版 / 估价：89.00元
PSN B-2015-508-1/1

健康城市蓝皮书
中国健康城市建设研究报告（2017）
著(编)者：王鸿春　解树江　盛继洪
2017年9月出版 / 估价：89.00元
PSN B-2016-565-2/2

教师蓝皮书
中国中小学教师发展报告（2017）
著(编)者：曾晓东　鱼霞　2017年6月出版 / 估价：89.00元
PSN B-2012-289-1/1

教育蓝皮书
中国教育发展报告（2017）
著(编)者：杨东平　2017年4月出版 / 估价：89.00元
PSN B-2006-047-1/1

科普蓝皮书
中国基层科普发展报告（2016~2017）
著(编)者：赵立　新陈玲　2017年9月出版 / 估价：89.00元
PSN B-2016-569-3/3

科普蓝皮书
中国科普基础设施发展报告（2017）
著(编)者：任福君　2017年6月出版 / 估价：89.00元
PSN B-2010-174-1/3

科普蓝皮书
中国科普人才发展报告（2017）
著(编)者：郑念　任嵘嵘　2017年4月出版 / 估价：98.00元
PSN B-2015-512-2/3

科学教育蓝皮书
中国科学教育发展报告（2017）
著(编)者：罗晖　王康友　2017年10月出版 / 估价：89.00元
PSN B-2015-487-1/1

劳动保障蓝皮书
中国劳动保障发展报告（2017）
著(编)者：刘燕斌　2017年9月出版 / 估价：188.00元
PSN B-2014-415-1/1

老龄蓝皮书
中国老年宜居环境发展报告（2017）
著(编)者：党俊武　周燕珉　2017年4月出版 / 估价：89.00元
PSN B-2013-320-1/1

连片特困区蓝皮书
中国连片特困区发展报告（2017）
著(编)者：游俊　冷志明　丁建军
2017年4月出版 / 估价：98.00元
PSN B-2013-321-1/1

流动儿童蓝皮书
中国流动儿童教育发展报告（2016）
著(编)者：杨东平　2017年1月出版 / 定价：79.00元
PSN B-2017-600-1/1

民调蓝皮书
中国民生调查报告（2017）
著(编)者：谢耘耕　2017年12月出版 / 估价：98.00元
PSN B-2014-398-1/1

民族发展蓝皮书
中国民族发展报告（2017）
著(编)者：郝时远　王延中　王希恩
2017年4月出版 / 估价：98.00元
PSN B-2006-070-1/1

女性生活蓝皮书
中国女性生活状况报告 No.11（2017）
著(编)者：韩湘景　2017年10月出版 / 估价：98.00元
PSN B-2006-071-1/1

汽车社会蓝皮书
中国汽车社会发展报告（2017）
著(编)者：王俊秀　2017年12月出版 / 估价：89.00元
PSN B-2011-224-1/1

皮书系列 2017全品种 社会政法类

青年蓝皮书
中国青年发展报告（2017）No.3
著(编)者：廉思 等　　2017年4月出版 / 估价：89.00元
PSN B-2013-333-1/1

青少年蓝皮书
中国未成年人互联网运用报告（2017）
著(编)者：李文革 沈洁 季为民
2017年11月出版 / 估价：89.00元
PSN B-2010-165-1/1

青少年体育蓝皮书
中国青少年体育发展报告（2017）
著(编)者：郭建军 杨桦　　2017年9月出版 / 估价：89.00元
PSN B-2015-482-1/1

群众体育蓝皮书
中国群众体育发展报告（2017）
著(编)者：刘国永 杨桦　　2017年12月出版 / 估价：89.00元
PSN B-2016-519-2/3

人权蓝皮书
中国人权事业发展报告 No.7（2017）
著(编)者：李君如　　2017年9月出版 / 估价：98.00元
PSN B-2011-215-1/1

社会保障绿皮书
中国社会保障发展报告（2017）No.8
著(编)者：王延中　　2017年1月出版 / 估价：98.00元
PSN G-2001-014-1/1

社会风险评估蓝皮书
风险评估与危机预警评估报告（2017）
著(编)者：唐钧　　2017年8月出版 / 估价：85.00元
PSN B-2016-521-1/1

社会管理蓝皮书
中国社会管理创新报告 No.5
著(编)者：连玉明　　2017年11月出版 / 估价：89.00元
PSN B-2012-300-1/1

社会蓝皮书
2017年中国社会形势分析与预测
著(编)者：李培林 陈光金 张翼
2016年12月出版 / 定价：89.00元
PSN B-1998-002-1/1

社会体制蓝皮书
中国社会体制改革报告No.5（2017）
著(编)者：龚维斌　　2017年3月出版 / 定价：89.00元
PSN B-2013-330-1/1

社会心态蓝皮书
中国社会心态研究报告（2017）
著(编)者：王俊秀 杨宜音　　2017年12月出版 / 估价：89.00元
PSN B-2011-199-1/1

社会组织蓝皮书
中国社会组织发展报告（2016~2017）
著(编)者：黄晓勇　　2017年1月出版 / 定价：89.00元
PSN B-2008-118-1/2

社会组织蓝皮书
中国社会组织评估发展报告（2017）
著(编)者：徐家良 廖鸿　　2017年12月出版 / 估价：89.00元
PSN B-2013-366-1/1

生态城市绿皮书
中国生态城市建设发展报告（2017）
著(编)者：刘举科 孙伟平 胡文臻
2017年9月出版 / 估价：118.00元
PSN B-2012-269-1/1

生态文明绿皮书
中国省域生态文明建设评价报告（ECI 2017）
著(编)者：严耕　　2017年12月出版 / 估价：98.00元
PSN G-2010-170-1/1

土地整治蓝皮书
中国土地整治发展研究报告 No.4
著(编)者：国土资源部土地整治中心
2017年7月出版 / 估价：89.00元
PSN B-2014-401-1/1

土地政策蓝皮书
中国土地政策研究报告（2017）
著(编)者：高延利 李宪文
2017年12月出版 / 定价：89.00元
PSN B-2015-506-1/1

医改蓝皮书
中国医药卫生体制改革报告（2017）
著(编)者：文学国 房志武　　2017年11月出版 / 估价：98.00元
PSN B-2014-432-1/1

医疗卫生绿皮书
中国医疗卫生发展报告 No.7（2017）
著(编)者：申宝忠 韩玉珍　　2017年4月出版 / 估价：85.00元
PSN G-2004-033-1/1

应急管理蓝皮书
中国应急管理报告（2017）
著(编)者：宋英华　　2017年9月出版 / 估价：98.00元
PSN B-2016-563-1/1

政治参与蓝皮书
中国政治参与报告（2017）
著(编)者：房宁　　2017年9月出版 / 估价：118.00元
PSN B-2011-200-1/1

宗教蓝皮书
中国宗教报告（2016）
著(编)者：邱永辉　　2017年4月出版 / 估价：89.00元
PSN B-2008-117-1/1

行业报告类

SUV蓝皮书
中国SUV市场发展报告（2016~2017）
著(编)者：靳军　2017年9月出版／估价：89.00元
PSN B-2016-572-1/1

保健蓝皮书
中国保健服务产业发展报告No.2
著(编)者：中国保健协会 中共中央党校
2017年7月出版／估价：198.00元
PSN B-2012-272-3/3

保健蓝皮书
中国保健食品产业发展报告No.2
著(编)者：中国保健协会
　　　　中国社会科学院食品药品产业发展与监管研究中心
2017年7月出版／估价：198.00元
PSN B-2012-271-2/3

保健蓝皮书
中国保健用品产业发展报告No.2
著(编)者：中国保健协会
　　　　国务院国有资产监督管理委员会研究中心
2017年4月出版／估价：198.00元
PSN B-2012-270-1/3

保险蓝皮书
中国保险业竞争力报告（2017）
著(编)者：项俊波　2017年12月出版／估价：99.00元
PSN B-2013-311-1/1

冰雪蓝皮书
中国滑雪产业发展报告（2017）
著(编)者：孙承华 伍斌 魏庆华 张鸿俊
2017年8月出版／估价：89.00元
PSN B-2016-560-1/1

彩票蓝皮书
中国彩票发展报告（2017）
著(编)者：益彩基金　2017年4月出版／估价：98.00元
PSN B-2015-462-1/1

餐饮产业蓝皮书
中国餐饮产业发展报告（2017）
著(编)者：邢颖　2017年6月出版／估价：98.00元
PSN B-2009-151-1/1

测绘地理信息蓝皮书
新常态下的测绘地理信息研究报告（2017）
著(编)者：库热西·买合苏提
2017年12月出版／估价：118.00元
PSN B-2009-145-1/1

茶业蓝皮书
中国茶产业发展报告（2017）
著(编)者：杨江帆 李闽榕　2017年10月出版／估价：88.00元
PSN B-2010-164-1/1

产权市场蓝皮书
中国产权市场发展报告（2016~2017）
著(编)者：曹和平　2017年5月出版／估价：89.00元
PSN B-2009-147-1/1

产业安全蓝皮书
中国出版传媒产业安全报告（2016~2017）
著(编)者：北京印刷学院文化产业安全研究院
2017年4月出版／估价：89.00元
PSN B-2014-384-13/14

产业安全蓝皮书
中国文化产业安全报告（2017）
著(编)者：北京印刷学院文化产业安全研究院
2017年12月出版／估价：89.00元
PSN B-2014-378-12/14

产业安全蓝皮书
中国新媒体产业安全报告（2017）
著(编)者：北京印刷学院文化产业安全研究院
2017年12月出版／估价：89.00元
PSN B-2015-500-14/14

城投蓝皮书
中国城投行业发展报告（2017）
著(编)者：王晨艳 丁伯康　2017年11月出版／估价：300.00元
PSN B-2016-514-1/1

电子政务蓝皮书
中国电子政务发展报告（2016~2017）
著(编)者：李季 杜平　2017年7月出版／估价：89.00元
PSN B-2003-022-1/1

杜仲产业绿皮书
中国杜仲橡胶资源与产业发展报告（2016~2017）
著(编)者：杜红岩 胡文臻 俞锐
2017年4月出版／估价：85.00元
PSN B-2013-350-1/1

房地产蓝皮书
中国房地产发展报告No.14（2017）
著(编)者：李春华 王业强　2017年5月出版／估价：89.00元
PSN B-2004-028-1/1

服务外包蓝皮书
中国服务外包产业发展报告（2017）
著(编)者：王晓红 刘德军
2017年6月出版／估价：89.00元
PSN B-2013-331-2/2

服务外包蓝皮书
中国服务外包竞争力报告（2017）
著(编)者：王力 刘春生 黄育华
2017年11月出版／估价：85.00元
PSN B-2011-216-1/2

工业和信息化蓝皮书
世界网络安全发展报告（2016~2017）
著(编)者：洪京一　2017年4月出版／估价：89.00元
PSN B-2015-452-5/5

工业和信息化蓝皮书
世界信息化发展报告（2016~2017）
著(编)者：洪京一　2017年4月出版／估价：89.00元
PSN B-2015-451-4/5

行业报告类

工业和信息化蓝皮书
世界信息技术产业发展报告（2016~2017）
著（编）者：洪京一　2017年4月出版／估价：89.00元
PSN B-2015-449-2/5

工业和信息化蓝皮书
移动互联网产业发展报告（2016~2017）
著（编）者：洪京一　2017年4月出版／估价：89.00元
PSN B-2015-448-1/5

工业和信息化蓝皮书
战略性新兴产业发展报告（2016~2017）
著（编）者：洪京一　2017年4月出版／估价：89.00元
PSN B-2015-450-3/5

工业设计蓝皮书
中国工业设计发展报告（2017）
著（编）者：王晓红　于炜　张立群
2017年9月出版／估价：138.00元
PSN B-2014-420-1/1

黄金市场蓝皮书
中国商业银行黄金业务发展报告（2016~2017）
著（编）者：平安银行　2017年4月出版／估价：98.00元
PSN B-2016-525-1/1

互联网金融蓝皮书
中国互联网金融发展报告（2017）
著（编）者：李东荣　2017年9月出版／估价：128.00元
PSN B-2014-374-1/1

互联网医疗蓝皮书
中国互联网医疗发展报告（2017）
著（编）者：宫晓东　2017年9月出版／估价：89.00元
PSN B-2016-568-1/1

会展蓝皮书
中外会展业动态评估年度报告（2017）
著（编）者：张敏　2017年4月出版／估价：88.00元
PSN B-2013-327-1/1

金融监管蓝皮书
中国金融监管报告（2017）
著（编）者：胡滨　2017年6月出版／估价：89.00元
PSN B-2012-281-1/1

金融蓝皮书
中国金融中心发展报告（2017）
著（编）者：王力　黄育华　2017年11月出版／估价：85.00元
PSN B-2011-186-6/6

建筑装饰蓝皮书
中国建筑装饰行业发展报告（2017）
著（编）者：刘晓一　葛道顺　2017年7月出版／估价：198.00元
PSN B-2016-554-1/1

客车蓝皮书
中国客车产业发展报告（2016~2017）
著（编）者：姚蔚　2017年10月出版／估价：85.00元
PSN B-2013-361-1/1

旅游安全蓝皮书
中国旅游安全报告（2017）
著（编）者：郑向敏　谢朝武　2017年5月出版／估价：128.00元
PSN B-2012-280-1/1

旅游绿皮书
2016~2017年中国旅游发展分析与预测
著（编）者：宋瑞　2017年2月出版／定价：89.00元
PSN G-2002-018-1/1

煤炭蓝皮书
中国煤炭工业发展报告（2017）
著（编）者：岳福斌　2017年12月出版／估价：85.00元
PSN B-2008-123-1/1

民营企业社会责任蓝皮书
中国民营企业社会责任报告（2017）
著（编）者：中华全国工商业联合会
2017年12月出版／估价：89.00元
PSN B-2015-510-1/1

民营医院蓝皮书
中国民营医院发展报告（2017）
著（编）者：庄一强　2017年10月出版／估价：85.00元
PSN B-2012-299-1/1

闽商蓝皮书
闽商发展报告（2017）
著（编）者：李闽榕　王日根　林琛
2017年12月出版／估价：89.00元
PSN B-2012-298-1/1

能源蓝皮书
中国能源发展报告（2017）
著（编）者：崔民选　王军生　陈义和
2017年10月出版／估价：98.00元
PSN B-2006-049-1/1

农产品流通蓝皮书
中国农产品流通产业发展报告（2017）
著（编）者：贾敬敦　张东科　张玉玺　张鹏毅　周伟
2017年4月出版／估价：89.00元
PSN B-2012-288-1/1

企业公益蓝皮书
中国企业公益研究报告（2017）
著（编）者：钟宏武　汪杰　顾一　黄晓娟　等
2017年12月出版／估价：89.00元
PSN B-2015-501-1/1

企业国际化蓝皮书
中国企业国际化报告（2017）
著（编）者：王辉耀　2017年11月出版／估价：98.00元
PSN B-2014-427-1/1

企业蓝皮书
中国企业绿色发展报告No.2（2017）
著（编）者：李红玉　朱光辉　2017年8月出版／估价：89.00元
PSN B-2015-481-2/2

企业社会责任蓝皮书
中国企业社会责任研究报告（2017）
著（编）者：黄群慧　钟宏武　张蒽　翟利峰
2017年11月出版／估价：89.00元
PSN B-2009-149-1/1

企业社会责任蓝皮书
中资企业海外社会责任研究报告（2016~2017）
著（编）者：钟宏武　叶柳红　张蒽
2017年1月出版／定价：79.00元
PSN B-2017-603-2/2

皮书系列 2017全品种

行业报告类

汽车安全蓝皮书
中国汽车安全发展报告（2017）
著(编)者：中国汽车技术研究中心
2017年7月出版 / 估价：89.00元
PSN B-2014-385-1/1

汽车电子商务蓝皮书
中国汽车电子商务发展报告（2017）
著(编)者：中华全国工商业联合会汽车经销商商会 北京易观智库网络科技有限公司
2017年10月出版 / 估价：128.00元
PSN B-2015-485-1/1

汽车工业蓝皮书
中国汽车工业发展年度报告（2017）
著(编)者：中国汽车工业协会 中国汽车技术研究中心 丰田汽车（中国）投资有限公司
2017年4月出版 / 估价：128.00元
PSN B-2015-463-1/2

汽车工业蓝皮书
中国汽车零部件产业发展报告（2017）
著(编)者：中国汽车工业协会 中国汽车工程研究院
2017年10月出版 / 估价：98.00元
PSN B-2016-515-2/2

汽车蓝皮书
中国汽车产业发展报告（2017）
著(编)者：国务院发展研究中心产业经济研究部 中国汽车工程学会 大众汽车集团（中国）
2017年8月出版 / 估价：98.00元
PSN B-2008-124-1/1

人力资源蓝皮书
中国人力资源发展报告（2017）
著(编)者：余兴安 2017年11月出版 / 估价：89.00元
PSN B-2012-287-1/1

融资租赁蓝皮书
中国融资租赁业发展报告（2016~2017）
著(编)者：李光荣 王力 2017年8月出版 / 估价：89.00元
PSN B-2015-443-1/1

商会蓝皮书
中国商会发展报告No.5（2017）
著(编)者：王钦敏 2017年7月出版 / 估价：89.00元
PSN B-2008-125-1/1

输血服务蓝皮书
中国输血行业发展报告（2017）
著(编)者：朱永明 耿鸿武 2016年8月出版 / 估价：89.00元
PSN B-2016-583-1/1

社会责任管理蓝皮书
中国上市公司社会责任能力成熟度报告（2017）No.2
著(编)者：肖红军 王晓光 李伟阳
2017年12月出版 / 估价：98.00元
PSN B-2015-507-2/2

社会责任管理蓝皮书
中国企业公众透明度报告(2017)No.3
著(编)者：黄速建 熊梦 王晓光 肖红军
2017年4月出版 / 估价：98.00元
PSN B-2015-440-1/2

食品药品蓝皮书
食品药品安全与监管政策研究报告（2016~2017）
著(编)者：唐民皓 2017年6月出版 / 估价：89.00元
PSN B-2009-129-1/1

世界能源蓝皮书
世界能源发展报告（2017）
著(编)者：黄晓勇 2017年6月出版 / 估价：99.00元
PSN B-2013-349-1/1

水利风景区蓝皮书
中国水利风景区发展报告（2017）
著(编)者：谢婵才 兰思仁 2017年5月出版 / 估价：89.00元
PSN B-2015-480-1/1

碳市场蓝皮书
中国碳市场报告（2017）
著(编)者：定金彪 2017年11月出版 / 估价：89.00元
PSN B-2014-430-1/1

体育蓝皮书
中国体育产业发展报告（2017）
著(编)者：阮伟 钟秉枢 2017年12月出版 / 估价：89.00元
PSN B-2010-179-1/4

网络空间安全蓝皮书
中国网络空间安全发展报告（2017）
著(编)者：惠志斌 唐涛 2017年4月出版 / 估价：89.00元
PSN B-2015-466-1/1

西部金融蓝皮书
中国西部金融发展报告（2017）
著(编)者：李忠民 2017年8月出版 / 估价：85.00元
PSN B-2010-160-1/1

协会商会蓝皮书
中国行业协会商会发展报告（2017）
著(编)者：景朝阳 李勇 2017年4月出版 / 估价：99.00元
PSN B-2015-461-1/1

新能源汽车蓝皮书
中国新能源汽车产业发展报告（2017）
著(编)者：中国汽车技术研究中心 日产（中国）投资有限公司 东风汽车有限公司
2017年7月出版 / 估价：98.00元
PSN B-2013-347-1/1

新三板蓝皮书
中国新三板市场发展报告（2017）
著(编)者：王力 2017年6月出版 / 估价：89.00元
PSN B-2016-534-1/1

信托市场蓝皮书
中国信托业市场报告（2016~2017）
著(编)者：用益信托研究院
2017年1月出版 / 定价：198.00元
PSN B-2014-371-1/1

信息化蓝皮书
中国信息化形势分析与预测（2016~2017）
著(编)者：周宏仁 2017年8月出版 / 估价：98.00元
PSN B-2010-168-1/1

皮书系列 2017全品种 — 行业报告类

信用蓝皮书
中国信用发展报告（2017）
著(编)者：章政 田侃　2017年4月出版 / 估价：99.00元
PSN B-2013-328-1/1

休闲绿皮书
2017年中国休闲发展报告
著(编)者：宋瑞　2017年10月出版 / 估价：89.00元
PSN G-2010-158-1/1

休闲体育蓝皮书
中国休闲体育发展报告（2016~2017）
著(编)者：李相如 钟炳枢　2017年10月出版 / 估价：89.00元
PSN G-2016-516-1/1

养老金融蓝皮书
中国养老金融发展报告（2017）
著(编)者：董克用 姚余栋
2017年8月出版 / 估价：89.00元
PSN B-2016-584-1/1

药品流通蓝皮书
中国药品流通行业发展报告（2017）
著(编)者：佘鲁林 温再兴　2017年8月出版 / 估价：158.00元
PSN B-2014-429-1/1

医院蓝皮书
中国医院竞争力报告（2017）
著(编)者：庄一强 曾益新　2017年3月出版 / 定价：108.00元
PSN B-2016-529-1/1

邮轮绿皮书
中国邮轮产业发展报告（2017）
著(编)者：汪泓　2017年10月出版 / 估价：89.00元
PSN G-2014-419-1/1

智能养老蓝皮书
中国智能养老产业发展报告（2017）
著(编)者：朱勇　2017年10月出版 / 估价：89.00元
PSN B-2015-488-1/1

债券市场蓝皮书
中国债券市场发展报告（2016~2017）
著(编)者：杨农　2017年10月出版 / 估价：89.00元
PSN B-2016-573-1/1

中国节能汽车蓝皮书
中国节能汽车发展报告（2016~2017）
著(编)者：中国汽车工程研究院股份有限公司
2017年9月出版 / 估价：98.00元
PSN B-2016-566-1/1

中国上市公司蓝皮书
中国上市公司发展报告（2017）
著(编)者：张平 王宏淼
2017年10月出版 / 估价：98.00元
PSN B-2014-414-1/1

中国陶瓷产业蓝皮书
中国陶瓷产业发展报告（2017）
著(编)者：左和平 黄速建　2017年10月出版 / 估价：98.00元
PSN B-2016-574-1/1

中国总部经济蓝皮书
中国总部经济发展报告（2016~2017）
著(编)者：赵弘　2017年9月出版 / 估价：89.00元
PSN B-2005-036-1/1

中医文化蓝皮书
中国中医药文化传播发展报告（2017）
著(编)者：毛嘉陵　2017年7月出版 / 估价：89.00元
PSN B-2015-468-1/1

装备制造业蓝皮书
中国装备制造业发展报告（2017）
著(编)者：徐东华　2017年12月出版 / 估价：148.00元
PSN B-2015-505-1/1

资本市场蓝皮书
中国场外交易市场发展报告（2016~2017）
著(编)者：高峦　2017年4月出版 / 估价：89.00元
PSN B-2009-153-1/1

资产管理蓝皮书
中国资产管理行业发展报告（2017）
著(编)者：智信资产管理研究院
2017年6月出版 / 估价：89.00元
PSN B-2014-407-2/2

文化传媒类

传媒竞争力蓝皮书
中国传媒国际竞争力研究报告(2017)
著(编)者:李本乾 刘强
2017年11月出版 / 估价:148.00元
PSN B-2013-356-1/1

传媒蓝皮书
中国传媒产业发展报告(2017)
著(编)者:崔保国 2017年5月出版 / 估价:98.00元
PSN B-2005-035-1/1

传媒投资蓝皮书
中国传媒投资发展报告(2017)
著(编)者:张向东 谭云明
2017年6月出版 / 估价:128.00元
PSN B-2015-474-1/1

动漫蓝皮书
中国动漫产业发展报告(2017)
著(编)者:卢斌 郑玉明 牛兴侦
2017年9月出版 / 估价:89.00元
PSN B-2011-198-1/1

非物质文化遗产蓝皮书
中国非物质文化遗产发展报告(2017)
著(编)者:陈平 2017年5月出版 / 估价:98.00元
PSN B-2015-469-1/1

广电蓝皮书
中国广播电影电视发展报告(2017)
著(编)者:国家新闻出版广电总局发展研究中心
2017年7月出版 / 估价:98.00元
PSN B-2006-072-1/1

广告主蓝皮书
中国广告主营销传播趋势报告No.9
著(编)者:黄升民 杜国清 邵华冬 等
2017年10月出版 / 估价:148.00元
PSN B-2005-041-1/1

国际传播蓝皮书
中国国际传播发展报告(2017)
著(编)者:胡正荣 李继东 姬德强
2017年11月出版 / 估价:89.00元
PSN B-2014-408-1/1

国家形象蓝皮书
中国国家形象传播报告(2016)
著(编)者:张昆 2017年3月出版 / 定价:98.00元
PSN B-2017-605-1/1

纪录片蓝皮书
中国纪录片发展报告(2017)
著(编)者:何苏六 2017年9月出版 / 估价:89.00元
PSN B-2011-222-1/1

科学传播蓝皮书
中国科学传播报告(2017)
著(编)者:詹正茂 2017年7月出版 / 估价:89.00元
PSN B-2008-120-1/1

两岸创意经济蓝皮书
两岸创意经济研究报告(2017)
著(编)者:罗昌智 林咏能
2017年10月出版 / 估价:98.00元
PSN B-2014-437-1/1

媒介与女性蓝皮书
中国媒介与女性发展报告(2016~2017)
著(编)者:刘利群 2017年9月出版 / 估价:118.00元
PSN B-2013-345-1/1

媒体融合蓝皮书
中国媒体融合发展报告(2017)
著(编)者:梅宁华 宋建武 2017年7月出版 / 估价:89.00元
PSN B-2015-479-1/1

全球传媒蓝皮书
全球传媒发展报告(2017)
著(编)者:胡正荣 李继东 唐晓芬
2017年11月出版 / 估价:89.00元
PSN B-2012-237-1/1

少数民族非遗蓝皮书
中国少数民族非物质文化遗产发展报告(2017)
著(编)者:肖远平(彝) 柴立(满)
2017年8月出版 / 估价:98.00元
PSN B-2015-467-1/1

视听新媒体蓝皮书
中国视听新媒体发展报告(2017)
著(编)者:国家新闻出版广电总局发展研究中心
2017年7月出版 / 估价:98.00元
PSN B-2011-184-1/1

文化创新蓝皮书
中国文化创新报告(2017)No.7
著(编)者:于平 傅才武 2017年7月出版 / 估价:98.00元
PSN B-2009-143-1/1

文化建设蓝皮书
中国文化发展报告(2016~2017)
著(编)者:江畅 孙伟平 戴茂堂
2017年6月出版 / 估价:116.00元
PSN B-2014-392-1/1

文化科技蓝皮书
文化科技创新发展报告(2017)
著(编)者:于平 李凤亮 2017年11月出版 / 估价:89.00元
PSN B-2013-342-1/1

文化蓝皮书
中国公共文化服务发展报告(2017)
著(编)者:刘新成 张永新 张旭
2017年12月出版 / 估价:98.00元
PSN B-2007-093-2/10

文化蓝皮书
中国公共文化投入增长测评报告(2017)
著(编)者:王亚南 2017年2月出版 / 定价:79.00元
PSN B-2014-435-10/10

皮书系列 2017全品种 文化传媒类·地方发展类

文化蓝皮书
中国少数民族文化发展报告（2016~2017）
著(编)者：武翠英 张晓明 任乌晶
2017年9月出版 / 估价：89.00元
PSN B-2013-369-9/10

文化蓝皮书
中国文化产业发展报告（2016~2017）
著(编)者：张晓明 王家新 章建刚
2017年4月出版 / 估价：89.00元
PSN B-2002-019-1/10

文化蓝皮书
中国文化产业供需协调检测报告（2017）
著(编)者：王亚南 2017年2月出版 / 定价：79.00元
PSN B-2013-323-8/10

文化蓝皮书
中国文化消费需求景气评价报告（2017）
著(编)者：王亚南 2017年2月出版 / 定价：79.00元
PSN B-2011-236-4/10

文化品牌蓝皮书
中国文化品牌发展报告（2017）
著(编)者：欧阳友权 2017年5月出版 / 估价：98.00元
PSN B-2012-277-1/1

文化遗产蓝皮书
中国文化遗产事业发展报告（2017）
著(编)者：苏杨 张颖岚 王宇飞
2017年8月出版 / 估价：98.00元
PSN B-2008-119-1/1

文学蓝皮书
中国文情报告（2016~2017）
著(编)者：白烨 2017年5月出版 / 估价：49.00元
PSN B-2011-221-1/1

新媒体蓝皮书
中国新媒体发展报告No.8（2017）
著(编)者：唐绪军 2017年6月出版 / 估价：89.00元
PSN B-2010-169-1/1

新媒体社会责任蓝皮书
中国新媒体社会责任研究报告（2017）
著(编)者：钟瑛 2017年11月出版 / 估价：89.00元
PSN B-2014-423-1/1

移动互联网蓝皮书
中国移动互联网发展报告（2017）
著(编)者：官建文 2017年6月出版 / 估价：89.00元
PSN B-2012-282-1/1

舆情蓝皮书
中国社会舆情与危机管理报告（2017）
著(编)者：谢耘耕 2017年9月出版 / 估价：128.00元
PSN B-2011-235-1/1

影视蓝皮书
中国影视产业发展报告（2017）
著(编)者：司若 2017年4月出版 / 估价：138.00元
PSN B-2016-530-1/1

地方发展类

安徽经济蓝皮书
合芜蚌国家自主创新综合示范区研究报告（2016~2017）
著(编)者：黄家海 王开玉 蔡宪
2017年7月出版 / 估价：89.00元
PSN B-2014-383-1/1

安徽蓝皮书
安徽社会发展报告（2017）
著(编)者：程桦 2017年4月出版 / 估价：89.00元
PSN B-2013-325-1/1

澳门蓝皮书
澳门经济社会发展报告（2016~2017）
著(编)者：吴志良 郝雨凡 2017年6月出版 / 估价：98.00元
PSN B-2009-138-1/1

北京蓝皮书
北京公共服务发展报告（2016~2017）
著(编)者：施昌奎 2017年3月出版 / 定价：79.00元
PSN B-2008-103-7/8

北京蓝皮书
北京经济发展报告（2016~2017）
著(编)者：杨松 2017年6月出版 / 估价：89.00元
PSN B-2006-054-2/8

北京蓝皮书
北京社会发展报告（2016~2017）
著(编)者：李伟东 2017年6月出版 / 估价：89.00元
PSN B-2006-055-3/8

北京蓝皮书
北京社会治理发展报告（2016~2017）
著(编)者：殷星辰 2017年5月出版 / 估价：89.00元
PSN B-2014-391-8/8

北京蓝皮书
北京文化发展报告（2016~2017）
著(编)者：李建盛 2017年4月出版 / 估价：89.00元
PSN B-2007-082-4/8

北京律师绿皮书
北京律师发展报告No.3（2017）
著(编)者：王隽 2017年7月出版 / 估价：88.00元
PSN G-2012-301-1/1

北京旅游蓝皮书
北京旅游发展报告（2017）
著(编)者：北京旅游学会 2017年4月出版 / 估价：88.00元
PSN B-2011-217-1/1

地方发展类 | **皮书系列 2017全品种**

北京人才蓝皮书
北京人才发展报告（2017）
著(编)者：于淼　2017年12月出版／估价：128.00元
PSN B-2011-201-1/1

北京社会心态蓝皮书
北京社会心态分析报告（2016~2017）
著(编)者：北京社会心理研究所
2017年8月出版／估价：89.00元
PSN B-2014-422-1/1

北京社会组织管理蓝皮书
北京社会组织发展与管理（2016~2017）
著(编)者：黄江松　2017年4月出版／估价：88.00元
PSN B-2015-446-1/1

北京体育蓝皮书
北京体育产业发展报告（2016~2017）
著(编)者：钟秉枢　陈杰　杨铁黎
2017年9月出版／估价：89.00元
PSN B-2015-475-1/1

北京养老产业蓝皮书
北京养老产业发展报告（2017）
著(编)者：周明明　冯喜良　2017年8月出版／估价：89.00元
PSN B-2015-465-1/1

滨海金融蓝皮书
滨海新区金融发展报告（2017）
著(编)者：王爱俭　张锐钢　2017年12月出版／估价：89.00元
PSN B-2014-424-1/1

城乡一体化蓝皮书
中国城乡一体化发展报告·北京卷（2016~2017）
著(编)者：张宝秀　黄序　2017年5月出版／估价：89.00元
PSN B-2012-258-2/2

创意城市蓝皮书
北京文化创意产业发展报告（2017）
著(编)者：张京成　王国华　2017年10月出版／估价：89.00元
PSN B-2012-263-1/7

创意城市蓝皮书
天津文化创意产业发展报告（2016~2017）
著(编)者：谢思全　2017年6月出版／估价：89.00元
PSN B-2016-537-7/7

创意城市蓝皮书
武汉文化创意产业发展报告（2017）
著(编)者：黄永林　陈汉桥　2017年9月出版／估价：99.00元
PSN B-2013-354-4/7

创意上海蓝皮书
上海文化创意产业发展报告（2016~2017）
著(编)者：王慧敏　王兴全　2017年8月出版／估价：89.00元
PSN B-2016-562-1/1

福建妇女发展蓝皮书
福建省妇女发展报告（2017）
著(编)者：刘群英　2017年11月出版／估价：88.00元
PSN B-2011-220-1/1

福建自贸区蓝皮书
中国（福建）自由贸易实验区发展报告（2016~2017）
著(编)者：黄茂兴　2017年4月出版／估价：108.00元
PSN B-2017-532-1/1

甘肃蓝皮书
甘肃经济发展分析与预测（2017）
著(编)者：安文华　罗哲　2017年1月出版／定价：79.00元
PSN B-2013-312-1/6

甘肃蓝皮书
甘肃社会发展分析与预测（2017）
著(编)者：安文华　包晓霞　谢增虎
2017年1月出版／定价：79.00元
PSN B-2013-313-2/6

甘肃蓝皮书
甘肃文化发展分析与预测（2017）
著(编)者：王俊莲　周小华　2017年1月出版／定价：79.00元
PSN B-2013-314-3/6

甘肃蓝皮书
甘肃县域和农村发展报告（2017）
著(编)者：朱智文　包东红　王建兵
2017年1月出版／定价：79.00元
PSN B-2013-316-5/6

甘肃蓝皮书
甘肃舆情分析与预测（2017）
著(编)者：陈双梅　张谦元　2017年1月出版／定价：79.00元
PSN B-2013-315-4/6

甘肃蓝皮书
甘肃商贸流通发展报告（2017）
著(编)者：张应华　王福生　王晓芳
2017年1月出版／定价：79.00元
PSN B-2016-523-6/6

广东蓝皮书
广东全面深化改革发展报告（2017）
著(编)者：周林生　涂成林　2017年12月出版／估价：89.00元
PSN B-2015-504-3/3

广东蓝皮书
广东社会工作发展报告（2017）
著(编)者：罗观翠　2017年6月出版／估价：89.00元
PSN B-2014-402-2/3

广东外经贸蓝皮书
广东对外经济贸易发展研究报告（2016~2017）
著(编)者：陈万灵　2017年8月出版／估价：98.00元
PSN B-2012-286-1/1

广西北部湾经济区蓝皮书
广西北部湾经济区开放开发报告（2017）
著(编)者：广西北部湾经济区规划建设管理委员会办公室
　　　　　广西社会科学院广西北部湾发展研究院
2017年4月出版／估价：89.00元
PSN B-2010-181-1/1

巩义蓝皮书
巩义经济社会发展报告（2017）
著(编)者：丁同民　朱军　2017年4月出版／估价：58.00元
PSN B-2016-533-1/1

广州蓝皮书
2017年中国广州经济形势分析与预测
著(编)者：庾建设　陈浩钿　谢博能
2017年7月出版／估价：85.00元
PSN B-2011-185-9/14

25

皮书系列 2017全品种
地方发展类

广州蓝皮书
2017年中国广州社会形势分析与预测
著(编)者：张强 陈怡霓 杨秦　2017年6月出版 / 估价：85.00元
PSN B-2008-110-5/14

广州蓝皮书
广州城市国际化发展报告（2017）
著(编)者：朱名宏　2017年8月出版 / 估价：79.00元
PSN B-2012-246-11/14

广州蓝皮书
广州创新型城市发展报告（2017）
著(编)者：尹涛　2017年7月出版 / 估价：79.00元
PSN B-2012-247-12/14

广州蓝皮书
广州经济发展报告（2017）
著(编)者：朱名宏　2017年7月出版 / 估价：79.00元
PSN B-2005-040-1/14

广州蓝皮书
广州农村发展报告（2017）
著(编)者：朱名宏　2017年8月出版 / 估价：79.00元
PSN B-2010-167-8/14

广州蓝皮书
广州汽车产业发展报告（2017）
著(编)者：杨再高 冯兴亚　2017年7月出版 / 估价：79.00元
PSN B-2006-066-3/14

广州蓝皮书
广州青年发展报告（2016～2017）
著(编)者：徐柳 张强　2017年9月出版 / 估价：79.00元
PSN B-2013-352-13/14

广州蓝皮书
广州商贸业发展报告（2017）
著(编)者：李江涛 肖振宇 荀振英
2017年7月出版 / 估价：79.00元
PSN B-2012-245-10/14

广州蓝皮书
广州社会保障发展报告（2017）
著(编)者：蔡国萱　2017年8月出版 / 估价：79.00元
PSN B-2014-425-14/14

广州蓝皮书
广州文化创意产业发展报告（2017）
著(编)者：徐咏虹　2017年7月出版 / 估价：79.00元
PSN B-2008-111-6/14

广州蓝皮书
中国城市建设与管理发展报告（2017）
著(编)者：董皞 陈小钢 李江涛
2017年7月出版 / 估价：85.00元
PSN B-2007-087-4/14

广州蓝皮书
中国广州科技创新发展报告（2017）
著(编)者：邹采荣 马正勇 陈爽
2017年7月出版 / 估价：79.00元
PSN B-2006-065-2/14

广州蓝皮书
中国广州文化发展报告（2017）
著(编)者：徐俊忠 陆志强 顾涧清
2017年7月出版 / 估价：79.00元
PSN B-2009-134-7/14

贵阳蓝皮书
贵阳城市创新发展报告No.2（白云篇）
著(编)者：连玉明　2017年10月出版 / 估价：89.00元
PSN B-2015-491-3/10

贵阳蓝皮书
贵阳城市创新发展报告No.2（观山湖篇）
著(编)者：连玉明　2017年10月出版 / 估价：89.00元
PSN B-2011-235-1/1

贵阳蓝皮书
贵阳城市创新发展报告No.2（花溪篇）
著(编)者：连玉明　2017年10月出版 / 估价：89.00元
PSN B-2015-490-2/10

贵阳蓝皮书
贵阳城市创新发展报告No.2（开阳篇）
著(编)者：连玉明　2017年10月出版 / 估价：89.00元
PSN B-2015-492-4/10

贵阳蓝皮书
贵阳城市创新发展报告No.2（南明篇）
著(编)者：连玉明　2017年10月出版 / 估价：89.00元
PSN B-2015-496-8/10

贵阳蓝皮书
贵阳城市创新发展报告No.2（清镇篇）
著(编)者：连玉明　2017年10月出版 / 估价：89.00元
PSN B-2015-489-1/10

贵阳蓝皮书
贵阳城市创新发展报告No.2（乌当篇）
著(编)者：连玉明　2017年10月出版 / 估价：89.00元
PSN B-2015-495-7/10

贵阳蓝皮书
贵阳城市创新发展报告No.2（息烽篇）
著(编)者：连玉明　2017年10月出版 / 估价：89.00元
PSN B-2015-493-5/10

贵阳蓝皮书
贵阳城市创新发展报告No.2（修文篇）
著(编)者：连玉明　2017年10月出版 / 估价：89.00元
PSN B-2015-494-6/10

贵阳蓝皮书
贵阳城市创新发展报告No.2（云岩篇）
著(编)者：连玉明　2017年10月出版 / 估价：89.00元
PSN B-2015-498-10/10

贵州房地产蓝皮书
贵州房地产发展报告No.4（2017）
著(编)者：武廷方　2017年7月出版 / 估价：89.00元
PSN B-2014-426-1/1

贵州蓝皮书
贵州册亨经济社会发展报告(2017)
著(编)者：黄德林　2017年3月出版 / 估价：89.00元
PSN B-2016-526-8/9

皮书系列 2017全品种 — 地方发展类

贵州蓝皮书
贵安新区发展报告（2016~2017）
著(编)者：马长青 吴大华　2017年6月出版／估价：89.00元
PSN B-2015-459-4/9

贵州蓝皮书
贵州法治发展报告（2017）
著(编)者：吴大华　2017年5月出版／估价：89.00元
PSN B-2012-254-2/9

贵州蓝皮书
贵州国有企业社会责任发展报告（2016~2017）
著(编)者：郭丽 周航 万强
2017年12月出版／估价：89.00元
PSN B-2015-511-6/9

贵州蓝皮书
贵州民航业发展报告（2017）
著(编)者：申振东 吴大华　2017年10月出版／估价：89.00元
PSN B-2015-471-5/9

贵州蓝皮书
贵州民营经济发展报告（2017）
著(编)者：杨静 吴大华　2017年4月出版／估价：89.00元
PSN B-2016-531-9/9

贵州蓝皮书
贵州人才发展报告（2017）
著(编)者：于杰 吴大华　2017年9月出版／估价：89.00元
PSN B-2014-382-3/9

贵州蓝皮书
贵州社会发展报告（2017）
著(编)者：王兴骥　2017年6月出版／估价：89.00元
PSN B-2010-166-1/9

贵州蓝皮书
贵州国家级开放创新平台发展报告（2017）
著(编)者：申晓庆 吴大华 李泓
2017年6月出版／估价：89.00元
PSN B-2016-518-1/9

海淀蓝皮书
海淀区文化和科技融合发展报告（2017）
著(编)者：陈名杰 孟景伟　2017年5月出版／估价：85.00元
PSN B-2013-329-1/1

杭州都市圈蓝皮书
杭州都市圈发展报告（2017）
著(编)者：沈翔 戚建国　2017年5月出版／估价：128.00元
PSN B-2012-302-1/1

杭州蓝皮书
杭州妇女发展报告（2017）
著(编)者：魏颖　2017年6月出版／估价：89.00元
PSN B-2014-403-1/1

河北经济蓝皮书
河北省经济发展报告（2017）
著(编)者：马树强 金浩 张贵
2017年4月出版／估价：89.00元
PSN B-2014-380-1/1

河北蓝皮书
河北经济社会发展报告（2017）
著(编)者：郭金平　2017年1月出版／定价：79.00元
PSN B-2014-372-1/2

河北蓝皮书
京津冀协同发展报告（2017）
著(编)者：陈路　2017年1月出版／定价：79.00元
PSN B-2014-601-2/2

河北食品药品安全蓝皮书
河北食品药品安全研究报告（2017）
著(编)者：丁锦霞　2017年6月出版／估价：89.00元
PSN B-2015-473-1/1

河南经济蓝皮书
2017年河南经济形势分析与预测
著(编)者：王世炎　2017年3月出版／定价：79.00元
PSN B-2007-086-1/1

河南蓝皮书
2017年河南社会形势分析与预测
著(编)者：刘道兴 牛苏林　2017年4月出版／估价89.00元
PSN B-2005-043-1/8

河南蓝皮书
河南城市发展报告（2017）
著(编)者：张占仓 王建国　2017年5月出版／估价：89.00元
PSN B-2009-131-3/8

河南蓝皮书
河南法治发展报告（2017）
著(编)者：丁同民 张林海　2017年5月出版／估价：89.00元
PSN B-2014-376-6/8

河南蓝皮书
河南工业发展报告（2017）
著(编)者：张占仓 丁同民　2017年5月出版／估价：89.00元
PSN B-2013-317-5/8

河南蓝皮书
河南金融发展报告（2017）
著(编)者：河南省社会科学院
2017年6月出版／估价：89.00元
PSN B-2014-390-7/8

河南蓝皮书
河南经济发展报告（2017）
著(编)者：张占仓 完世伟　2017年4月出版／估价：89.00元
PSN B-2010-157-4/8

河南蓝皮书
河南农业农村发展报告（2017）
著(编)者：吴海峰　2017年4月出版／估价：89.00元
PSN B-2015-445-8/8

河南蓝皮书
河南文化发展报告（2017）
著(编)者：卫绍生　2017年4月出版／估价：88.00元
PSN B-2008-106-2/8

河南商务蓝皮书
河南商务发展报告（2017）
著(编)者：焦锦淼 穆荣国　2017年6月出版／估价：88.00元
PSN B-2014-399-1/1

黑龙江蓝皮书
黑龙江经济发展报告（2017）
著(编)者：朱宇　2017年1月出版／定价：79.00元
PSN B-2011-190-2/2

皮书系列 重点推荐 — 地方发展类

黑龙江蓝皮书
黑龙江社会发展报告（2017）
著(编)者：谢宝禄　2017年1月出版 / 定价：79.00元
PSN B-2011-189-1/2

湖北文化蓝皮书
湖北文化发展报告（2017）
著(编)者：吴成国　2017年10月出版 / 估价：95.00元
PSN B-2016-567-1/1

湖南城市蓝皮书
区域城市群整合
著(编)者：童中贤　韩未名
2017年12月出版 / 估价：89.00元
PSN B-2006-064-1/1

湖南蓝皮书
2017年湖南产业发展报告
著(编)者：梁志峰　2017年5月出版 / 估价：128.00元
PSN B-2011-207-2/8

湖南蓝皮书
2017年湖南电子政务发展报告
著(编)者：梁志峰　2017年5月出版 / 估价：128.00元
PSN B-2014-394-6/8

湖南蓝皮书
2017年湖南经济展望
著(编)者：梁志峰　2017年5月出版 / 估价：128.00元
PSN B-2011-206-1/8

湖南蓝皮书
2017年湖南两型社会与生态文明发展报告
著(编)者：梁志峰　2017年5月出版 / 估价：128.00元
PSN B-2011-208-3/8

湖南蓝皮书
2017年湖南社会发展报告
著(编)者：梁志峰　2017年5月出版 / 估价：128.00元
PSN B-2014-393-5/8

湖南蓝皮书
2017年湖南县域经济社会发展报告
著(编)者：梁志峰　2017年5月出版 / 估价：128.00元
PSN B-2014-395-7/8

湖南蓝皮书
湖南城乡一体化发展报告（2017）
著(编)者：陈文胜　王文强　陆福兴　邝奕轩
2017年6月出版 / 估价：89.00元
PSN B-2015-477-8/8

湖南县域绿皮书
湖南县域发展报告 No.3
著(编)者：袁准　周小毛　黎仁寅
2017年3月出版 / 估价：79.00元
PSN G-2012-274-1/1

沪港蓝皮书
沪港发展报告（2017）
著(编)者：尤安山　2017年9月出版 / 估价：89.00元
PSN B-2013-362-1/1

吉林蓝皮书
2017年吉林经济社会形势分析与预测
著(编)者：邵汉明　2016年12月出版 / 定价：79.00元
PSN B-2013-319-1/1

吉林省城市竞争力蓝皮书
吉林省城市竞争力报告（2016~2017）
著(编)者：崔岳春　张磊　2016年12月出版 / 定价：79.00元
PSN B-2015-513-1/1

济源蓝皮书
济源经济社会发展报告（2017）
著(编)者：喻新安　2017年4月出版 / 估价：89.00元
PSN B-2014-387-1/1

健康城市蓝皮书
北京健康城市建设研究报告（2017）
著(编)者：王鸿春　2017年8月出版 / 估价：89.00元
PSN B-2015-460-1/2

江苏法治蓝皮书
江苏法治发展报告 No.6（2017）
著(编)者：蔡道通　龚廷泰　2017年8月出版 / 估价：98.00元
PSN B-2012-290-1/1

江西蓝皮书
江西经济社会发展报告（2017）
著(编)者：张勇　姜玮　梁勇　2017年10月出版 / 估价：89.00元
PSN B-2015-484-1/2

江西蓝皮书
江西设区市发展报告（2017）
著(编)者：姜玮　梁勇　2017年10月出版 / 估价：79.00元
PSN B-2016-517-2/2

江西文化蓝皮书
江西文化产业发展报告（2017）
著(编)者：张圣才　汪春翔
2017年10月出版 / 估价：128.00元
PSN B-2015-499-1/1

街道蓝皮书
北京街道发展报告No.2（白纸坊篇）
著(编)者：连玉明　2017年8月出版 / 估价：98.00元
PSN B-2016-544-7/15

街道蓝皮书
北京街道发展报告No.2（椿树篇）
著(编)者：连玉明　2017年8月出版 / 估价：98.00元
PSN B-2016-548-11/15

街道蓝皮书
北京街道发展报告No.2（大栅栏篇）
著(编)者：连玉明　2017年8月出版 / 估价：98.00元
PSN B-2016-552-15/15

街道蓝皮书
北京街道发展报告No.2（德胜篇）
著(编)者：连玉明　2017年8月出版 / 估价：98.00元
PSN B-2016-551-14/15

街道蓝皮书
北京街道发展报告No.2（广安门内篇）
著(编)者：连玉明　2017年8月出版 / 估价：98.00元
PSN B-2016-540-3/15

皮书系列 重点推荐 — 地方发展类

街道蓝皮书
北京街道发展报告No.2（广安门外篇）
著(编)者：连玉明　2017年8月出版 / 估价：98.00元
PSN B-2016-547-10/15

街道蓝皮书
北京街道发展报告No.2（金融街篇）
著(编)者：连玉明　2017年8月出版 / 估价：98.00元
PSN B-2016-538-1/15

街道蓝皮书
北京街道发展报告No.2（牛街篇）
著(编)者：连玉明　2017年8月出版 / 估价：98.00元
PSN B-2016-545-8/15

街道蓝皮书
北京街道发展报告No.2（什刹海篇）
著(编)者：连玉明　2017年8月出版 / 估价：98.00元
PSN B-2016-546-9/15

街道蓝皮书
北京街道发展报告No.2（陶然亭篇）
著(编)者：连玉明　2017年8月出版 / 估价：98.00元
PSN B-2016-542-5/15

街道蓝皮书
北京街道发展报告No.2（天桥篇）
著(编)者：连玉明　2017年8月出版 / 估价：98.00元
PSN B-2016-549-12/15

街道蓝皮书
北京街道发展报告No.2（西长安街篇）
著(编)者：连玉明　2017年8月出版 / 估价：98.00元
PSN B-2016-543-6/15

街道蓝皮书
北京街道发展报告No.2（新街口篇）
著(编)者：连玉明　2017年8月出版 / 估价：98.00元
PSN B-2016-541-4/15

街道蓝皮书
北京街道发展报告No.2（月坛篇）
著(编)者：连玉明　2017年8月出版 / 估价：98.00元
PSN B-2016-539-2/15

街道蓝皮书
北京街道发展报告No.2（展览路篇）
著(编)者：连玉明　2017年8月出版 / 估价：98.00元
PSN B-2016-550-13/15

经济特区蓝皮书
中国经济特区发展报告（2017）
著(编)者：陶一桃　2017年12月出版 / 估价：98.00元
PSN B-2009-139-1/1

辽宁蓝皮书
2017年辽宁经济社会形势分析与预测
著(编)者：曹晓峰　梁启东
2017年4月出版 / 估价：79.00元
PSN B-2006-053-1/1

洛阳蓝皮书
洛阳文化发展报告（2017）
著(编)者：刘福兴　陈启明　2017年7月出版 / 估价：89.00元
PSN B-2015-476-1/1

南京蓝皮书
南京文化发展报告（2017）
著(编)者：徐宁　2017年10月出版 / 估价：89.00元
PSN B-2014-439-1/1

南宁蓝皮书
南宁法治发展报告（2017）
著(编)者：杨维超　2017年12月出版 / 估价：79.00元
PSN B-2015-509-1/3

南宁蓝皮书
南宁经济发展报告（2017）
著(编)者：胡建华　2017年9月出版 / 估价：79.00元
PSN B-2016-570-2/3

南宁蓝皮书
南宁社会发展报告（2017）
著(编)者：胡建华　2017年9月出版 / 估价：79.00元
PSN B-2016-571-3/3

内蒙古蓝皮书
内蒙古反腐倡廉建设报告 No.2
著(编)者：张志华　无极　2017年12月出版 / 估价：79.00元
PSN B-2013-365-1/1

浦东新区蓝皮书
上海浦东经济发展报告（2017）
著(编)者：沈开艳　周奇　2017年2月出版 / 定价：79.00元
PSN B-2011-225-1/1

青海蓝皮书
2017年青海经济社会形势分析与预测
著(编)者：陈玮　2016年12月出版 / 定价：79.00元
PSN B-2012-275-1/1

人口与健康蓝皮书
深圳人口与健康发展报告（2017）
著(编)者：陆杰华　罗乐宣　苏杨
2017年11月出版 / 估价：89.00元
PSN B-2011-228-1/1

山东蓝皮书
山东经济形势分析与预测（2017）
著(编)者：李广杰　2017年7月出版 / 估价：89.00元
PSN B-2014-404-1/4

山东蓝皮书
山东社会形势分析与预测（2017）
著(编)者：张华　唐洲雁　2017年6月出版 / 估价：89.00元
PSN B-2014-405-2/4

山东蓝皮书
山东文化发展报告（2017）
著(编)者：涂可国　2017年11月出版 / 估价：98.00元
PSN B-2014-406-3/4

山西蓝皮书
山西资源型经济转型发展报告（2017）
著(编)者：李志强　2017年7月出版 / 估价：89.00元
PSN B-2011-197-1/1

皮书系列重点推荐 — 地方发展类

陕西蓝皮书
陕西经济发展报告（2017）
著(编)者：任宗哲 白宽犁 裴成荣
2017年1月出版 / 定价：69.00元
PSN B-2009-135-1/5

陕西蓝皮书
陕西社会发展报告（2017）
著(编)者：任宗哲 白宽犁 牛昉
2017年1月出版 / 定价：69.00元
PSN B-2009-136-2/5

陕西蓝皮书
陕西文化发展报告（2017）
著(编)者：任宗哲 白宽犁 王长寿
2017年1月出版 / 定价：69.00元
PSN B-2009-137-3/5

上海蓝皮书
上海传媒发展报告（2017）
著(编)者：强荧 焦雨虹 2017年2月出版 / 定价：79.00元
PSN B-2012-295-5/7

上海蓝皮书
上海法治发展报告（2017）
著(编)者：叶青 2017年6月出版 估价：89.00元
PSN B-2012-296-6/7

上海蓝皮书
上海经济发展报告（2017）
著(编)者：沈开艳 2017年2月出版 / 定价：79.00元
PSN B-2006-057-1/7

上海蓝皮书
上海社会发展报告（2017）
著(编)者：杨雄 周海旺 2017年2月出版 / 定价：79.00元
PSN B-2006-058-2/7

上海蓝皮书
上海文化发展报告（2017）
著(编)者：荣跃明 2017年2月出版 / 定价：79.00元
PSN B-2006-059-3/7

上海蓝皮书
上海文学发展报告（2017）
著(编)者：陈圣来 2017年6月出版 / 估价：89.00元
PSN B-2012-297-7/7

上海蓝皮书
上海资源环境发展报告（2017）
著(编)者：周冯琦 汤庆合
2017年2月出版 / 定价：79.00元
PSN B-2006-060-4/7

社会建设蓝皮书
2017年北京社会建设分析报告
著(编)者：宋贵伦 冯虹 2017年10月出版 / 估价：89.00元
PSN B-2010-173-1/1

深圳蓝皮书
深圳法治发展报告（2017）
著(编)者：张骁儒 2017年6月出版 / 估价：89.00元
PSN B-2015-470-6/7

深圳蓝皮书
深圳经济发展报告（2017）
著(编)者：张骁儒 2017年7月出版 / 估价：89.00元
PSN B-2008-112-3/7

深圳蓝皮书
深圳劳动关系发展报告（2017）
著(编)者：汤庭芬 2017年6月出版 / 估价：89.00元
PSN B-2007-097-2/7

深圳蓝皮书
深圳社会建设与发展报告（2017）
著(编)者：张骁儒 陈东平 2017年7月出版 / 估价：89.00元
PSN B-2008-113-4/7

深圳蓝皮书
深圳文化发展报告(2017)
著(编)者：张骁儒 2017年7月出版 / 估价：89.00元
PSN B-2016-555-7/7

丝绸之路蓝皮书
丝绸之路经济带发展报告（2017）
著(编)者：任宗哲 白宽犁 谷孟宾
2017年1月出版 / 定价：75.00元
PSN B-2014-410-1/1

法治蓝皮书
四川依法治省年度报告 No.3（2017）
著(编)者：李林 杨天宗 田禾
2017年3月出版 / 定价：118.00元
PSN B-2015-447-1/1

四川蓝皮书
2017年四川经济形势分析与预测
著(编)者：杨钢 2017年1月出版 / 定价：98.00元
PSN B-2007-098-2/7

四川蓝皮书
四川城镇化发展报告（2017）
著(编)者：侯水平 陈炜 2017年4月出版 / 估价：85.00元
PSN B-2015-456-7/7

四川蓝皮书
四川法治发展报告（2017）
著(编)者：郑泰安 2017年4月出版 / 估价：89.00元
PSN B-2015-441-5/7

四川蓝皮书
四川企业社会责任研究报告（2016～2017）
著(编)者：侯水平 盛毅 翟刚
2017年4月出版 / 估价：89.00元
PSN B-2014-386-4/7

四川蓝皮书
四川社会发展报告（2017）
著(编)者：李羚 2017年5月出版 / 估价：89.00元
PSN B-2008-127-3/7

四川蓝皮书
四川生态建设报告（2017）
著(编)者：李晟之 2017年4月出版 / 估价：85.00元
PSN B-2015-455-6/7

地方发展类・国际问题类 | **皮书系列 重点推荐**

四川蓝皮书
四川文化产业发展报告(2017)
著(编)者:向宝云 张立伟
2017年4月出版 / 估价:89.00元
PSN B-2006-074-1/7

体育蓝皮书
上海体育产业发展报告(2016~2017)
著(编)者:张林 黄海燕
2017年10月出版 / 估价:89.00元
PSN B-2015-454-4/4

体育蓝皮书
长三角地区体育产业发展报告(2016~2017)
著(编)者:张林 2017年4月出版 / 估价:89.00元
PSN B-2015-453-3/4

天津金融蓝皮书
天津金融发展报告(2017)
著(编)者:王爱俭 孔德昌
2017年12月出版 / 估价:98.00元
PSN B-2014-418-1/1

图们江区域合作蓝皮书
图们江区域合作发展报告(2017)
著(编)者:李铁 2017年6月出版 / 估价:98.00元
PSN B-2015-464-1/1

温州蓝皮书
2017年温州经济社会形势分析与预测
著(编)者:潘忠强 王春光 金浩
2017年4月出版 / 估价:89.00元
PSN B-2008-105-1/1

西咸新区蓝皮书
西咸新区发展报告(2016~2017)
著(编)者:李扬 王军 2017年6月出版 / 估价:89.00元
PSN B-2016-535-1/1

扬州蓝皮书
扬州经济社会发展报告(2017)
著(编)者:丁纯 2017年12月出版 / 估价:98.00元
PSN B-2011-191-1/1

长株潭城市群蓝皮书
长株潭城市群发展报告(2017)
著(编)者:张萍 2017年12月出版 / 估价:89.00元
PSN B-2008-109-1/1

中医文化蓝皮书
北京中医文化传播发展报告(2017)
著(编)者:毛嘉陵 2017年5月出版 / 估价:79.00元
PSN B-2015-468-1/2

珠三角流通蓝皮书
珠三角商圈发展研究报告(2017)
著(编)者:王先庆 林至颖
2017年7月出版 / 估价:98.00元
PSN B-2012-292-1/1

遵义蓝皮书
遵义发展报告(2017)
著(编)者:曾征 龚永育 雍思强
2017年12月出版 / 估价:89.00元
PSN B-2014-433-1/1

国际问题类

"一带一路"跨境通道蓝皮书
"一带一路"跨境通道建设研究报告(2017)
著(编)者:郭业洲 2017年8月出版 / 估价:89.00元
PSN B-2016-558-1/1

"一带一路"蓝皮书
"一带一路"建设发展报告(2017)
著(编)者:孔丹 李永全 2017年7月出版 / 估价:89.00元
PSN B-2016-553-1/1

阿拉伯黄皮书
阿拉伯发展报告(2016~2017)
著(编)者:罗林 2017年11月出版 / 估价:89.00元
PSN Y-2014-381-1/1

北部湾蓝皮书
泛北部湾合作发展报告(2017)
著(编)者:吕余生 2017年12月出版 / 估价:85.00元
PSN B-2008-114-1/1

大湄公河次区域蓝皮书
大湄公河次区域合作发展报告(2017)
著(编)者:刘稚 2017年8月出版 / 估价:89.00元
PSN B-2011-196-1/1

大洋洲蓝皮书
大洋洲发展报告(2017)
著(编)者:喻常森 2017年10月出版 / 估价:89.00元
PSN B-2013-341-1/1

皮书系列重点推荐 — 国际问题类

德国蓝皮书
德国发展报告(2017)
著(编)者:郑春荣　2017年6月出版 / 估价:89.00元
PSN B-2012-278-1/1

东盟黄皮书
东盟发展报告(2017)
著(编)者:杨晓强　庄国土
2017年4月出版 / 估价:89.00元
PSN Y-2012-303-1/1

东南亚蓝皮书
东南亚地区发展报告(2016~2017)
著(编)者:厦门大学东南亚研究中心　王勤
2017年12月出版 / 估价:89.00元
PSN B-2012-240-1/1

俄罗斯黄皮书
俄罗斯发展报告(2017)
著(编)者:李永全　2017年7月出版 / 估价:89.00元
PSN Y-2006-061-1/1

非洲黄皮书
非洲发展报告 No.19(2016~2017)
著(编)者:张宏明　2017年8月出版 / 估价:89.00元
PSN Y-2012-239-1/1

公共外交蓝皮书
中国公共外交发展报告(2017)
著(编)者:赵启正　雷蔚真
2017年4月出版 / 估价:89.00元
PSN B-2015-457-1/1

国际安全蓝皮书
中国国际安全研究报告(2017)
著(编)者:刘慧　2017年7月出版 / 估价:98.00元
PSN B-2016-522-1/1

国际形势黄皮书
全球政治与安全报告(2017)
著(编)者:张宇燕
2017年1月出版 / 定价:89.00元
PSN Y-2001-016-1/1

韩国蓝皮书
韩国发展报告(2017)
著(编)者:牛林杰　刘宝全
2017年11月出版 / 估价:89.00元
PSN B-2010-155-1/1

加拿大蓝皮书
加拿大发展报告(2017)
著(编)者:仲伟合　2017年9月出版 / 估价:89.00元
PSN B-2014-389-1/1

拉美黄皮书
拉丁美洲和加勒比发展报告(2016~2017)
著(编)者:吴白乙　2017年6月出版 / 估价:89.00元
PSN Y-1999-007-1/1

美国蓝皮书
美国研究报告(2017)
著(编)者:郑秉文　黄平　2017年6月出版 / 估价:89.00元
PSN B-2011-210-1/1

缅甸蓝皮书
缅甸国情报告(2017)
著(编)者:李晨阳　2017年12月出版 / 估价:86.00元
PSN B-2013-343-1/1

欧洲蓝皮书
欧洲发展报告(2016~2017)
著(编)者:黄平　周弘　江时学
2017年6月出版 / 估价:89.00元
PSN B-1999-009-1/1

葡语国家蓝皮书
葡语国家发展报告(2017)
著(编)者:王成安　张敏　2017年12月出版 / 估价:89.00元
PSN B-2015-503-1/2

葡语国家蓝皮书
中国与葡语国家关系发展报告·巴西(2017)
著(编)者:张曙光　2017年8月出版 / 估价:89.00元
PSN B-2016-564-2/2

日本经济蓝皮书
日本经济与中日经贸关系研究报告(2017)
著(编)者:张季风　2017年5月出版 / 估价:89.00元
PSN B-2008-102-1/1

日本蓝皮书
日本研究报告(2017)
著(编)者:杨伯江　2017年5月出版 / 估价:89.00元
PSN B-2002-020-1/1

上海合作组织黄皮书
上海合作组织发展报告(2017)
著(编)者:李进峰　吴宏伟　李少捷
2017年6月出版 / 估价:89.00元
PSN Y-2009-130-1/1

世界创新竞争力黄皮书
世界创新竞争力发展报告(2017)
著(编)者:李闽榕　李建平　赵新力
2017年4月出版 / 估价:148.00元
PSN Y-2013-318-1/1

泰国蓝皮书
泰国研究报告(2017)
著(编)者:庄国土　张禹东
2017年8月出版 / 估价:118.00元
PSN B-2016-557-1/1

土耳其蓝皮书
土耳其发展报告(2017)
著(编)者:郭长刚　刘义　2017年9月出版 / 估价:89.00元
PSN B-2014-412-1/1

亚太蓝皮书
亚太地区发展报告(2017)
著(编)者:李向阳　2017年4月出版 / 估价:89.00元
PSN B-2001-015-1/1

印度蓝皮书
印度国情报告(2017)
著(编)者:吕昭义　2017年12月出版 / 估价:89.00元
PSN B-2012-241-1/1

皮书系列重点推荐 — 国际问题类

印度洋地区蓝皮书
印度洋地区发展报告（2017）
著(编)者：汪戎　　2017年6月出版 / 估价：89.00元
PSN B-2013-334-1/1

英国蓝皮书
英国发展报告（2016~2017）
著(编)者：王展鹏　2017年11月出版 / 估价：89.00元
PSN B-2015-486-1/1

越南蓝皮书
越南国情报告（2017）
著(编)者：谢林城
2017年12月出版 / 估价：89.00元
PSN B-2006-056-1/1

以色列蓝皮书
以色列发展报告（2017）
著(编)者：张倩红　2017年8月出版 / 估价：89.00元
PSN B-2015-483-1/1

伊朗蓝皮书
伊朗发展报告（2017）
著(编)者：冀开远　2017年10月出版 / 估价：89.00元
PSN B-2016-575-1/1

中东黄皮书
中东发展报告No.19（2016~2017）
著(编)者：杨光　　2017年10月出版 / 估价：89.00元
PSN Y-1998-004-1/1

中亚黄皮书
中亚国家发展报告（2017）
著(编)者：孙力　吴宏伟　2017年7月出版 / 估价：98.00元
PSN Y-2012-238-1/1

皮书序列号是社会科学文献出版社专门为识别皮书、管理皮书而设计的编号。皮书序列号是出版皮书的许可证号，是区别皮书与其他图书的重要标志。

它由一个前缀和四部分构成。这四部分之间用连字符"-"连接。前缀和这四部分之间空半个汉字（见示例）。

《国际人才蓝皮书：中国留学发展报告》序列号示例

从示例中可以看出，《国际人才蓝皮书：中国留学发展报告》的首次出版年份是2012年，是社科文献出版社出版的第244个皮书品种，是"国际人才蓝皮书"系列的第2个品种（共4个品种）。

社会科学文献出版社　　　　　　　　　　　　**皮书系列**

❖ 皮书起源 ❖

"皮书"起源于十七、十八世纪的英国，主要指官方或社会组织正式发表的重要文件或报告，多以"白皮书"命名。在中国，"皮书"这一概念被社会广泛接受，并被成功运作、发展成为一种全新的出版形态，则源于中国社会科学院社会科学文献出版社。

❖ 皮书定义 ❖

皮书是对中国与世界发展状况和热点问题进行年度监测，以专业的角度、专家的视野和实证研究方法，针对某一领域或区域现状与发展态势展开分析和预测，具备原创性、实证性、专业性、连续性、前沿性、时效性等特点的公开出版物，由一系列权威研究报告组成。

❖ 皮书作者 ❖

皮书系列的作者以中国社会科学院、著名高校、地方社会科学院的研究人员为主，多为国内一流研究机构的权威专家学者，他们的看法和观点代表了学界对中国与世界的现实和未来最高水平的解读与分析。

❖ 皮书荣誉 ❖

皮书系列已成为社会科学文献出版社的著名图书品牌和中国社会科学院的知名学术品牌。2016年，皮书系列正式列入"十三五"国家重点出版规划项目；2012~2016年，重点皮书列入中国社会科学院承担的国家哲学社会科学创新工程项目；2017年，55种院外皮书使用"中国社会科学院创新工程学术出版项目"标识。

中国皮书网
www.pishu.cn

发布皮书研创资讯，传播皮书精彩内容
引领皮书出版潮流，打造皮书服务平台

栏目设置

关于皮书：何谓皮书、皮书分类、皮书大事记、皮书荣誉、
皮书出版第一人、皮书编辑部

最新资讯：通知公告、新闻动态、媒体聚焦、网站专题、视频直播、下载专区

皮书研创：皮书规范、皮书选题、皮书出版、皮书研究、研创团队

皮书评奖评价：指标体系、皮书评价、皮书评奖

互动专区：皮书说、皮书智库、皮书微博、数据库微博

所获荣誉

2008年、2011年，中国皮书网均在全国新闻出版业网站荣誉评选中获得"最具商业价值网站"称号；

2012年，获得"出版业网站百强"称号。

网库合一

2014年，中国皮书网与皮书数据库端口合一，实现资源共享。更多详情请登录www.pishu.cn。

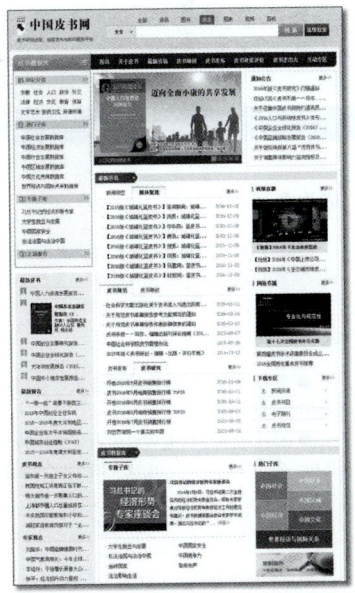

权威报告·热点资讯·特色资源

皮书数据库
ANNUAL REPORT(YEARBOOK) DATABASE

当代中国与世界发展高端智库平台

所获荣誉

- 2016年，入选"国家'十三五'电子出版物出版规划骨干工程"
- 2015年，荣获"搜索中国正能量 点赞2015""创新中国科技创新奖"
- 2013年，荣获"中国出版政府奖·网络出版物奖"提名奖
- 连续多年荣获中国数字出版博览会"数字出版·优秀品牌"奖

成为会员

通过网址www.pishu.com.cn或使用手机扫描二维码进入皮书数据库网站，进行手机号码验证或邮箱验证即可成为皮书数据库会员（建议通过手机号码快速验证注册）。

会员福利

- 使用手机号码首次注册会员可直接获得100元体验金，不需充值即可购买和查看数据库内容（仅限使用手机号码快速注册）
- 已注册用户购书后可免费获赠100元皮书数据库充值卡。刮开充值卡涂层获取充值密码，登录并进入"会员中心"—"在线充值"—"充值卡充值"，充值成功后即可购买和查看数据库内容。

数据库服务热线：400-008-6695
数据库服务QQ：2475522410
数据库服务邮箱：database@ssap.cn

图书销售热线：010-59367070/7028
图书服务QQ：1265056568
图书服务邮箱：duzhe@ssap.cn

更多信息请登录

皮书数据库
http://www.pishu.com.cn

中国皮书网
http://www.pishu.cn

皮书微博
http://weibo.com/pishu

皮书博客
http://blog.sina.com.cn/pishu

皮书微信"皮书说"

请到当当、亚马逊、京东或各地书店购买，也可办理邮购

咨询/邮购电话：010-59367028　59367070
邮　　箱：duzhe@ssap.cn
邮购地址：北京市西城区北三环中路甲29号院3号楼
　　　　　华龙大厦13层读者服务中心
邮　　编：100029
银行户名：社会科学文献出版社
开户银行：中国工商银行北京北太平庄支行
账　　号：0200010019200365434